内蒙古自治区哲学社会科学研究基地资助
内蒙古社科基金重点项目

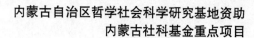
内蒙古科技大学 文库
INNER MONGOLIA UNIVERSITY OF SCIENCE & TECHNOLOGY

A Study on the Co-ordinated Development of
the Economic in Hu-Bao-yin-Yu Economic Zone

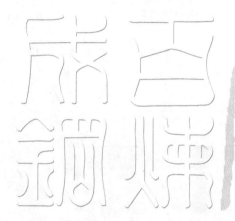

# 呼包银榆区域经济一体化合作
# 发展问题研究

郝戊 张璞 杨建林 / 著

经济管理出版社
ECONOMY & MANAGEMENT PUBLISHING HOUSE

**图书在版编目（CIP）数据**

呼包银榆区域经济一体化合作发展问题研究 / 郝戊，张璞，杨建林著.—北京：经济管理出版社，2017.4

ISBN 978-7-5096-4999-2

Ⅰ.①呼…　Ⅱ.①郝…　②张…　③杨…　Ⅲ.①经济区—区域经济合作—研究—北方地区　Ⅳ.①F127

中国版本图书馆 CIP 数据核字（2017）第 043572 号

组稿编辑：丁慧敏
责任编辑：丁慧敏
责任印制：司东翔
责任校对：董杉珊

出版发行：经济管理出版社
　　　　　（北京市海淀区北蜂窝 8 号中雅大厦 A 座 11 层　100038）
网　　址：www. E-mp. com. cn
电　　话：（010）51915602
印　　刷：北京九州迅驰传媒文化有限公司
经　　销：新华书店
开　　本：787mm×1092mm/16
印　　张：16.25
字　　数：327 千字
版　　次：2017 年 4 月第 1 版　2017 年 4 月第 1 次印刷
书　　号：ISBN 978-7-5096-4999-2
定　　价：59.00 元

# 前　言

2012 年 10 月，随着国务院正式批复《呼包银榆经济区发展规划（2012~2020 年）》，呼包银榆经济区（以下简称经济区）作为西部发展的重点经济区正式成立。在此机遇下，如何充分发挥呼和浩特、包头、鄂尔多斯、银川、榆林等中心城市的带动作用，建设国家级经济区，促进产业结构升级以及转变发展模式、构建现代产业体系，促进能源安全与生态安全，实现经济区的可持续发展等都是当前呼包银榆经济区合作与发展需要解决的重点问题。

本书共分上下两篇：上篇，呼包银榆经济区合作发展模式与机制研究；下篇，专题研究。

## 一、上篇：呼包银榆经济区合作发展模式与机制研究

### （一）呼包银榆经济区合作发展问题的提出

呼包银榆经济区作为新一轮西部大开发中新建立的经济区，目前仍存在很多难以解决的实际问题，改革开放以来，凭借区域内丰富的能源，带动了呼包银榆经济区经济的快速发展，但同时面临着许多现实问题和挑战，如过分依赖资源、产业同构现象严重和产业结构不合理、环境破坏、粗放式发展等不可持续性发展问题严重困扰着整个经济区的发展。

呼包银榆经济区自 2013 年启动以来，虽然成功实现了"到 2105 年综合实力显著提升"的规划目标，但是由于经济区成立时间较短，与国内的珠三角、长三角等发达经济区相比，该经济区的经济一体化进程步履蹒跚，任重道远。本书以《呼包银榆经济区发展规划（2012~2020 年）》为指导，从西部大开发、呼包银榆经济区合作发展的现实背景出发，用全新的视野、思路、理论、方法和技术手段，揭示和探寻了呼包银榆经济区一体化合作发展的模式与机制，期望能够为经济区决策机构正确制定区域发展政策并实现我国东中西部区域协调可持续发展提供理论指导和实践参考。

### （二）主要观点和对策建议

就呼包银榆经济区产业合作现状来说，产业结构处于转型过程中，单位 GDP 能耗

较高，经济发展质量不高，第三产业发展缓慢。

就当前呼包银榆经济区合作发展模式来说，粗放型增长模式的影响仍然存在，区域发展不协调。

以上存在的问题，极大地阻碍了呼包银榆经济区的快速发展，成为呼包银榆经济区合作发展中亟待解决的问题。

为了进一步推动呼包银榆经济区的合作与发展，针对这些亟待解决的问题，提出以下对策和建议：

1. 针对产业合作的对策与建议

①由政府主导向市场驱动转变；②明确定位，实现差异化、错位化发展；③警惕"比较优势"陷阱；④经济区要以第三产业发展突破口——大力发展旅游业。

2. 针对发展模式的对策与建议

①消除壁垒，共建市场体系——区域一体化模式；②经济、社会和环境协调发展——可持续发展模式；③积极培育增长极——增长极模式。

3. 构建呼包银榆经济区合作机制的对策建议

①信息交流机制；②运行机制；③争议解决机制；④监督机制。

二、下篇：专题研究

下篇主要就呼包银榆经济区的重大现实问题，对诸如经济区现代产业体系的构建、经济区能源安全和生态保障以及经济区经济—资源—环境系统协调性等方面进行深入探讨。

"专题研究"中的主要观点和对策建议如下。

**（一）"呼包银榆经济区现代产业体系的构建"的主要观点和对策建议**

呼包银榆经济区的产业结构总体上仍然处于低级化阶段。

第一产业：表现在种植业比重高，优势产业畜牧业没有得到充分发展；农产品品种单一，农业结构雷同，集约化程度低。

第二产业：三次产业中第二产业比重高，且产业重型化特征明显；工业产业对资源和资金的依赖程度高，对环境破坏严重。

第三产业：第三产业比重低，仍以传统服务业为主，新兴服务业尚在萌芽状态。

因此，总体上产业体系要有利于经济可持续发展，有利于资源合理配置，有利于适应现实变化，有利于解决就业问题。所以经济区要建立以现代农牧业为基础，先进工业和服务业为核心的现代产业体系，具体建议如下：

①推进农牧业产业化经营；②发展壮大先进工业；③发展现代服务业；④发挥政府职能。

### （二）"呼包银榆经济区能源安全评价及预警系统构建研究"的主要观点和对策建议

呼包银榆经济区虽为我国能源战略基地，但能源安全程度不高，安全级别较低。我国本身能源供应不足，满足国内能源需求要大量依赖进口。从呼包银榆经济区来看，能源供给结构不协调，重工业发展消耗的能源主要来自区内的煤炭，而从能源储量来看，区内常年的大量消耗使得煤炭资源已经不足以支撑我国经济的可持续发展，由此带来的环境污染和能源利用效率低下的问题凸显。此种形势下，呼包银榆经济区能源预警系统的建立尤为必要，但鉴于区内能源问题的复杂性，构建该系统的难度也较大。呼包银榆经济区作为我国能源基地，需要在保障自身能源安全的前提下，为国家提供持续能源供给，不仅要实现国家的可持续发展，更要实现自身的可持续发展。本书为提高呼包银榆经济区能源安全水平、完善经济区能源基地功能建设提出以下建议：①推动传统能源企业重组，开发新能源以优化能源供给结构；②提升科研创新能力，提高能源开采效率；③大力发展第三产业，优化经济区产业结构；④加大环境治理力度，保护生态环境；⑤加强政府合作，促进各地区协调发展；⑥明确能源预警系统构建主体，确保预警系统运作顺利；⑦制定一致的数据统计口径，确保数据的可靠性。

### （三）"呼包银榆经济区产业结构对生态环境的影响研究"的主要观点和对策建议

经济区的生态环境较为脆弱，产业结构以重工业为主，第三产业所占比重保持在40%，第一产业所占比例极低，产业结构不合理，对生态环境的影响较大。构建呼包银榆经济区的首要目标是实现区域一体化下的高效、生态、循环的发展模式，以带动中西部地区经济与生态的协调发展。因此，通过研究经济区产业结构对生态环境的影响程度以及产业结构的生态环境效应，并以此作为参考依据来对经济区的产业结构进行合理化调整，能真正实现呼包银榆经济区一体化的可持续发展。具体如下：①制定与生态环境相协调的产业政策；②大力建立技术开发体系；③加强经济区环保监督；④健全经济区生态经济发展合作机制。

### （四）"呼包银榆经济区经济—资源—环境系统协调性分析"的主要观点和对策建议

改革开放以来，虽然呼包银榆经济区凭借丰富的煤炭、天然气等资源储备，实现了经济跨越式的发展，但是同时也给资源环境造成了巨大的破坏，造成了"一业成功环境差"的局面。西部地区自然环境具有先天不足的缺点，加之煤炭等矿产资源开采造成土地表面的破坏更是雪上加霜，同时引发了一系列收入不均的社会问题。随着近年来煤炭价格的回落，"一业独大"的经济结构弊端便显露了出来，地方财政收入和税收收入大幅回落，促使呼包银榆经济区的经济、资源、环境系统之间协调发展成为重中之重。调整产业结构，促进产业升级，减少经济发展对资源的依赖和对环境的破坏成为日后相当长的一段时间的经济发展重点。经济区作为国家资源储备基地，蕴藏着丰富的资源，因此，如何协调好经济、资源、环境这三者之间的发展问题，关系到整个经济区资源基地的建设，这不仅是地方发展的问题，也是国家战略的问题。本书通过对经济、资源、环境三者之间关系的定性与定量分析，找到实现三者协调发展的措施，同时为其他经济区或者其他资源型城市的发展提供一定的借鉴。

本书结合研究结果从经济和资源环境两个方面提出了如下相关对策建议：①以发展的观念，适应新常态；②促进产业结构调整，大力发展新型工业化；③提高居民收入水平，鼓励居民消费；④提高创新能力水平，加大科技投入；⑤合理利用水资源；⑥提高能源利用率，降低万元 GDP 能耗；⑦加快经济与生态环境协调发展的制度建设；⑧加强能源产业的发展，但要着力于产业结构升级和降低工业能耗，深耕细作、延伸产业链条大力发展具有高附加值的能源产业。

本书是在笔者主持的内蒙古自治区哲学社会科学基金重点项目"呼包银榆区域经济一体化合作发展问题研究"（2013A004）研究成果的基础上整理而成的。本书思路清晰，内容充实，结构完整，资料丰富，方法运用科学，分析客观。全书层次分明，逻辑清晰，上篇与下篇互为支撑，既有理论研究，又有现实分析。定量分析与实证分析相结合更是本书的一大特点，书中运用了主成分分析法、灰色关联分析法、模糊综合分析法等产业经济学与区域经济学中的分析工具，为深入分析问题提供了有力支撑。

本书系内蒙古自治区哲学社会科学基金重点项目。在这里感谢内蒙古自治区社科基金的资助。

郝戊

2016 年 11 月 23 日

于内蒙古科技大学腾飞楼

# 目　录

## 上篇　呼包银榆经济区合作发展模式与机制研究

下篇　专题研究

## 上篇

## 呼包银榆经济区合作发展模式与机制研究

# 1 导　论

## 1.1　研究背景和意义

### 1.1.1　研究背景

得益于区域经济的快速发展，我国区域间的经济合作日渐密切，2012 年 10 月，随着国务院正式批复《呼包银榆经济区发展规划（2012~2020 年）》，呼包银榆经济区（以下简称经济区）作为西部发展的重点经济区正式成立。地理位置上，经济区位于鄂尔多斯盆地，其主要地区有：内蒙古境内的呼和浩特、包头、鄂尔多斯、巴彦淖尔、乌海市、二连浩特、乌兰察布的部分地区以及阿拉善盟的阿拉善左旗；宁夏境内的银川市、石嘴山市、吴忠市以及中卫市的部分地区；陕西省的榆林市。经济区作为我国新的经济增长极，对于带动西部地区经济的快速发展有着十分重要的作用。

经济区依靠其丰富的能源、资源实现了经济的快速发展，但同时也面临着许多严峻挑战，过分依赖资源发展产生了产业同构、生态破坏、粗放式发展等问题，制约了整个经济区的协调发展，没有哪一方政府愿意放弃本地区的优势产业而追求产业协同，政府间的合作磋商框架以及协调发展的模式与机制是本书重点讨论的问题。

### 1.1.2　研究意义

#### 1.1.2.1　理论意义

国内有关区域经济发展的理论文献较多，但由于呼包银榆经济区批准建立的时间较短，关于该区域发展的文献较少。在经济区能源化工产业结构调整、资源型城市转型和转变发展方式上，缺乏相关理论的指导；同时，将呼包银榆经济区发展作为西部地区增长极的研究文献较少，资源转型区域合作发展的研究有待进一步深入，更缺乏经济区合作机制与模式的探索。

经济区作为新一轮西部大开发中新建立的经济区，目前仍存在很多难以解决的实际问题，该地区隶属于我国西部地区，经济增长主要依靠能源资源拉动，产业结构不协同、环境破坏严重等都制约着经济区的发展，同时，找到一条可持续的发展模式仍需要长期的探讨。

自呼包银榆经济区成立至今，与同时期的长三角和珠三角相比，经济区合作发展和一体化的进展更为缓慢。本书探讨呼包银榆经济区合作发展的模式，丰富了该区域合作发展的相关理论，提出了可供参考的问题解决路径与合作机制，为该区域一体化发展做了有益的探索。

#### 1.1.2.2　实践意义

目前，尽管国内许多区域也开展了合作发展，但合作发展的体制机制与模式也不尽相同，且没有注重各区域产业之间的协同作用。同时，有些区域没有进行实质性的区域合作，地方性的资源难以打破行政壁垒，无法共享技术和信息，阻碍了一体化合作发展的进程。

呼包银榆经济区要探索和构建创新型的合作机制和体制，避免出现其他经济区合作发展中出现的类似问题。通过辨析评价经济区内主要城市的发展状况，寻找各主要城市在整个经济区中的功能定位，以促进协调和统筹发展，避免恶性竞争，以期能够提出促进呼包银榆经济区经济协同快速发展的途径，为呼包银榆的合作机制与模式的完善提供前瞻性的指导。

# 1.2　研究方法与研究框架

## 1.2.1　研究方法

本书采用了文献分析法、静态与动态分析法、定量分析与实证分析法。

（1）文献分析法。国内外有关区域经济合作与发展的基础理论部分采用了文献分析法，充分了解目前有关区域经济合作与发展的理论前沿，并结合呼包银榆经济区的实际情况对国内外学者的研究成果进行总结，以进一步对经济区进行分析。

（2）静态与动态分析法。根据呼包银榆经济区内各城市发展指标的数据，运用统计软件对相关数据进行静态对比分析，预测未来呼包银榆经济区合作与发展趋势的部分主要运用了动态分析法。

（3）定量分析与实证分析法。本书通过定量分析的方法分析了呼包银榆经济区合作发展的现状和存在的问题，并用实证分析的方法寻求解决问题的途径。

### 1.2.2　研究框架（见图 1.1）

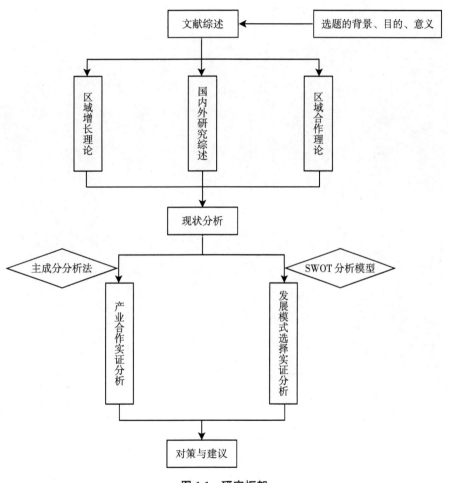

图 1.1　研究框架

# 2 文献综述

区域合作发展是目前区域经济一体化的必然选择，即通过合作发展来统筹整个区域协调发展。呼包银榆经济区处于我国经济发展相对落后地区，同时区域间发展不平衡加剧，这就迫切需要加强区域合作发展的理论支持。目前，已有很多专家学者从不同角度对区域经济合作发展做了大量细致的研究，提出了相关的学说和模型，其中比较具有代表性的就是区域共同市场理论、区域分工理论和要素禀赋理论。

## 2.1 国内外区域经济合作发展研究综述

### 2.1.1 国外研究综述

保罗·罗森斯坦—罗丹（P.Rosenstein-Rodan）认为，工业化是解决一个国家贫穷落后问题的关键，而且需要规模化，因为小规模和个别部门投资无法从根本上解决问题。贡纳尔·缪尔达尔（Myrdal G.）通过利用"扩散效应"和"回波效应"，找到了利用发达地区的辐射作用，并采取刺激措施来带动周边不发达区域的发展，促进区域经济的协调发展。

阿尔伯特·赫希曼（Hirschman A.O.）认为，区域间经济不平衡增长是正常而且不可避免的。保罗·克鲁格曼（Paul R. Krugman）通过模型说明了制造业企业通常选择在市场需求大的区域建厂，而大的市场需求反过来又决定了制造业企业的分布。乌韦·瓦尔兹（Walz U.）认为，区域经济一体化主要表现在产品创新、规模收益递增的生产集中。

汉斯·格斯贝茨和阿米·施姆兹勒（Gersbach H. and Schmutzler A.）运用两阶段双寡头垄断模型分析得出了在产业内外部外溢效应影响下，生产地区分布和产品创新的地理分布。劳伦·马丁（Martin L.）通过模型分析存在聚集经济的情况下，区位的不同影响力问题。

罗伯特·金（King R.）和塞尔吉奥·赖贝罗（Rebelo S.）基于政府角度，认为政府在区域经济发展中有双重作用，政府的作用导致了人均收入和经济增长率的跨国差异。

### 2.1.2　国内研究综述

我国学者对区域经济合作发展的研究，自改革开放之后，建立经济特区才逐渐深入，研究的主要内容多为案例和实证分析，涉及的区域有成渝、关中—天水、广西北部湾和长三角、珠三角经济区等。国内学者结合相关基础理论，运用实证分析法分析了区域经济合作发展的主要影响因子、城市化的发展过程、产业结构布局等。

焉香玲（2002）认为，制定区域经济发展战略要结合中国国情，不平衡发展战略不容忽视。张莉（1999）将区域发展策略归纳为"发挥中心城市的带动作用、进行多轴和多层次开发"。

豆建民（2003）指出了政府在区域经济协调发展中的重要角色，强调点、线、网络和面四种形态是经济活动在区域空间的表现。

江浩（2005）总结了我国均衡和非均衡的发展战略，提出了新的区域空间经济布局形态。

李剑林（2007）分析了当前我国区域发展侧重点的变化和调整的具体情况，提出现阶段区域统筹协调发展战略。周淑霞（2010）通过实证分析，对宁夏回族自治区相关区域经济发展进行了量化评价。

夏泽义（2011）认为，中国—东盟"M"形新型区域合作战略格局初步形成。官锡强（2009）指出要注重生态保护与经济发展之间的联系，促进城市群的可持续发展。

莫绍深（2007）提出在建设广西北部湾的同时需要协调好各利益主体间的关系。丁海青（2010）指出关中—天水经济区应支持装备制造业发展，这就要大力开发高新技术，推动科技创新。

朱栋梁（2001）利用模型，提出我国区域经济发展应实施多极增长点战略。房君（2011）分析了成渝经济区发展的现状和特点，在分析当前区域协调发展所面临问题的基础上，提出了相应的建议。周英虎（2011）对比分析了成渝经济区与广西北部湾经济区，从四个基本情况出发提出了促进两个经济区经济发展的建议。张宇（2010）认为，要打破成渝经济区的城乡二元结构，促进城乡平衡发展，需要体制机制的创新。

## 2.2 呼包银榆合作发展研究进展

从政府层面看，呼包银榆经济区是在一定的城市群基础上逐步发展起来的，2000年，内蒙古自治区确立了以呼和浩特、包头、鄂尔多斯为核心城市的"金三角"发展战略，力图打造"一小时经济圈"来促进区域的协调发展。然后内蒙古自治区着力推动"3+3"模式，呼包鄂地区与周围的阿拉善盟、乌海市、巴彦淖尔市统筹发展。

从2010年开始，内蒙古自治区将西部七盟市作为一个新的经济圈统筹兼顾。2011年《内蒙古自治区国民经济和社会发展第十二个五年规划纲要》明确提出"西部地区以呼包鄂为重点，着力促进形成呼包鄂榆重点经济区"。

2011年公布的《全国主体功能区规划》将呼包鄂榆地区作为18个国家重点开发区域之一进行建设。经过长时间的考察与反复论证，我国决定把鄂榆经济区培植成为西部地区重要的经济增长极和重要的能源、煤化工基地。

2012年10月8日，国务院正式批准《呼包银榆经济区发展规划（2012~2020年）》，呼包银榆经济区成立。作为新丝绸之路经济带上的重要节点，该经济区规划为西部大开发新阶段的重点发展区域，着力实现创新发展。

呼包银榆的名词在学术界仍然是新事物，关于该地区的专门研究并不多，然而有关呼包鄂榆或其中部分城市的城市群研究、呼包银—集通线经济带等的研究早已经开展。学者们关于呼包银榆经济区的一些研究成果如下。

张进海、刘天明、李文庆等（2010）考察比较了银鄂榆三个区域的资源状况、产业现状和经济发展水平，提出该三角区区域合作发展战略，包括交通网络建设、水资源开发等七个方面的构想。

张秋亮、白永平、黄永斌（2012）利用因子分析与空间相关分析及可视化分析，得出了呼包鄂榆县域经济的差异状况。陈博文、白永平、吴常艳（2013）利用空间自相关、空间关联指数和空间变异函数三个模型，综合分析了呼包鄂榆经济区的区位差异以及区位潜力。乌云德吉、黄涛（2012）借助Arcgis空间分析方法对呼包鄂城市圈进行了分析，发现呼包鄂区域城市化的动向是由交通网络决定的。余凤鸣、张阳生、周杜辉（2012）实证分析了呼包鄂榆经济区的经济差异现状并针对发展问题提出了对策建议。

布和琴夫（2011）分析了呼包鄂城市群的发展动力机制，探讨呼包鄂城市群发展过程中存在的现实问题，并提出了政策建议。

徐境、石利高（2010）对呼包鄂区域经济一体化发展机制和模式做了探讨。恩和特布沁（2009）认为，呼包鄂城市群发展的优势在于：地理位置较好、交通设施较为完备、产业结构相似、劳动力和人才资源较为雄厚等。王友军、于艳华和齐瑞俊（2012）提出政府应重视引导呼包鄂经济区土地的节约和集约利用。李杨（2010）认为，呼包鄂区域经济一体化的发展能促进各种要素在区域内自由流动，从而更有利于地区发展。聂华林、杨敬宇（2010）从区域毗邻与经济发展状况的实际出发，提出了"兰（州）西（宁）银（川）"经济区的战略构想。任艳丽、张丽（2012）主张通过呼包鄂地区的交通网络建设，促进该地区的经济一体化，并提出了相应的建议。

何金玲、李孝（2004）认为，政府之间的沟通和政策协调是将呼和浩特、包头、鄂尔多斯建设成为自治区增长极的关键因素。杨建军、郭敏燕（2012）认为，呼包银榆经济区的新型城市化进程需要以可持续发展为前提。

贾润（2010）指出巩固铁路运输的主体地位，通过建设"大物流运输模式"来促进呼包鄂区域经济产业集群化发展。谢晓燕、张晖、边恩敬（2012）通过实地调研分析得出了当前影响呼包鄂地区物流行业快速发展的因素，最后给出了对策。

杨树虹（2011）从国外理论的论证、国家的政策导向、政府的支持、自身区位优势、资源互补、经济社会发展的诸多支持因素分析。于艳华（2011）的研究表明，呼包鄂区域土地开发、利用宜采用三种方式：以城镇化为核心，沿黄河或交通干线为主轴，以工业基地为核心。

张沛等（2010）通过相关分析，找到了促进呼包鄂区域经济发展和促进一体化进程的路径。赵树梅（2011）提出了资源型城市转型的对策：不断优化产业结构、向高端延伸产业链、加强跨区域合作。

杨建军、郭敏燕（2012）指出，节约水资源和保护生态环境是经济区工业化和城市化进程中不可忽视的因素，城市化发展和规划布局要结合经济区自身的特色，从城市化发展模式和空间布局角度出发探讨发展路径。

王志梅（2012）指出，呼包鄂经济圈要实现协调发展，需要在经济结构优化、转变经济增长方式和大力发展循环经济等方面率先突破。王恩胡、高全成、殷红霞（2010）认为，要重视政府的主导作用在实现区域协调发展中的推动作用，并通过发挥资源优势促进落后地区发展，还需要加强区域间的合作。

张秋亮、白永平、李建豹等（2013）从人口、经济、社会和空间城市化四个角度构建了城市化评价指标体系，从时空角度分析了呼包鄂榆经济区的城市化进程，得出如下结论：经济区整体城市化水平偏低，不同城市差异明显，包头和呼和浩特城市化水平较高。

张凯、吴金叶、李迎芝（2013）从呼包鄂发展存在的问题中，分析得出了呼包鄂产业协同发展的途径：城市之间应该优势互补，通过产业内分工与合作促进产业整体协同发展。

刘慧、马洪云（2014）从区位熵角度分析了 2003 年和 2011 年呼包鄂三个城市的优势产业，提出各城市应该明确定位，发展优势产业，明确区域产业分工。

刚布和（2014）针对呼和浩特市的产业发展水平，结合呼包银榆经济区发展规划，提出利用中心城市的辐射作用带动产业集聚发展的建议。

魏向前（2014）认为，呼包银榆经济区政府间合作需要制度创新，从建设合理高效的组织机构、加强立法和制度监督机制、对各地利益分配做到公平高效、发挥比较优势实现错位发展等方面出发，构建保证呼包银榆经济区政府合作顺利通畅的制度。

郝戊、田喆、张璞（2014）运用主成分分析法计算出了 2012 年呼包银榆产业相关主成分综合得分排名为包头、呼和浩特、银川和榆林，结果表明，呼包银榆产业同构、结构不合理。

郝戊、肖冰（2015）对黄河"几"字形区域 12 个主要城市的城乡经济一体化水平进行了实证分析，运用因子分析法对该区域城乡经济一体化水平进行评价，进而探讨其经济一体化动力，认为该区域至少应实现城乡基础设施一体化、生产一体化、贸易一体化、公共服务一体化、信息一体化和管理一体化。最后得出该区域城乡经济一体化的模式，包括农业产业化发展、资源型产业集群推动、以城带乡和管理兴农。

## 2.3 本章小结

国内外学者研究了区域经济发展中存在的不同问题，总体来看，我国学者对呼包银榆地区经济一体化的研究较为欠缺，对于该区域不同城市经济差异的影响因素的研究较少，同时，还存在很多制约该区域一体化进程的问题。

呼包银榆经济区与国内其他经济区在地理位置、环境、资源等多方面都存在较大差异。有关文献对区域经济发展的研究角度单一。

呼包银榆经济区主要城市的地区生产总值增速在全国排名前列，能源资源丰富、工业基础好、产业结构不合理等。多数文献研究的角度较为单一，定量分析较少，定性分析较多，相关文献只谈"合作"或"发展"，而没有全方位地进行量化分析。

因此本书基于以上研究成果，以中国区域经济实现协调可持续发展为指导，从西部大开发、呼包银榆经济区的现实背景出发，以全新的视角、方法和技术手段，探讨呼包银榆经济区的合作发展模式。

# 3 呼包银榆区域经济合作发展的理论基础

在分析呼包银榆经济区现实状况的基础上，运用经典的区域经济合作发展理论，探寻呼包银榆经济区的理论支点。

## 3.1 经济区增长理论

### 3.1.1 区域增长和区域非均衡发展理论

在经济地理学等理论基础上形成的区域经济理论，是一门新兴理论，自形成之日起便得到了飞速发展。

（1）区域增长理论。结合当下经济发展的特点，选择适宜的经济区增长理论，即区域增长理论，为经济的飞速发展提供必要的理论支撑。其理论如下：以罗森斯坦—罗丹为代表的推进理论和以纳克斯为代表的恶性循环理论，具体如表 3.1 所示。

表 3.1 主要理论

| 基础理论 | 代表人物 | 主要理论及观点 |
| --- | --- | --- |
| 推进理论 | 保罗·罗森斯坦—罗丹<br>（P. Rosenstein–Rodan） | 非发达国家应该积极对各产业部门同步大规模投资，促使国民经济快速增长及实现全方位发展 |
| 恶性循环理论 | 莱格纳·纳克斯<br>（Nurks R.） | 非发达国家经济增长中存在着需求和供给恶性循环，运用平衡增长来进一步解决 |

资料来源：作者整理。

（2）区域非均衡发展理论。作为区域经济合作发展重要理论之一的非均衡发展理论，其代表主要有缪尔达尔的二元经济结构理论、弗朗索瓦·佩鲁（Perroux F.）的增长极理论、梯度推移理论以及倒"U"形理论。相关理论如表 3.2 所示。

表 3.2　主要理论及观点

| 基础理论 | 代表人物 | 主要理论及观点 |
|---|---|---|
| 二元经济结构理论 | 缪尔达尔 | 经济发展不平衡，即由于一些外部因素促使经济增长速度快而使经济发展不平衡，长期会使得贫富差距更大，形成区域性二元经济结构 |
| 增长极理论 | 佩鲁、罗德温、布代维尔 | 佩鲁最先提出"发展极"的概念。罗德温（Rodwin L.）对其进行了发展，增加了空间含义。20 世纪 60 年代中期，布代维尔（J. B. Boudeville）对经济空间的概念重新进行了系统分析，对佩鲁提出的增长极理论进行了推广，增加了增长极的地理含义 |
| 梯度推移理论 | — | 无论是一国范围还是区域范围，客观上存在着经济技术发展的不平衡，这样就形成了一种经济梯度，而正是梯度的存在才有了空间的推移 |
| 倒"U"形理论 | 威廉姆森 | 威廉姆森在相关实证研究的基础上，提出了倒"U"形理论。区域经济发展初期一定会出现不平衡发展，但随着区域经济发展的成熟，这种不平衡逐渐向平衡转变并消失 |

资料来源：作者整理。

### 3.1.2　国内区域经济发展的理论和实践

#### 3.1.2.1　早期国内区域经济发展的主要理论和实践

在改革开放初期，我国主要采用的是一种非均衡的发展战略，即让在地理与资源上占据优势的东部沿海地区率先发展，进一步带动中西部地区发展。

（1）梯度理论。夏禹龙、冯之浚（1982）认为，先让具有高梯度的东部沿海地区学习和掌握先进技术，然后通过梯度空间推移逐渐向梯度较低的中西部推移，并最终实现经济发展的相对均衡。

（2）字形发展战略。字形发展战略主要有"T"字形、"弗"字形、"目"字形和菱形发展战略。其中影响较大的是陆大道于 1984 年提出的"T"字形战略，其主要内容为应将区位条件好、经济发展快和技术基础好的"T"形地域（东部沿海地区和长江沿岸）打造成全国一级重点开发轴线。

其他字形发展战略还包括"弗"字形、"目"字形、菱形战略。这些战略的核心都是从具有优势区位地区入手，带动其他地区的发展。

（3）网络开发理论。魏后凯于 1995 年用动态过程去看待经济发展，其过程依次是增长极点开发再到点轴开发最后到网络开发，从而形成了网络开发理论。

（4）非均衡协调发展理论。魏后凯（1998）认为，区域经济的非均衡发展与协调发展有机结合起来，对相关区域采取适度倾斜的政策，加强互补，从而促进发展。

#### 3.1.2.2　21 世纪初国内区域经济一体化发展的主要实践和理论

21 世纪初至今，东部地区凭借国家政策倾斜和自身的区位优势快速发展起来，和中西部地区的差距逐渐明显，并呈现出不断拉大的趋势，为解决区域经济发展过程中地区经济发展差距拉大的问题。这一时期我国区域经济发展理论和实践主要关注区域的协调发展。

（1）主要实践。1999年9月，国务院正式提出"西部大开发战略"，国家加大对西部地区的政策倾斜力度和资金投入。2010年，在国家"十二五"规划中再一次突出了西部大开发的优先位置。

2002年，振兴东北等老工业基地成为国家的战略决策。2010年，"十二五"规划指出，要统筹全国老工业基地调整改造。

2004年3月，中部崛起战略正式开始实施。2010年，"十二五"规划对中部地区崛起的继续推进的具体方面做出了要求。

中共十八届三中全会提出，推进"丝绸之路经济带"和"21世纪海上丝绸之路"建设。

（2）主要理论。张可云（2007）指出通过统筹区域的发展来实现区域和谐，最终通过统筹区域发展来实现区域经济协调发展。

郝寿义（2007）提出了要素适宜度的概念，并认为区域协调和可持续发展的目标是要素适宜度最优化。

李晓惠（2009）通过研究表示，区域协调发展表现为区域经济快速和同向增长，区域差距不断趋于合理的运行状态和不断缩小过程。

吴群刚、杨开忠（2010）在对2005年三大经济区的各项重要经济指标进行研究时，得出京津冀经济区在产业发展、经济现状、资源配置、环境保护等方面存在比较严重的问题。而到2030年是京津冀经济发展的重点阶段，在这样的现状下，需要把人口素质配合产业发展的需要作为立足点，进一步实现经济、交通、制度、市场一体化的协调均衡发展。

庞芹（2010）在对济南省会城市群竞争力进行分析时发现，城市竞争力存在比较大的差异，济南发展远超其他城市，从而提出加快核心城市建设、加大基础设施投入等一系列政策方面的建议。

周天芸、黄亮（2012）在对泛珠三角区域"9+2"个城市16年的数据进行实证分析时发现泛珠三角地区的人均产出条件趋势表现出同步性，且在产业结构调整方面同步性更强，在此基础上，提出加快制度建设、实现优势互补等实践建议。

华中源（2013）认为，泛长三角区域的协调体制既需要制度又需要组织的保证，这就要求完善法制建设，建立科学的制度体系。

李雪松、孙博文（2013）在运用层次分析法对长江中游城市群内部区域一体化进行测度与比较分析时发现，武汉城市圈、长株潭城市圈、环鄱阳湖生态经济区在市场一体化、行政一体化等方面有差异，从而提出对策建议。

# 3.2　区域经济合作理论

## 3.2.1　区域共同市场理论和区域经济一体化理论

### 3.2.1.1　区域共同市场理论

最先在西欧共同市场形成过程中形成的共同市场理论通过关税同盟来实现贸易自由化。

构建共同市场的主要目标是促进区域经济快速发展，且通过形成新的合作发展机制，为促进要素自由流动扫清各种壁垒，最终实现资源优化配置的一种制度框架。

作为区域经济合作与发展必要条件的区域共同市场，其建立可以使市场内的生产要素实现快速流通，且随着内部的竞争加剧，可以实现区域内的规模经济，从而使区域经济实现稳定增长。

要素流通时或许会受到行政主体的反作用，但是在总体上实现了自由流通和优化配置，可以使整个区域的经济飞速发展。

由区域分工，我们可以知悉区域经济的合作与发展，且区域之间存在着不同的资源禀赋、经济发展基础和条件，从而在区域内各地区发展时，肯定会优先选择并发展具有比较优势的产业，这样就可以对本地区的资源和要素实现充分利用，更加有效地配置资源。

### 3.2.1.2　区域经济一体化理论

1950年区域经济一体化相关理论开始兴起，其本质要求壁垒被削弱或者消除，生产要素在区域内自由流动。它是将孤立的经济整合为联合经济的一种过程，相关理论如表3.3所示。

表3.3　主要理论及观点

| 代表人物 | 主要理论及观点 |
| --- | --- |
| 贝拉·巴拉萨（Balasa B.） | 经济一体化主要是围绕过程和状态而进行的 |
| 彼得·林德特（Lindert P.） | 通过宏观经济政策一体化和生产要素自由流动，最终实现生产要素的价格均等 |
| 克鲁格曼、藤田（Fujita）、莫瑞（Mori） | 运用新经济地理学中的"空间"观点对区域一体化进行了分析 |
| 汉森（Hanson） | 通过模型进行实证分析，证实了发展中国家企业的区位选择影响大于发达国家 |

资料来源：作者整理。

进入 21 世纪以来，国外学者们在研究区域经济一体化经典理论的基础上，不断地进行探索，并且取得了一些新的研究成果。

Britton（2002）在对美加、北美自由贸易协定对加拿大技术密集型制造业产生影响的研究中发现，贸易自由度的提高对以出口为主的出口企业，在提高劳动生产率和主动创新方面是有益的。

Shin 和 Wang（2004）在对商业周期同步性特点的研究中发现致使商业周期同步化的因素是产业内贸易水平，而其他因素如需求、提高贸易强度等并不是必然因素。

Susanto（2006）在对 NAFTA（北美自由贸易协定）内部美国与墨西哥的贸易进行研究的时候发现，美国从墨西哥进口的农产品增长率与关税率呈负相关且变动比大于 1，从而在 NAFTA 下，美国—墨西哥的贸易创造效应大于贸易转移效应。

Rascdorf 等（2006）认为，区域一体化即区域内部的一种文化价值和规范的交流，在此期间，融合性和排异性是同步的。强调区域一体化评价指标体系应该包括沟通指标，从而形成更密切的贸易关系，构建与"东亚轨道"和"亚太轨道"互助共勉区域合作网络。

Matkowski（2007）等对欧盟经济进行研究时发现，八个新加入国家在人均收入方面表现出强烈同步性及其经济发展增速超过原有国家，促使经济差距继续缩小。

Kawai 等（2007）在对东亚经济进行研究时发现，将东亚地区的多边自由贸易区整合成为一个大型自由贸易区，不仅可以使区域内成员各国经济福利达到最大，而且能使区域外国家的福利损失降到最低。

Song（2013）认为，世界贸易组织有效附加其实是自由贸易区的本质，全球经济秩序改变后促使自贸区更有竞争力。自贸区通常作为经济大国开展贸易政策的一种重要工具，寻求本国的经济利益最大化。

### 3.2.2 区域分工理论

（1）绝对优势理论。亚当·斯密（Adam Smith）认为，分工对提高劳动生产率有促进作用，国与国应该充分利用本国的绝对优势进行分工，从而实现民众利益最大化。

绝对优势理论不仅用于国家分工，还可以用于区域间分工。类比于国家之间，任何区域同样存在绝对优势产业或者产品，可以让占据绝对优势的产业或者产品在各个区域内自由流动，从而总体带动整个区域的经济发展。

（2）比较优势理论。大卫·李嘉图（David Ricardo）通过相关理论研究提出了比较优势理论。也就是说，一个国家无论处在发展的哪一阶段，其自身仍然有优势，就算跟其他国家相比处于劣势，也肯定有占优存在。

（3）要素禀赋理论。伊·菲·赫克歇尔（Eli F. Heckscher）和戈特哈德·贝蒂·俄林（Bertil Ohlin）提出了要素禀赋理论。其认为由于有差异价格存在，促使了专业化分工的产生，进一步使得各国产品成本出现相对差异，最终导致了国贸的产生。

这一理论更进一步说明了区域分开和要素禀赋存在的关系。事实上，区域内各地区在要素禀赋上存在差异，而这种差异可以促使区域内各地找到一个可以让自己的优势得到最大化发挥的生产方式，使经济实现飞速增长。

### 3.2.3　新要素理论

近些年，现代国际经济的飞速发展是我们有目共睹的，在此过程中，便产生了新的生产要素，例如，劳动力的智力和技术熟练程度、投资、技术的研究与发展、信息、管理，此种状况下诞生了新理论。

（1）人力资本要素理论。20世纪60年代，以基辛（D. B. Keesing）、凯南（P. B. Kenen）、舒尔茨（T. W. Schultz）为代表创立人力资本理论。其主要观点是：劳动力的质量在资本与人力资源相结合的过程中得到了提高。

同时，该理论认为，导致落后地区经济发展缓慢的原因主要是本地区人力资本匮乏。很多经济发展比较差的地区往往只注重物质资本的投资，而忽视了人力资本的作用，而这种现象虽然在短时期能促进经济增长，但从长远来看，并不利于经济的增长。显然，对于经济增长来说，人力资本投入的重要性是显而易见的。

（2）研究与开发要素理论。以格鲁伯（W. Gruber）、维农（R. Vernon）为代表的经济学家将"研究与开发要素"当作一种生产要素，提出了研究与开发要素理论。

当今社会科技的进步和经济的发展是非常迅猛的，所以，无形生产要素的开发与研究对经济发展产生的影响是很大的。国家或地区着重研究生产产品与开发要素所占比例对产品竞争力起着至关重要的作用。

（3）信息要素理论。随着现代信息技术的发展，信息作为一种无形的生产要素，已经对经济的发展产生越来越大的影响。信息获取的便捷程度会影响一个国家和地区的比较优势。

# 4  呼包银榆区域经济合作发展的现状分析

## 4.1  基本概况

呼包银榆经济区于 2012 年 10 月正式成立，是国家着力打造的西部重点经济区和增长极。经济区所辖的范围包含内蒙古自治区、宁夏回族自治区和陕西省，共 13 个市的 59 个县（区），常住人口约 1950 万，2015 年该区域 GDP 总和达到 1.9 万多亿元。区域面积 38.5 万平方千米，稀土、煤炭、天然气和石油储量十分丰富，太阳能不仅丰富，而且实际条件十分优越。自 2013 年起已召开三届"呼包银榆经济区市长联席会议"，各项合作发展进程不断加快。

## 4.2  合作发展现状分析

本章主要从两个方面来分析呼包银榆经济区合作与发展的现状。一方面，从产业结构入手，因为产业结构是促使经济发展的决定性因素，所以从这一点来说明目前经济区的产业结构现状。之所以认定产业结构是推动经济发展的决定性因素，是因为产业结构会在一定程度上对经济增长速度和模式产生影响，且产业结构优化升级可以促使技术进步和创新。另一方面，以呼包银榆经济区目前合作与发展模式为出发点对经济区现状进行分析。

### 4.2.1  产业结构现状

产业结构主要是指在国民经济发展中各产业的构成及各产业之间的比例关系。这种比例关系的不同，对经济发展产生的影响也不尽相同，我国主要采用的是三次产业分类法。通过对呼包银榆经济区产业结构的分析，进一步说明经济区经济发展的现状问题，具体情况如表 4.1 所示。

表 4.1　2010~2013 年呼包银榆经济区三次产业结构比

| | | 2010 年（%） | 2011 年（%） | 2012 年（%） | 2013 年（%） |
|---|---|---|---|---|---|
| 呼和浩特市 | 第一产业 | 4.9 | 5.0 | 4.9 | 5.0 |
| | 第二产业 | 36.4 | 36.3 | 36.4 | 32.0 |
| | 第三产业 | 58.7 | 58.7 | 58.7 | 63.0 |
| 包头市 | 第一产业 | 2.7 | 2.7 | 2.6 | 2.9 |
| | 第二产业 | 54.1 | 55.4 | 55.3 | 51.6 |
| | 第三产业 | 43.2 | 41.9 | 42.1 | 45.5 |
| 鄂尔多斯市 | 第一产业 | 2.7 | 2.6 | 2.5 | 2.5 |
| | 第二产业 | 60.2 | 60.1 | 60.5 | 59.9 |
| | 第三产业 | 37.1 | 37.3 | 37.0 | 37.6 |
| 巴彦淖尔市 | 第一产业 | 19.7 | 19.3 | 18.6 | 19.4 |
| | 第二产业 | 56.3 | 57.6 | 58.9 | 56.2 |
| | 第三产业 | 24.0 | 23.1 | 22.5 | 24.3 |
| 乌海市 | 第一产业 | 1.0 | 0.9 | 0.9 | 0.9 |
| | 第二产业 | 71.7 | 73.1 | 73.4 | 65.9 |
| | 第三产业 | 27.3 | 26.0 | 25.7 | 33.2 |
| 二连浩特市 | 第一产业 | 0.8 | 0.8 | 0.7 | 0.6 |
| | 第二产业 | 35.7 | 36.0 | 37.4 | 39.3 |
| | 第三产业 | 63.5 | 63.3 | 62.0 | 60.1 |
| 石嘴山市 | 第一产业 | 6.0 | 5.7 | 5.5 | 5.4 |
| | 第二产业 | 62.6 | 64.4 | 64.8 | 64.4 |
| | 第三产业 | 31.4 | 29.9 | 29.7 | 30.2 |
| 乌兰察布市 | 第一产业 | 16.5 | 16.2 | 15.6 | 16.1 |
| | 第二产业 | 52.3 | 53.8 | 55.0 | 52.4 |
| | 第三产业 | 31.2 | 30.0 | 29.4 | 31.5 |
| 吴忠市 | 第一产业 | 17.5 | 16.0 | 15.2 | 14.9 |
| | 第二产业 | 50.8 | 54.0 | 54.9 | 54.6 |
| | 第三产业 | 31.7 | 30.0 | 29.9 | 30.5 |
| 银川市 | 第一产业 | 5.4 | 4.8 | 4.5 | 4.4 |
| | 第二产业 | 49.7 | 54.2 | 54.8 | 54.0 |
| | 第三产业 | 44.9 | 41.0 | 40.7 | 41.6 |
| 榆林市 | 第一产业 | 5.3 | 4.9 | 4.5 | 4.9 |
| | 第二产业 | 68.6 | 71.1 | 73.0 | 69.8 |
| | 第三产业 | 26.1 | 24.0 | 21.5 | 25.3 |
| 中宁县 | 第一产业 | 17.3 | 15.9 | 14.5 | 13.2 |
| | 第二产业 | 51.3 | 55.8 | 55.5 | 57.7 |
| | 第三产业 | 31.3 | 28.3 | 30.0 | 29.1 |

续表

| | | 2010 年（%） | 2011 年（%） | 2012 年（%） | 2013 年（%） |
|---|---|---|---|---|---|
| 中卫市 | 第一产业 | 19.0 | 17.5 | 16.4 | 16.1 |
| | 第二产业 | 40.8 | 44.3 | 44.3 | 44.7 |
| | 第三产业 | 40.2 | 39.1 | 39.3 | 39.2 |

资料来源：呼包银榆等县（市）统计年鉴。

（1）从 2010~2013 年呼包银榆经济区城市三次产业结构来看，只有呼和浩特市和二连浩特市的产业结构接近现代的"三二一"产业结构，但从深层次来看，只是在结构上相似，在实质内涵上则完全不一致。剩下的城市大部分是"二三一"的产业结构，这与经济区丰富的能源资源分不开。第二产业比重较大，尤其是榆林市和乌海市接近70%。整个地区第三产业发展比较缓慢，甚至出现了不同程度的负增长，如榆林市、二连浩特市等。

（2）整体上呼包银榆经济区还处于"工业型经济"的发展模式，经济发展主要依靠能源资源的拉动。2010~2013 年，呼包银榆主要城市的第二产业在 GDP 中所占比重缓慢减小，并出现了向第三产业为主导的信息化转型的趋势。

（3）区域内主要城市大多是依靠能源资源发展起来的，产业结构也十分相似，产业布局不合理。因此，加强经济区的合作与发展，有助于构建合理分工的产业体系，并优化产业结构。

### 4.2.2 合作发展模式现状

本章主要通过呼包银榆经济区主要城市的经济发展水平、固定资产投资水平、对外经济联系、科研教育水平、政策支持和生态环境等方面来对该经济区合作与发展模式进行分析。

#### 4.2.2.1 经济发展水平

衡量经济发展水平最为直观的就是比较国内生产总值（GDP），它表示一个国家或者地区在一年时期内生产全部最终产品和提供劳务的货币价格。通过 GDP 的比较分析，可以对呼包银榆经济区主要城市的经济发展水平有一个大致的了解。具体情况如表 4.2 和表 4.3 所示。

**表 4.2　2010~2013 年呼包银榆经济区主要城市 GDP**

| | 2010 年（亿元） | 2011 年（亿元） | 2012 年（亿元） | 2013 年（亿元） |
|---|---|---|---|---|
| 呼和浩特市 | 1865.71 | 2177.26 | 2458.74 | 2710.39 |
| 包头市 | 2460.80 | 3005.40 | 3409.50 | 3503.00 |

续表

| | 2010 年（亿元） | 2011 年（亿元） | 2012 年（亿元） | 2013 年（亿元） |
|---|---|---|---|---|
| 鄂尔多斯市 | 2643.20 | 3218.50 | 3656.80 | 3955.90 |
| 巴彦淖尔市 | 603.30 | 718.50 | 813.30 | 834.90 |
| 乌海市 | 391.12 | 481.58 | 562.56 | 570.13 |
| 二连浩特市 | 47.60 | 57.08 | 68.32 | 79.04 |
| 乌兰察布市 | 567.60 | 690.04 | 781.17 | 833.75 |
| 阿拉善左旗 | 240.96 | 309.20 | 362.37 | 361.35 |
| 银川市 | 763.26 | 974.79 | 1140.83 | 1273.49 |
| 石嘴山市 | 298.07 | 367.32 | 409.21 | 446.32 |
| 吴忠市 | 217.00 | 268.31 | 312.05 | 349.06 |
| 中卫市 | 169.23 | 213.48 | 250.41 | 286.83 |
| 中宁县 | 73.43 | 86.80 | 102.90 | 118.10 |
| 榆林市 | 1756.67 | 2292.26 | 2769.22 | 2846.75 |

表 4.3　2010~2013 年呼包银榆经济区主要城市及全国人均 GDP

| | 2010 年（元） | 2011 年（元） | 2012 年（元） | 2013 年（元） |
|---|---|---|---|---|
| 呼和浩特市 | 65084 | 75943.23 | 86733.75 | 91915.02 |
| 包头市 | 94269 | 112372 | 125709 | 127434 |
| 鄂尔多斯市 | 136203 | 163012 | 183089.08 | 197380.5 |
| 巴彦淖尔市 | 34000 | 43000 | 49000 | 50000 |
| 银川市 | 38295 | 48374 | 56032 | 61684 |
| 榆林市 | 52415 | 68358 | 82549 | 84634 |
| 全国 | 30015 | 35182 | 37195 | 38499 |

资料来源：呼包银榆各市统计年鉴。

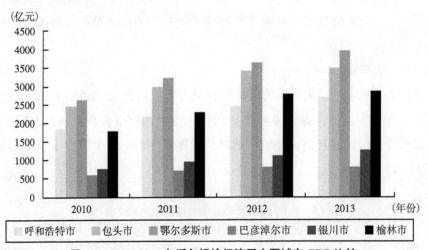

图 4.1　2010~2013 年呼包银榆经济区主要城市 GDP 比较

资料来源：呼包银榆各市统计年鉴。

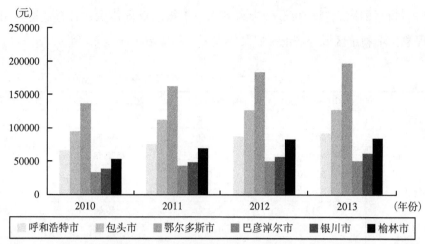

**图 4.2　2010~2013 年呼包银榆经济区主要城市人均 GDP 比较**

资料来源：呼包银榆各县（市）统计年鉴。

　　从表 4.2、表 4.3 和图 4.1、图 4.2 可以看出呼包银榆经济区经济发展具有如下几个特点：

　　第一，2010~2013 年，GDP 总量上，鄂尔多斯市一直居于呼包银榆经济区的第一位，其中 2010~2011 年增长最快，增长了接近 600 亿元，并突破了 3200 亿元。而内蒙古自治区的工业中心包头市则紧跟鄂尔多斯市，排在第二位。2011 年以后榆林市经济发展加快并超越了呼和浩特市，居于第三位，2013 年末达到了 2846.75 亿元。作为内蒙古自治区首府的呼和浩特市也保持了较为稳定的增长速度，2010~2013 年，每年保持在 300 亿元的增长速度。2013 年末银川市 GDP 达到了 1273.49 亿元。呼包银榆经济区主要城市的经济实力较强，发展速度较快，有着区域合作与发展的较好经济条件。

　　第二，2010~2013 年，从人均 GDP 来看，鄂尔多斯市在经济区中处于领先地位，2010 年便达到了 136203 元，2013 年更是接近 20 万元。紧跟其后的是包头市，2011 年突破了 10 万元，2013 年为 127434 元。呼和浩特市 2013 年数据为 91915.02 元。呼包银榆经济区内主要城市人均 GDP 均高于全国平均数值，但六个主要城市差异很大。

　　第三，从整个经济区来看，经济发展速度较快，处于全国中上游水平，但是从经济区主要城市来看，各城市发展速度有较大的差异。其中 2013 年银川市 GDP 总量和人均 GDP 都仅是鄂尔多斯市的 1/3。因此，推进呼包银榆经济区的合作，促进共同发展，缩小地区之间的差距，成为经济区未来努力的方向。

### 4.2.2.2　固定资产投资水平

　　固定资产投资一般用来表示固定资产投资规模、速度、比例关系以及使用方向，它是固定资产再生产的主要手段。适度的固定资产投资可以增加社会固定资产，促进经济发展。盲目的固定资产投资会导致低水平扩张和重复建设，各行业逐渐出现生产过剩的现象，不利于区域经济的又好又快发展。具体情况如表 4.4 所示。

表 4.4　2010~2013 年呼包银榆经济区固定资产投资总额

| | 2010 年（亿元） | 2011 年（亿元） | 2012 年（亿元） | 2013 年（亿元） |
|---|---|---|---|---|
| 呼和浩特市 | 881.20 | 1031.68 | 1301.43 | 1504.83 |
| 包头市 | 1800.50 | 2160.60 | 2534.20 | 2991.40 |
| 鄂尔多斯市 | 1898.40 | 2243.40 | 2570.58 | 2996.04 |
| 巴彦淖尔市 | 565.20 | 633.60 | 701.00 | 803.20 |
| 乌海市 | 238.72 | 286.90 | 346.67 | 416.97 |
| 二连浩特市 | 31.00 | 32.00 | 39.04 | 43.08 |
| 乌兰察布市 | 274.87 | 462.02 | 650.50 | 800.67 |
| 阿拉善左旗 | 142.02 | 159.32 | 195.61 | 243.84 |
| 银川市 | 648.69 | 733.85 | 918.73 | 1149.00 |
| 石嘴山市 | 270.04 | 300.00 | 380.99 | 459.16 |
| 吴忠市 | 217.13 | 261.10 | 380.50 | 496.80 |
| 中卫市 | 181.71 | 194.51 | 246.64 | 316.50 |
| 中宁县 | 78.39 | 88.50 | 113.40 | 144.70 |
| 榆林市 | 1105.46 | 1378.73 | 1771.23 | 1827.91 |

资料来源：呼包银榆各县（市）统计年鉴。

从表 4.4 和图 4.3 可以看出，呼包银榆经济区主要城市的固定资产投资从 2010 年开始逐年增加，发展势头良好。针对呼包银榆城市来说，2010~2013 年鄂尔多斯市的社会固定资产投资一直稳居该地区之首。包头市紧随其后，2013 年达到了 2991.4 亿元，基本和鄂尔多斯持平。榆林排在第三，2013 年达到了 1827.91 亿元，即将突破 2000 亿

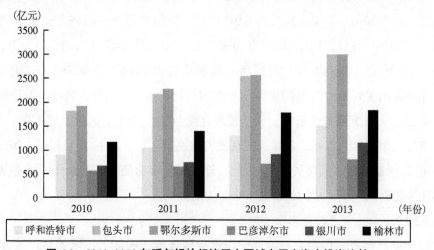

图 4.3　2010~2013 年呼包银榆经济区主要城市固定资产投资比较

资料来源：呼包银榆各县（市）统计年鉴。

元的大关。

城市之间的差距也在进一步拉大，2013 年，鄂尔多斯市固定资产投资额比排在第三位的榆林市多出了 1168.13 亿元。虽然本地区固定资产总量在全国所占的比例较小，但增速较为稳定和迅速，这也为呼包银榆经济区的合作与发展提供了良好的基础设施、硬件设施等前提条件。

### 4.2.2.3 对外经济联系

对外经济联系主要是指某区域与其他区域之间经济联系的总和。随着经济全球化的深入发展，加强对外经济联系已经成为经济发展的必然，同时也是推动区域经济深入发展的重要因素。

考虑到世界经济整体增长疲弱、增速放缓对呼包银榆经济区进出口的影响，并结合表 4.5、图 4.4、表 4.6、图 4.5 可以发现，经济区进出口总额和实际利用外资到位资金 2010~2013 年虽有波动，但是总体上还是呈现出上升趋势。同时，经济区各城市间存在较大的数量差异，但总体上对外经济联系不断加强，尤其是包头的稀土行业和榆林的煤炭行业。因此，经济区具有较好的对外合作的基础，可以引进区外或者国外先进的管理手段和科技来促进经济区的发展。能够为呼包银榆经济区构建区域性统一市场奠定较好的基础。

**表 4.5　2010~2013 年呼包银榆经济区主要城市进出口总额比较**

| | 2010 年（亿美元） | 2011 年（亿美元） | 2012 年（亿美元） | 2013 年（亿美元） |
|---|---|---|---|---|
| 呼和浩特市 | 15.10 | 20.20 | 17.01 | 15.99 |
| 包头市 | 19.50 | 27.70 | 21.00 | 21.00 |
| 鄂尔多斯市 | 4.31 | 6.15 | 4.23 | 7.91 |
| 巴彦淖尔市 | 5.33 | 9.60 | 12.70 | 14.30 |
| 乌海市 | 0.035 | 0.038 | 0.46 | 0.09 |
| 二连浩特市 | 32.84 | 36.93 | 40.00 | 36.50 |
| 乌兰察布市 | 0.82 | 1.05 | 0.52 | 0.47 |
| 阿拉善左旗 | 0.033 | 0.035 | 0.04 | 0.137 |
| 银川市 | 9.98 | 12.10 | 13.64 | 24.11 |
| 石嘴山市 | 5.98 | 6.15 | 5.10 | 4.77 |
| 吴忠市 | — | — | 2.61 | 1.96 |
| 中卫市 | 0.56 | 1.78 | 1.16 | 1.52 |
| 中宁县 | 0.80 | 1.00 | 0.46 | 0.55 |
| 榆林市 | 15.10 | 20.20 | 17.01 | 15.99 |

注：鄂尔多斯进出口总额数据中不含煤炭数据。

资料来源：呼包银榆各市（县）统计年鉴。

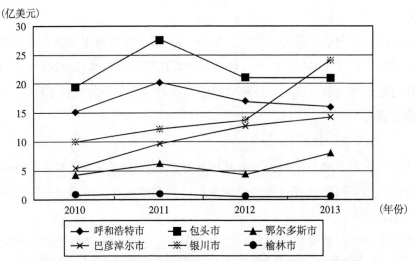

**图 4.4　2010~2013 年呼包银榆经济区主要城市进出口总额比较**

注：鄂尔多斯进出口总额数据中不含煤炭数据。

资料来源：呼包银榆各县（市）统计年鉴。

**表 4.6　2010~2013 年呼包银榆主要城市实际利用外资到位资金**

|  | 2010 年（亿美元） | 2011 年（亿美元） | 2012 年（亿美元） | 2013 年（亿美元） |
|---|---|---|---|---|
| 呼和浩特市 | 8.30 | 8.85 | 10.30 | 8.83 |
| 包头市 | 11.00 | 12.40 | 13.71 | 14.10 |
| 鄂尔多斯市 | 10.80 | 12.70 | 15.20 | 16.00 |
| 巴彦淖尔市 | 0.46 | 0.51 | 2.60 | 0.72 |
| 银川市 | 0.45 | 1.87 | 1.46 | 1.29 |
| 榆林市 | 0.19 | 0.20 | 0.30 | 0.30 |

资料来源：呼包银榆各市统计年鉴。

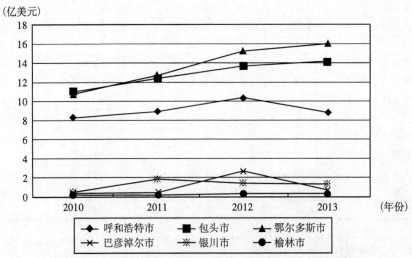

**图 4.5　2010~2013 年呼包银榆主要城市实际利用外资到位资金**

资料来源：呼包银榆各县（市）统计年鉴。

#### 4.2.2.4 科研教育水平

科研和教育是促进区域经济发展的源泉。在当今的知识经济时代，科研和教育水平的高低在区域经济发展中起着至关重要的作用。通过科技的进步来推动地区产业结构的转型升级，优化产业结构，而教育能为地区经济的发展提供强有力的智力支持。本节选取了 2013 年最具代表性的四组数据对科研教育现状进行分析。

**表 4.7　2013 年呼包银榆经济区科研和教育对比情况**

| | 高等院校（所） | 在校大学生（万人） | 专利申请量（件） | 授权量（件） |
|---|---|---|---|---|
| 呼和浩特市 | 23 | 22.90 | 1729 | 1130 |
| 包头市 | 5 | 7.00 | 1979 | 973 |
| 鄂尔多斯市 | 2 | 2.12 | 1041 | 637 |
| 巴彦淖尔市 | 2 | 0.8 | 221 | 133 |
| 银川市 | 13 | 8.85 | 2345 | 746 |
| 榆林市 | 2 | 1.70 | 736 | 239 |

资料来源：呼包银榆各市统计年鉴。

到 2013 年末，呼包银榆经济区六个主要城市一共仅有 47 所高校，在校大学生也较少，仅有 43.37 万人，人力资源的储备量较低。同时，呼包银榆区域内优势教育资源贫瘠，教育水平相对较低。

虽然呼包银榆经济区部分城市专利授权量相对较高，但是总体上专利授权量仍较少，科研发展缓慢，在一定程度上影响到呼包银榆经济区战略性新兴产业的发展，同时也制约了经济区的持续发展。因此，需要进一步整合呼包银榆经济区的教育科研资源，为区域经济的持续快速增长提供动力。

#### 4.2.2.5 政策支持

政策支持是区域经济快速发展的前提和保证，获得政策支持能在一定程度上打破行政壁垒，整合和优化整个经济区的资源来促进区域经济的发展。

从国家层面看，通过《呼包银榆经济区发展规划（2012~2020 年）》将呼包银榆区域合作与发展上升为国家战略，同时，国家也致力于将呼包银榆打造成西部重点经济区之一。

中共十八届三中全会提出，加快推进"一带一路"建设。同时，相关政策已开始全面推进实施。其中"一带"——"沿黄河经济带"也包含呼包银榆经济区的主要城市，在政策上获得了很大的支持。

从地方层面看，呼包银榆经济区成立之后，经济区内主要城市制定了一系列政策来支持经济区的合作与发展。2013 年开始，已在呼和浩特市和银川市召开了两次"呼包银榆经济区市长联席会议"。

可以看出，不论是在国家层面还是在地方层面，呼包银榆经济区都获得了很好的政策支持，这也将为经济区的进一步合作与发展提供坚定的政策保障。

### 4.2.2.6　生态环境

生态环境是人类社会存在的根本，在经济发展的同时兼顾生态环境的保护。呼包银榆经济区内主要城市在发展初期都是依靠丰富的能源资源迅速发展起来的，但是由于生产技术水平的限制，一大批企业仍处于高耗能、高污染生产环境。经济区内主要城市 2013 年万元 GDP 能耗值均在 0.9 以上，经济发展质量不高。

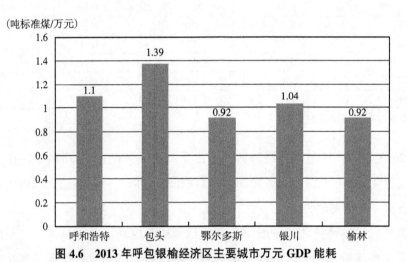

**图 4.6　2013 年呼包银榆经济区主要城市万元 GDP 能耗**
资料来源：根据呼包银榆经济区各市统计年鉴相关数据计算而得。

呼包银榆经济区地处鄂尔多斯盆地，自然环境较为脆弱，年降水量较少，植被覆盖率较低。同时，由于本经济区存在对矿产资源的不合理开采现象，导致生态环境破坏严重。

### 4.2.2.7　经济合作的驱动力

由于呼包银榆经济区成立时间较短，目前自身的市场驱动能力还在不断发展，主要还是以政府驱动为主，通过国家和地方政府制定区域经济合作规划与政策，采取由上至下的方式来推动区域经济合作，从而促进该经济区内部市场活动。虽然政府驱动初期可以很好地推动呼包银榆经济区的合作发展，但是发展后劲不足。

# 4.3 本章小结

呼包银榆经济区主要城市依托丰富的能源资源快速发展起来，虽然各主要城市经济的总量较大，但是经济发展质量不高，各主要城市之间的差距进一步拉大，单位GDP 能耗较高，第二产业占比很大，第三产业发展迟缓，有些城市还出现了负增长的状况。2010~2013 年，呼包银榆经济区对外经济联系有所加强，但整体水平还是较低。科研教育水平较低，发展缓慢，严重制约了经济区战略新兴产业的发展和区域经济的快速发展。同时，市场的驱动能力不足，生态环境也有恶化的趋势。

目前呼包银榆经济区区域经济发展的过程中，存在着产业结构不合理、经济发展质量不高、对外经济联系较弱、科研教育水平较低和生态环境破坏等现实问题。总的来说，经济区产业结构不合理以及合作发展模式不清晰是目前最需要解决的问题。因此，本书接下来将从经济区产业发展和合作发展模式选择两个方面来分析。

# 5 呼包银榆经济区产业合作的实证分析

呼包银榆经济区产业合作主要通过产业分工，调整产业结构，促进产业结构的不断优化和升级，构建现代产业体系来实现。通过产业结构的调整，加强区域之间的产业合作和交流，统筹整个区域产业布局，并最终促进区域产业合作发展。产业合作从根本上说，落脚在产业结构的调整方面。

因此，本书着重从呼包银榆经济区产业结构调整方面入手，运用主成分分析法对呼包银榆经济区产业结构进行评价，从而综合分析整个经济区产业合作状况。

## 5.1 评价方法的选取

对一个经济区产业结构的评价，往往需要设置多个统计指标，从而系统全面地分析和评价，但在大多数情况下，这些指标之间具有一定的相关性，这样就增加了对问题分析的复杂性。因此，采用主成分分析法来将其转化为相互独立的指标数据，方便操作。

同时，由于呼包银榆经济区所辖范围较大，考虑到数据获取的难度，故选取该区域主要代表性城市——呼和浩特市、包头市、鄂尔多斯市、银川市和榆林市的相关数据来对其进行分析。

## 5.2 指标体系的构建

影响区域经济合作发展的因素很多，每一个因素对经济区的影响程度也不尽相同，因此，在指标选取时要借鉴一些前人经验的同时，还要遵循科学性原则、可比较性原则以及易操作性原则等。

李广析等（2013）在分析我国区域产业结构优化问题时，从经济发展状况、劳动力投入、环境因素三个方面来建立指标体系。刘二林、俞葵（2014）在分析安徽省区域产业结构时，从经济潜力、劳动力投资使用状况、生态环境污染程度三个方面来选取指标。戚兆坤等（2014）在广西产业结构演进研究时，从三次产业、城市化以及财政收入等方面选取指标进行分析。可以看出，相关学者在对产业结构调整进行研究时，主要着重从经济发展状况、各产业劳动力情况以及财政收入等方面建立评价指标体系。在构建呼包银榆经济区产业评价体系时，可以借鉴相关成果。

根据经济区自身的一些特点，针对这些实际情况，并结合指标选取原则，从产业自身结构状况、环境的承载力、经济效益、社会效益和科技投入五个方面选取 19 个指标，来构建指标体系。如表 5.1 所示。

表 5.1　指标体系

| 变量 | 指标 | 变量 | 指标 |
|---|---|---|---|
| $X_1$ | 第一产业产值占 GDP 的比重 | $X_{11}$ | 人均 GDP |
| $X_2$ | 第二产业产值占 GDP 的比重 | $X_{12}$ | 财政总收入 |
| $X_3$ | 第三产业产值占 GDP 的比重 | $X_{13}$ | 实际利用外资 |
| $X_4$ | 第三产业从业人员比重 | $X_{14}$ | 固定资产投资 |
| $X_5$ | 单位 GDP 能耗 | $X_{15}$ | 城市化水平 |
| $X_6$ | 工业废水排放量 | $X_{16}$ | 出口比重 |
| $X_7$ | 工业废气排放量 | $X_{17}$ | 城镇居民可支配收入 |
| $X_8$ | 工业固体废弃物综合利用量 | $X_{18}$ | R&D 经费 |
| $X_9$ | 建成区绿化覆盖率 | $X_{19}$ | 专利申请数量 |
| $X_{10}$ | GDP 增速 | | |

资料来源：作者整理。

## 5.3　实证原理及模型介绍

根据整理出的这 19 个计量指标的原始数据，利用 SPSS 19.0 软件，并运用主成分分析法进行研究。

第一，为了消除各组指标之间在量纲化和数量级上的影响，要对数据进行标准化处理，用 $ZX_1$，$ZX_2$，…，$ZX_n$ 表示标准化之后的数据。

第二，根据标准化数据矩阵建立相关系数矩阵 R，求出 R 的特征值和特征向量，确定主成分。

第三，求方差贡献率，并根据求出的相关数据确定主成分个数。

第四，对计算的主成分取值，并根据相关数据进行综合分析。

主成分分析法的数学模型如下：

$$\begin{cases} F_1 = a_{11} ZX_1 + a_{12} ZX_2 + \cdots + a_{1n} ZX_n \\ F_2 = a_{21} ZX_1 + a_{22} ZX_2 + \cdots + a_{2n} ZX_n \\ \vdots \\ F_k = a_{k1} ZX_1 + a_{k2} ZX_2 + \cdots + a_{kn} ZX_n \end{cases} \qquad 式\ (5.1)$$

综合评价模型：

$$F = \frac{P}{P_1 + P_2 + \cdots + P_k} F_1 + \frac{P}{P_1 + P_2 + \cdots + P_k} F_2 + \cdots + \frac{P}{P_1 + P_2 + \cdots + P_k} F_k \qquad 式\ (5.2)$$

式（5.1）、式（5.2）中 $P_i (i = 1, 2, \cdots, k)$、$F_i (i = 1, 2, \cdots, k)$ 表示贡献率，$P_1 + P_2 + \cdots P_k$ 表示累计贡献率，一般取累计贡献率 85%~95% 的特征值。

## 5.4　实证分析

### 5.4.1　主成分的提取

根据 SPSS 19.0 进行统计，将指标体系的原始数据（见附录 A）进行标准化处理，然后对标准化的数据（见附录 B）进行计算，得出各项指标之间的相关系数矩阵，从而计算出特征值以及各主成分的贡献率和累计贡献率，分析结果如表 5.2 所示。

**表 5.2　主成分的特征值、贡献率及累计贡献率**

| 成分 | 初始特征值 | | | 提取平方和载入 | | |
| --- | --- | --- | --- | --- | --- | --- |
| | 合计 | 方差的（%） | 累积（%） | 合计 | 方差的（%） | 累积（%） |
| 1 | 4.207 | 60.094 | 60.094 | 4.207 | 60.094 | 60.094 |
| 2 | 1.864 | 26.625 | 86.72 | 1.864 | 26.625 | 86.72 |
| 3 | 0.829 | 11.847 | 98.567 | | | |
| 4 | 0.1 | 1.433 | 100 | | | |

资料来源：根据 SPSS 19.0 结果整理而得。

从表 5.2 可得出，相关矩阵的两个最大特征值都大于 1，并且累计方差达到了 86.72%，一般取累计贡献率 85%~95% 的特征值，而 86.72% 正好在取值区间，即提取这两个主成分作为评价指标，则评价的可信度为 86.72%。在旋转后的因子载荷矩阵中，依据成分矩阵中的变量与成分的相关性大于 0.5，可以找到两个主成分，具体包括：第一成分包括第三产业产值占 GDP 的比重、人均 GDP、城市化水平、城镇居民收入水平。第二成分包括第二产业产值占 GDP 的比重、单位 GDP 能耗、工业固体废弃综合利用处置率、R&D 经费。

### 5.4.2　综合评价模型的建立

首先，需要计算出成分矩阵的特征值系数，即提取的两个主成分中每个指标所对应的系数。计算方法是成分矩阵的数据除以主成分相对应的特征值的二次平方根。其次，用计算出的特征值系数乘以之前进行过标准化处理的数据，这样就可以得出主成分的数学表达式。最后，把两个主成分各自在主成分总的特征值中所占比重作为权重，得到综合得分模型：

$$F = 0.692967F_1 + 0.307033F_2 \qquad\qquad 式（5.3）$$

式（5.3）中，$F_1$、$F_2$ 代表主成分。

### 5.4.3　综合评析

综合上述实证分析，可以得出呼包银榆经济区主要城市在这两个主成分中的得分和综合排名，如表 5.3 所示。

**表 5.3　呼包银榆经济区主要城市主成分综合得分**

| 地区 | $F_1$ | 排名 | $F_2$ | 排名 | 综合 | 排名 |
|------|------|------|------|------|------|------|
| 呼和浩特 | 0.884972 | 3 | −2.15952 | 5 | −0.04979 | 3 |
| 包头 | 1.414717 | 2 | 0.566469 | 3 | 1.154276 | 2 |
| 鄂尔多斯 | 1.975821 | 1 | 1.304475 | 1 | 1.769695 | 1 |
| 银川 | −1.43195 | 4 | −0.45844 | 4 | −1.13305 | 4 |
| 榆林 | −2.84356 | 5 | 0.747015 | 2 | −1.74113 | 5 |

资料来源：根据分析结果整理而得。

通过表 5.3 所显示的数据可以得出以下结论：

（1）鄂尔多斯市不管是第一主成分、第二主成分还是综合得分，都排在呼包银榆经济区之首，这主要得益于鄂尔多斯市第一主成分和第二主成分都相对占有较大比重。在第一主成分中，第三产业产值所占比重与呼和浩特市还有较大差距，城市化水平排第二，其他几项得分都居榜首。同时，在第二主成分中，各项指标排名靠前，这使得鄂尔多斯市能在综合得分上获得第一。综合前文分析，第三产业的发展与呼和浩特市、包头市相比，仍有较大差距。同时，其单位 GDP 能耗也较高，经济发展效率也不高，对资源的依赖程度较严重。

（2）各项指标的排名都比较靠前的包头市，其综合得分排名第二，其中第一主成分排第二，第二主成分排第三。通过相关数据的研究可以发现，作为内蒙古自治区较早发展起来的工业城市，产业结构转型初现端倪，但主要还是靠第二产业的发展来拉动 GDP 增长。

（3）第一主成分得分中排第三的呼和浩特市，主要因为第三产业产值占 GDP 的比重最大，即便其产业结构呈现出"三二一"的现状，然而在产业结构的内涵上还是与现代产业结构不同。呼包银榆经济区在第二主成分得分中排名最后，也代表第二产业在 GDP 中的比重下降，主要还是对资源依赖程度较大，现代产业结构体系已初步形成。

（4）第一主成分、第二主成分和综合得分排名都居于第四位的银川市，与鄂尔多斯市、包头市和呼和浩特市相比差距还是较大，各项指标贡献率均不高。

（5）第一主成分得分倒数的榆林，皆因为自身第三产业发展缓慢，贡献率不高，同时，其第二主成分得分排名第二，这与榆林市煤炭等能源资源丰富有密切关系，榆林市丰富的煤炭资源促进了第二产业的发展，贡献率较高。

# 5.5　本章小结

综上所述，呼包银榆经济区存在严重的产业同构现象，其中主导产业为重化工产业，而这些重化工产业的发展主要依靠能源资源的消耗，这样的发展导致 GDP 能耗过大，使相关地区的环境受到一定的影响。与此同时，第三产业发展速度和质量不高，为此，应该把旅游业的发展作为该区域第三产业发展的第一突破口，以此带动整个经济区第三产业速度与质量并举的发展模式。

呼包银榆经济区的产业应该结合自身的实际情况，以第二产业的发展为起点，综观产业整体布局，明确定位，争取差异化、错位化发展。重点发展第三产业，在旅游业的发展上加强合作，共同发展，通过产业结构的调整来加强整个经济区产业合作，实现呼包银榆经济区区域经济的协调发展。

同时，解决这些问题的关键还在于加强区域之间的交流与合作，然而迫在眉睫的还是积极探索适合合作发展的模式。

# 6 呼包银榆经济区合作发展模式选择的实证分析

## 6.1 可供选择的合作发展模式

本书在前文已阐明了呼包银榆经济区合作发展模式的现状，主要是能源经济的增长模式，经济增速较快，但发展方式有待转变。在三次产业中，第二产业产值仍占最大比例，第三产业持续快速发展，对外经济联系日渐密切，经济结构逐步呈现协调发展。同时，区域内不同城市的经济发展差距较大，区域经济社会发展不协调。另外，呼包银榆经济区内各城市科技发展水平不高，自主创新能力有待加强。

结合呼包银榆经济区发展的现状，并结合国内外区域经济发展的理论研究以及国内外区域发展成功的经验，适合经济区选择的发展模式主要有以下三种：区域一体化模式、可持续发展模式和中心城市增长极模式。

### 6.1.1 区域一体化模式

区域一体化模式是要实现区域经济的合作与发展，要求区域内的要素流动不受市场壁垒的影响，形成产业结构协同、合作发展的共同体。谢娜（2015）强调区域经济一体化是促进我国地区经济发展的有效途径。张沛、吴潇、徐境（2010）的研究表明，随着内蒙古自治区经济发展速度加快，呼包鄂城市圈经济快速发展，这成为区域一体化发展的基础。

与我国其他区域的一体化模式相比，呼包银榆经济区有其自身特色，在资源条件、产业结构方面都非常接近，因此加快区域一体化进程是十分必要的，促进形成优势互补、协调发展的区域经济体，从统筹协调区域内产业布局、旅游资源的整体规划和推进城镇建设等方面出发，破除行政壁垒，构建呼包银榆经济区，促进区域一体化的发展，促进经济区内部人才、技术和资金的自由流动。

### 6.1.2  可持续发展模式

综观当前经济发展趋势，可持续发展逐渐被各国、各地区所采用，具体来说，要走节约化、生态化的可持续发展模式。陆大道、樊杰（2012）强调随着我国区域可持续发展的进一步深入发展，可以解决经济中存在的许多问题。杨建林、张璞（2012）指出，在呼包鄂区域经济快速发展的同时，要从资源消耗和环境污染模式向可持续发展模式转变。

呼包银榆经济区目前还处在经济转型阶段，需要提高经济增长的质量和效益，促进资源的优化配置，优化产业结构。大力构建和完善经济区环保减排的体系，加强生态环境的保护力度。

### 6.1.3  中心城市增长极模式

林平凡（2015）指出，在我国目前的新常态背景下，通过培育区域经济增长极，给区域经济发展提供新动力，才能促进区域经济的持续快速发展。何金玲、李孝（2004）的研究表明，通过政策支持、加快城市化进程、发展特色经济以及大力发展非国有经济等措施来将呼包鄂构建成为内蒙古自治区的经济增长极。

针对目前呼包银榆经济区经济结构不合理的现状，进行经济结构转型升级和调整，培育出新的经济增长点，大力发展战略性新兴产业，提高自身的创新能力，推进新型的工业化道路，并用信息技术改造传统产业，努力实现技术上的跨越式发展，将呼包银榆经济区打造成为我国西部新的增长极。

## 6.2  呼包银榆经济区合作发展模式选择的 SWOT 分析

### 6.2.1  SWOT 分析模型介绍

为了进一步定量分析哪种发展模式更加适合呼包银榆经济区，本书运用了 SWOT 定量分析模型对每个发展模式进行分析评价。SWOT 分析，就是对企业所处的内部和外部环境进行分析和总结，并根据实际情况罗列出内外部因素。

针对罗列出的因素进行合理、有效的匹配，并对匹配的情况进行分析，制定具体的实施措施，回避外部的威胁，促进自身的快速发展。

通过 SWOT 分析模型找到最适合呼包银榆经济区实际的发展模式，为进一步研究该地区发展模式和实现路径提供参考。

### 6.2.2　分析原理

具体是对呼包银榆经济区内外部因素进行总结和分析，得出影响最大的因素，运用统计学方法求出区域发展的总得分，来指导呼包银榆经济区发展的模式选择。具体包括以下四个步骤：

（1）列出内外部的各种因素，控制在 10~20 个。内外部因素包括呼包银榆经济区的各种优势、劣势、机会和威胁。

（2）确定每个因素的权重，其数值为 0.0~1.0（表示产生影响的程度）。

（3）按照呼包银榆经济区发展现状对各个关键因素的有效反映程度进行评价，范围为 1.0~4.0 分，1.0 分代表反映很差，4.0 分代表反映很好。评分反映了呼包银榆经济区区域发展模式的有效性。

（4）用每一个因素的权重乘以其评分，得到每个因素的加权分数。将所有因素的加权分数相加，得到呼包银榆经济区发展模式的总加权分数。

综上，一个因素所能得到的总加权分数最低是 1.0，最高是 4.0。平均总加权分数为 2.5。若总加权分数为 4.0，则说明现有发展模式最优；而若总加权分数为 1.0，则说明现有的发展模式最差。

在评分来源上，向呼包鄂银榆等主要城市的 20 位专家发放了问卷，并采用众数法对问卷上收集的数据进行处理。

### 6.2.3　内部与外部因素

查阅相关文献发现，多数学者在分析区域内部优势时，主要从区位、资源和优势产业等方面出发，而在分析劣势时，主要从产业结构不合理、生态环境破坏和科教落后等方面着手。同时，在分析区域外部机会时，主要从政治环境、政策支持和科技进步等方面出发，而在分析威胁时，主要从国家地区间竞争、环境污染、自然资源枯竭等方面着手。本书根据呼包银榆地区的发展现状，并听取专家的意见，确定影响呼包银榆经济区发展模式选择的外部因素，并且经过专家再次筛选。具体如表 6.1 所示。

根据前文得出的呼包银榆经济区的优势、劣势、机会和威胁进行分析，建立 SWOT 矩阵，并形成四种战略，如表 6.2 所示。

表 6.1　呼包银榆经济区内部与外部因素

| 呼包银榆经济区 | | 因素 |
|---|---|---|
| 内部因素 | 优势（S） | $S_1$——区位条件较好，地处我国内蒙古和俄罗斯开放的前沿 |
| | | $S_2$——矿产和旅游资源丰富 |
| | | $S_3$——具有较好的工业基础 |
| | | $S_4$——基础设施日趋完善 |
| | 劣势（W） | $W_1$——经济结构不合理，产业结构转型升级进程缓慢 |
| | | $W_2$——工业耗能较高，产品的附加值不高 |
| | | $W_3$——第三产业发展较为缓慢 |
| | | $W_4$——生态环境较为脆弱 |
| | | $W_5$——区域发展不平衡 |
| | | $W_6$——科技教育发展落后 |
| 外部因素 | 机会（O） | $O_1$——国家政治稳定，经济持续发展 |
| | | $O_2$——国家对呼包银榆经济区的政策支持 |
| | | $O_3$——该地区与东部发达地区相比经济差距较大，存在产业转移 |
| | | $O_4$——科技不断进步 |
| | | $O_5$——存在后发优势，借鉴发达地区的经验实现跨越式发展 |
| | 威胁（T） | $T_1$——国家和地区之间的竞争日益激烈 |
| | | $T_2$——环境污染的威胁 |
| | | $T_3$——自然资源的可竭性 |

资料来源：作者整理而得。

表 6.2　呼包银榆经济区 SWOT 矩阵

| | 优势（Strengths） | 劣势（Weaknesses） |
|---|---|---|
| 机会（Opportunities） | S-O 战略<br>呼包银榆经济区可以通过国家政策支持、后发优势和科技进步，并结合自身丰富的资源和较好的工业基础，来促进呼包银榆经济区的发展 | W-O 战略<br>呼包银榆经济区充分利用国家政策支持、科技进步等外部因素，同时不断克服经济区内部劣势带来的不利影响，但内部劣势的改变需要较长的周期 |
| 威胁（Threats） | S-T 战略<br>呼包银榆经济区可以运用自身丰富的矿产和旅游资源以及较好的工业基础，来规避外来威胁。但此战略略显保守 | W-T 战略<br>针对呼包银榆经济区自身的劣势以及面临的威胁，来逐步改变劣势，并回避所面临的威胁。此战略属于防御性战略 |

资料来源：作者整理而得。

　　结合以上四种战略，根据呼包银榆经济区的实际情况，对四种战略进行甄别和选择，从而确定最佳的发展战略和发展模式。

　　建立 SWOT 矩阵，得出了四种战略之后，还需要对每一项内外部具体影响因素进行具体分析，从而最终确定呼包银榆经济区区域发展模式。

### 6.2.4 内部因素分析

表 6.3 中，A 代表呼包银榆经济区内部影响因素，S 和 W 分别代表内部因素中的优势和劣势，$S_i$ 和 $W_j$ 分别代表内部各个影响因素。

**表 6.3 呼包银榆经济区内部优势和劣势因素**

| 呼包银榆经济区 | 内部因素 （A） |
| --- | --- |
| 优势 （S） | $S_1$——区位条件较好，地处我国内蒙古和俄罗斯开放的前沿 |
| | $S_2$——矿产和旅游资源丰富 |
| | $S_3$——具有较好的工业基础 |
| | $S_4$——基础设施日趋完善 |
| 劣势 （W） | $W_1$——经济结构不合理，产业结构转型升级进程缓慢 |
| | $W_2$——工业耗能较高，产品的附加值不高 |
| | $W_3$——第三产业发展较为缓慢 |
| | $W_4$——生态环境较为脆弱 |
| | $W_5$——区域发展不平衡 |
| | $W_6$——科技教育发展落后 |

资料来源：作者整理而得。

通过层次分析法来确定各个因素的权重，建立层析结构，并建立判断矩阵。用 1~9 标度法来表示各个因素的重要性，并进行专家打分，建立判断矩阵。1~9 标度法是把目标配对并比较，第 i 个目标对第 j 个目标相对重要性的估计值记为 $a_{ij}$，$a_{ij}$ 的取值方式按照表 6.4 中的规定进行。若认为 $a_{ij}$ 近似为目标 i 和 j 的权重 （$w_i$ 和 $w_j$） 的比值 $w_i/w_j$，决策问题中 n 个目标成对比较结果可以用判断矩阵 A 来表示，由该矩阵可以算出权向量的值。

$$A = \begin{pmatrix} 1 & \dfrac{w_1}{w_2} & \cdots & \dfrac{w_1}{w_n} \\ \dfrac{w_2}{w_1} & 1 & \cdots & \dfrac{w_2}{w_n} \\ \vdots & \vdots & \cdots & \vdots \\ \dfrac{w_n}{w_1} & \dfrac{w_n}{w_2} & \cdots & 1 \end{pmatrix} \qquad \text{式 （6.1）}$$

本书采用根法来计算权向量，即将 A 的每一列向量归一化，得 $\overline{w}_{ij} = \dfrac{a_{ij}}{\sum\limits_{i=1}^{n} a_{ij}}$，对 $\overline{w}_{ij}$ 按照行求积并开 n 次方，再对 $\overline{w} = \left( \prod\limits_{i=1}^{n} \overline{w}_{ij} \right)^{\frac{1}{n}}$ 进行归一化处理，计算 $A_w$。再计算 $\lambda = \dfrac{1}{n}$

$\sum\limits_{i=1}^{n} \dfrac{(A_w)}{W_i}$（最大特征值），并进行一致性检验。

**表 6.4　$A_{ij}$ 的取值和含义**

| $A_{ij}$ | 含义 |
| --- | --- |
| 1 | 第 i 个因素与第 j 个因素的影响相同 |
| 3 | 第 i 个因素与第 j 个因素的影响稍强 |
| 5 | 第 i 个因素与第 j 个因素的影响强 |
| 7 | 第 i 个因素与第 j 个因素的影响明显强 |
| 9 | 第 i 个因素与第 j 个因素的影响绝对强 |
| 2、4、6、8 | 上述相邻判断的中间值 |

资料来源：作者整理而得。

一致性检验的步骤如下：

第一步：计算一致性指标 CI。

$$CI = \frac{\lambda_{max} - n}{n - 1} \qquad\qquad 式 （6.2）$$

第二步：$\lambda_{max}$ 为判断矩阵的最大特征值，计算一致性率 CR。

$$CR = \frac{CI}{RI} \qquad\qquad 式 （6.3）$$

式（6.3）中 RI 是自由度指标，如表 6.5 所示。

**表 6.5　平均随机一致性指标 RI 表（1000 次正互反矩阵计算结果）**

| 矩阵阶数 | 1 | 2 | 3 | 4 | 5 | 6 | 7 | 8 | 9 | 10 |
| --- | --- | --- | --- | --- | --- | --- | --- | --- | --- | --- |
| RI | 0 | 0 | 0.58 | 0.9 | 1.12 | 1.24 | 1.32 | 1.41 | 1.45 | 1.49 |

资料来源：作者整理而得。

当 CR < 0.1 时，认为判断矩阵的一致性可以接受；否则应调整，直到判断矩阵具有满意一致性为止。

呼包银榆经济区发展的优势和劣势中各个因素所占权重的计算结果如表 6.6 所示。

**表 6.6　呼包银榆经济区内部优势和劣势判断矩阵**

| A | S | W | w |
| --- | --- | --- | --- |
| S | 1 | 2 | 0.67 |
| W | 1/2 | 1 | 0.33 |

资料来源：作者计算而得。

**表 6.7 呼包银榆经济区内部优势权重判断矩阵**

| S | S₁ | S₂ | S₃ | S₄ | w |
|---|---|---|---|---|---|
| $S_1$ | 1 | 3 | 1/2 | 1/4 | 0.161 |
| $S_2$ | 1/3 | 1 | 1/5 | 1/3 | 0.079 |
| $S_3$ | 2 | 5 | 1 | 1/2 | 0.307 |
| $S_4$ | 4 | 3 | 2 | 1 | 0.454 |

注：$\lambda=4.22$，$CI=0.073$，$RI=0.9$，$CR=0.081<0.1$，通过一致性检验。
资料来源：作者计算而得。

**表 6.8 呼包银榆经济区内部劣势权重判断矩阵**

| W | W₁ | W₂ | W₃ | W₄ | W₅ | W₆ | w |
|---|---|---|---|---|---|---|---|
| $W_1$ | 1 | 1/5 | 1/7 | 1/9 | 1/2 | 1/9 | 0.027 |
| $W_2$ | 5 | 1 | 1/3 | 1/5 | 5 | 1/3 | 0.103 |
| $W_3$ | 7 | 3 | 1 | 1/5 | 5 | 1/3 | 0.157 |
| $W_4$ | 9 | 5 | 5 | 1 | 3 | 2 | 0.377 |
| $W_5$ | 2 | 1/5 | 1/5 | 1/3 | 1 | 1/7 | 0.045 |
| $W_6$ | 9 | 3 | 3 | 1/2 | 7 | 1 | 0.291 |

注：$\lambda=6.562$，$CI=0.113$，$RI=1.24$，$CR=0.091<0.1$，通过一致性检验。

对于影响呼包银榆经济区发展的内部优势和劣势，因素评分采用专家打分法。通过专家打分的多少反映了呼包银榆经济区目前的发展模式对各个因素的有效反映程度。因此，可以根据以上分析的各个要素的权重、分数，计算得出呼包银榆经济区发展的内部优势和劣势的加权分数，结果如表 6.9 所示。

**表 6.9 呼包银榆经济区现有模式的内部优势和劣势各因素得分**

| 内部因素 | | 权重 | 评分 | 加权分数 |
|---|---|---|---|---|
| 优势（S） | 区位条件较好 | 0.108 | 2 | 0.216 |
| | 矿产和旅游资源丰富 | 0.052 | 2 | 0.104 |
| | 具有较好的工业基础 | 0.206 | 2 | 0.412 |
| | 基础设施日趋完善 | 0.304 | 1 | 0.304 |
| 劣势（W） | 经济结构不合理，转型升级进程缓慢 | 0.009 | 1 | 0.009 |
| | 工业耗能较高，产品的附加值不高 | 0.034 | 1 | 0.034 |
| | 第三产业发展较为缓慢 | 0.052 | 1 | 0.052 |
| | 生态环境较为脆弱 | 0.124 | 1 | 0.124 |
| | 区域发展不平衡 | 0.015 | 1 | 0.015 |
| | 科技教育发展落后 | 0.096 | 1 | 0.096 |
| 合计 | | 1 | | 1.366 |

资料来源：作者计算而得。

从表 6.9 可以看出，影响呼包银榆经济区区域发展最重要的内部因素是基础设施日趋完善和具有较好的工业基础，权重分别达到了 0.304 和 0.206。呼包银榆经济区现有模式的内部优势和劣势的加权分数为 1.366，低于平均水平 2.5，呼包银榆经济区现有的发展模式不能很好地利用内部环境。

### 6.2.5　外部因素分析

表 6.10、表 6.11、表 6.12、表 6.13 中，B 代表影响呼包银榆经济区外部因素，O 和 T 分别代表外部因素的机会和威胁，$O_i$ 和 $T_j$ 分别代表各个因素。

**表 6.10　呼包银榆经济区区域发展的外部机会和威胁**

| 呼包银榆经济区外部因素（B） | |
|---|---|
| 机会（O） | $O_1$——国家政治稳定，经济持续发展 |
| | $O_2$——国家对于呼包银榆经济区的政策支持 |
| | $O_3$——该地区与东部发达地区相比经济差距较大，存在产业转移 |
| | $O_4$——科技不断进步 |
| | $O_5$——存在后发优势，借鉴发达地区的经验实现跨越式发展 |
| 威胁（T） | $T_1$——国家和地区之间的竞争日益激烈 |
| | $T_2$——环境污染的威胁 |
| | $T_3$——自然资源的可竭性 |

资料来源：作者计算而得。

**表 6.11　呼包银榆经济区区域发展的外部机会和威胁判断矩阵**

| B | O | T | w |
|---|---|---|---|
| O | 1 | 3 | 0.75 |
| T | 1/3 | 1 | 0.25 |

资料来源：作者计算而得。

**表 6.12　呼包银榆经济区区域发展的外部机会权重判断矩阵**

| O | $O_1$ | $O_2$ | $O_3$ | $O_4$ | $O_5$ | w |
|---|---|---|---|---|---|---|
| $O_1$ | 1 | 2 | 5 | 6 | 9 | 0.474 |
| $O_2$ | 1/2 | 1 | 4 | 5 | 7 | 0.315 |
| $O_3$ | 1/5 | 1/4 | 1 | 2 | 2 | 0.098 |
| $O_4$ | 1/6 | 1/5 | 1/2 | 1 | 2 | 0.068 |
| $O_5$ | 1/9 | 1/7 | 1/2 | 1/2 | 1 | 0.045 |

注：$\lambda=5.101$，$CI=0.025$，$RI=1.12$，$CR=0.023<0.1$，通过一致性检验。
资料来源：作者计算而得。

表 6.13 呼包银榆经济区区域发展的外部威胁权重判断矩阵

| T | $T_1$ | $T_2$ | $T_3$ | w |
|---|---|---|---|---|
| $T_1$ | 1 | 3 | 4 | 0.625 |
| $T_2$ | 1/3 | 1 | 2 | 0.239 |
| $T_3$ | 1/4 | 1/2 | 1 | 0.137 |

注：λ=3.014，CI=0.007，RI=0.58，CR=0.0123<0.1，通过一致性检验。
资料来源：作者计算而得。

同样采用专家打分法来评价外部机会和威胁的各因素。因此，可以根据以上分析的各个要素的权重、分数，计算得出呼包银榆经济区区域发展的外部机会和威胁的加权分数，结果如表 6.14 所示。

表 6.14 呼包银榆经济区现有模式的外部机会和威胁各因素得分

| | 内部因素 | 权重 | 评分 | 加权分数 |
|---|---|---|---|---|
| 机会（O） | 国家政治稳定，经济持续发展 | 0.356 | 2 | 0.712 |
| | 政策支持 | 0.236 | 2 | 0.472 |
| | 东部产业转移 | 0.074 | 1 | 0.074 |
| | 科技不断进步 | 0.051 | 1 | 0.051 |
| | 存在后发优势 | 0.034 | 1 | 0.034 |
| 威胁（T） | 国家和地区之间的竞争日益激烈 | 0.155 | 1 | 0.156 |
| | 环境污染的威胁 | 0.060 | 1 | 0.060 |
| | 自然资源的可竭性 | 0.034 | 1 | 0.034 |
| 合计 | | 1 | 10 | 1.593 |

资料来源：作者计算而得。

从表 6.14 可以看出，影响呼包银榆经济区区域发展最重要的外部因素是国家政治稳定和经济持续发展、国家对于呼包银榆经济区的政策支持，权重分别达到了 0.356、0.236。呼包银榆经济区现有模式的外部机会和威胁的加权分数为 1.593，低于平均水平 2.5，呼包银榆经济区现有的发展模式不能很好地利用外部环境。

# 6.3 合作发展模式选择

通过以上分析可以得出，呼包银榆经济区发展可以有几种不同的选择。根据建立的 SWOT 定量分析模型对各种发展模式进行比较，并根据具体评分进行选择。具体方法如下。

（1）确定内外部各因素的优势和劣势、机会和威胁，并得出具体的权重和评分。

（2）对各个要素重新打分，充分考虑在呼包银榆经济区实施不同发展模式时，各不同要素将会对该模式产生什么样的影响，同样以 1.00~4.00 为评分标准。

（3）用得出的权重乘以其评分，得到各个因素最后的加权分数。

（4）将所有因素的加权分数相加，得到了呼包银榆经济区各发展模式的加权分数。

每一个可供选择的发展模式所能得到的总加权分数，最高是 8.0，最低是 2.0。平均加权分数为 5.0。当模式的分数高于 5.0 都说明该模式是一个可作为呼包银榆经济区区域发展模式的较好选择，同时分数越高，说明该模式越适合。相关经济数据来源于专家打分问卷（见附录 C）中专家针对区域一体化模式、可持续发展模式和增长极模式的评分以及前面算出的各因素的权重。

**表 6.15　呼包银榆经济区区域发展模式评价**

| 关键因素 | | 权重 | 可供选择的发展模式 | | | | | |
|---|---|---|---|---|---|---|---|---|
| | | | 区域一体化 | | 可持续发展 | | 增长极 | |
| | | | 评分 | 加权分数 | 评分 | 加权分数 | 评分 | 加权分数 |
| 优势（S） | $S_1$ | 0.108 | 4 | 0.432 | 2 | 0.216 | 2 | 0.216 |
| | $S_2$ | 0.052 | 3 | 0.156 | 3 | 0.156 | 3 | 0.156 |
| | $S_3$ | 0.206 | 3 | 0.618 | 4 | 0.824 | 3 | 0.618 |
| | $S_4$ | 0.304 | 4 | 1.216 | 4 | 1.216 | 3 | 0.912 |
| 劣势（W） | $W_1$ | 0.009 | 4 | 0.036 | 4 | 0.036 | 2 | 0.018 |
| | $W_2$ | 0.034 | 4 | 0.136 | 4 | 0.136 | 4 | 0.136 |
| | $W_3$ | 0.052 | 3 | 0.156 | 3 | 0.156 | 3 | 0.156 |
| | $W_4$ | 0.124 | 4 | 0.496 | 4 | 0.496 | 4 | 0.496 |
| | $W_5$ | 0.015 | 3 | 0.045 | 3 | 0.045 | 3 | 0.045 |
| | $W_6$ | 0.096 | 4 | 0.384 | 3 | 0.384 | 2 | 0.192 |
| 机会（O） | $O_1$ | 0.356 | 3 | 1.068 | 3 | 1.068 | 3 | 1.068 |
| | $O_2$ | 0.236 | 4 | 0.944 | 4 | 0.944 | 3 | 0.708 |
| | $O_3$ | 0.074 | 4 | 0.296 | 2 | 0.148 | 2 | 0.148 |
| | $O_4$ | 0.051 | 3 | 0.153 | 2 | 0.102 | 3 | 0.153 |
| | $O_5$ | 0.034 | 4 | 0.136 | 3 | 0.102 | 3 | 0.102 |
| 威胁（T） | $T_1$ | 0.155 | 4 | 0.620 | 3 | 0.465 | 2 | 0.310 |
| | $T_2$ | 0.060 | 2 | 0.120 | 3 | 0.180 | 4 | 0.240 |
| | $T_3$ | 0.034 | 3 | 0.102 | 3 | 0.102 | 4 | 0.136 |
| 总计 | | 2 | | 7.114 | | 6.776 | | 5.810 |

资料来源：作者计算而得。

从表 6.15 可以看出，区域一体化发展模式以 7.114 分排在第一位，可持续发展模式以 6.776 分紧随其后，排在最后的是增长极模式 5.81 分。因此，需要遵循优先级和综合考虑对各类模式的选择，以区域一体化模式为主，统筹可持续发展模式和增长极模式，并结合呼包银榆经济区的优势条件，促进经济区快速发展。

# 7  对策与建议

通过上述两部分实证分析发现，就当前呼包银榆经济区产业合作来说，产业结构处于转型过程中；单位 GDP 能耗较高，经济发展质量不高；第三产业发展缓慢。

就当前呼包银榆经济区合作发展模式来说，粗放型增长模式的影响仍然存在，区域发展不协调。

以上问题的存在，极大地阻碍了呼包银榆经济区的快速发展，成为呼包银榆经济区合作发展中亟待解决的问题。

为了进一步推动呼包银榆经济区的合作发展，针对这些亟待解决的问题，提出以下对策和建议。

## 7.1  针对产业合作的对策与建议

### 7.1.1  由政府主导向市场驱动转变

由于呼包银榆经济区位于我国西部地区，前期在政府驱动下，通过优惠性政策和制定的合作规划，促进呼包银榆经济区经济发展，不断壮大区域市场力量。当市场力量发展到一定程度时，积极推进呼包银榆经济区政府与市场的双重驱动，促进区域经济的合作发展。同时，通过产业合作，统筹呼包银榆经济区产业布局和发展，利用发挥市场的力量，不断强化市场驱动的力量，最终使市场驱动成为呼包银榆经济区经济合作的主要动力，推动整个经济区的快速健康发展。

### 7.1.2  明确定位，实现差异化、错位化发展

由于呼包银榆经济区资源禀赋相似，形成了以能源产业为主的支柱产业，出现了重复布局的现象，这也与经济区内各城市发展定位不清楚有关，因此经济区内各城市

要因地制宜地对自身产业发展进行定位，统筹经济区产业布局，促进产业结构向高级化发展和建立现代产业体系。

呼和浩特市是我国的"乳都"，形成奶牛规模化养殖的现代农业体系，以及作为内蒙古自治区的首府城市还应打造以总部经济、旅游会展为主的现代服务业。

包头市依托自身丰富的能源资源，形成现代工业体系，同时也具备较为丰富的稀土资源，因此在呼包银榆经济区中定位为煤炭综合利用产业基地、稀土产业基地和钢铁产业基地。

鄂尔多斯市作为内蒙古自治区新兴的工业城市，定位为国家重要的能源、煤化工基地，新兴的现代服务业中心。

银川市能源资源丰富，作为宁夏回族自治区的首府，也是"丝绸之路"上重要的城市，定位为重要能源化工基地、重要旅游城市以及区域性交通物流中心。

榆林市目前经济增长速度在陕西省内排第二，依托能源、资源，发展速度较快，但是经济发展的质量不高，其定位为国家资源型地区主动转型示范区、重要的有色金属材料生产基地、西部战略性新兴产业基地。

### 7.1.3　警惕"比较优势陷阱"

"比较优势陷阱"主要指完全依靠各种资源的比较优势来促进产业的发展，短期来说能获得一定的发展，但从长期来看，会对经济发展产生不利影响，并且处于产业的低端，失去核心竞争力；同时，也会加大产业结构调整的难度，影响产业结构的高级化进程。

呼包银榆经济区内很多城市的资源禀赋较好，经济发展主要依托能源资源，形成了以第二产业为主的单一产业结构。同时，由于自然资源的可竭性，要预防陷入"比较优势陷阱"，转变原有的思维方式，通过企业技术创新和战略新兴产业的发展来促进产业结构的多元化，完善自然资源的价格补偿机制，发挥市场在资源配置中的基础性作用。

另外，建立多产化、高级化的经济发展体系，降低单位 GDP 能耗，提高对 R&D 资金的投入，从资源型经济走向技术创新型经济。将自然资源静态的比较优势转化为动态的比较优势，并且将产品的比较优势转化成市场上的竞争优势，促使地区经济持续、快速、健康增长，并通过技术创新，提高资源的附加值。

### 7.1.4　经济区第三产业发展突破口——大力发展旅游业

经济区内自然和人文旅游资源较为丰富，但由于各种原因，各地之间旅游的关联度较低，缺乏统筹和整体开发。呼包银榆经济区内主要城市主要分布在黄河河套地区，其风俗大体接近，并且带有浓郁的民族特色。应该以"黄河"和"河套"为基础，加强旅游资源开发的合作，统筹经济区内旅游资源的开发，打造"大河套"文化圈品牌，吸引国内外游客，从而带动呼包银榆经济区的发展。

## 7.2　针对发展模式的对策与建议

### 7.2.1　消除壁垒，共建市场体系——区域一体化模式

消除行政壁垒，共建市场体系，积极借鉴国内较早开展区域一体化地区的经验，如长三角、珠三角。创设区域合作的制度平台，构建和完善积极有效的区域协调机制。

同时，还应保证经济区内市场经济的开放性，消除各城市之间的市场壁垒，形成统一的规则，保证经济区内的商品和生产要素在区内自由流动，排除一切干扰，从而形成真正意义上的经济区。

此外，还需要统筹整个经济区产业布局，优化产业结构，全方位地推进经济区一体化的进程。

### 7.2.2　经济、社会和环境协调发展——可持续发展模式

（1）加强对生态功能区的保护。经济区所在区域是我国重要的生态屏障，这就决定了经济区的各个城市之间要加强生态环境保护的合作，建立统一的环境保护区，一同来应对一些环境问题，如荒漠化加剧和风沙等。由于经济区内还有我国较大的草原，还应加强对草原的保护和综合治理，进一步推进"退牧还草"政策。

同时，我国的母亲河——黄河流经经济区主要城市，这就需要各城市加强合作，共同加强对黄河水的保护。

能源重化工企业是经济区的支柱产业，要实现经济、社会和环境协调发展，还需要进一步做好对工业"三废"排放的监控工作，通过技术进步和创新，使工业固体废弃物的综合利用率提高。

避免走"先污染后治理"的老路，在经济快速发展的同时，促进经济、社会和环境协调发展，走可持续发展的道路。

（2）建立健全生态补偿机制。环境保护和生态建设不是局部的，这必然会涉及多方

的利益，而建立健全生态补偿机制能够较好地协调环境保护和建设相关各方的利益，避免利益和分配引起的纷争，进一步推动经济、社会和环境协调发展。

### 7.2.3　积极培育增长极——增长极模式

（1）借鉴珠三角、长三角成功的经验。通过引入经济区外的增长极，充分利用东部发达地区产业转移的机会，并结合自身的实际情况，实现相对优势互补，更好地促进增长极模式的形成。

（2）根据呼包银榆经济区具体情况培育内部增长极。首先，呼包银榆经济区要根据自身情况发展特色产业，如草原农牧业、草原观光旅游业以及稀土产业。其次，积极促进战略性新兴产业的发展。最后，加大对科技技术创新的资金支持力度，加强创新成果的转化，提升核心竞争力。

（3）打造中心城市增长极。加快城市化进程，积极发挥呼、包、银和榆中心城市的作用，带动区域经济迅速发展，打造经济增长极。通过打造增长极来带动呼包银榆区域的经济发展，呼包银榆地区的中心城市要进一步强化这种作用。

# 7.3　呼包银榆经济区合作机制构建的探索

合作机制的定义，从狭义上讲，主要指合作的方法和手段；从广义上讲，还包含保证各方顺利推进合作的必要机构和制度的统称。

呼包银榆经济区作为刚成立的经济区，合作机制的构建也成为加深区内各城市合作的必然趋势，尽快建立经济区内各城市合作机制，确保合作能够在一定的约束条件下顺利进行，不然，合作也就成了空谈，无法进入实质性阶段。目前，我国已成立了多个国家级重点经济区，而呼包银榆经济区作为刚成立的经济区，应该更多地向长三角、珠三角这种发展成熟的经济区学习和借鉴经验。

就目前我国各个经济区的合作机制来看，主要包括信息交流机制、运行机制、争议解决机制和监督机制。

### 7.3.1　信息交流机制

呼包银榆经济区所包含的范围较广，涉及内蒙古、宁夏和陕西境内多个城市，这样就造成了各政府之间信息不对称而带来的信息交流不及时和不通畅。而当今社会是信息时代，信息交流是该区域合作的根基，是有效进行区域合作的基础。

如何更好地保障经济区内信息交流的及时和顺畅，主要有以下几点：

第一，根据经济区的实际情况，定期举行各城市负责人沟通会，对当前阶段的情况进行分析和总结，并对下一阶段进行展望。

第二，进一步发挥"市长联席会议"的作用。同时，提高经济区内各地方政府对经济区合作的重视度。目前，呼包银榆经济区已召开三次"市长联席会议"，并且在会上达成了一些框架性的合作协议，而第四次会议将在包头市召开。

第三，成立经济区统一的领导机构，由各市市长轮流担任负责人，统筹整个经济区所遇到的合作问题。而要成立这样的领导机构，呼包银榆经济区还有很长的路要走。

第四，进一步加强经济区能源化工产业的交流与合作。由于呼包银榆经济区都是依托能源资源快速发展，这样就需要一个统筹和规划经济区能源化工产业的组织，更好地促进区内该产业的健康、有序发展（见图7.1）。

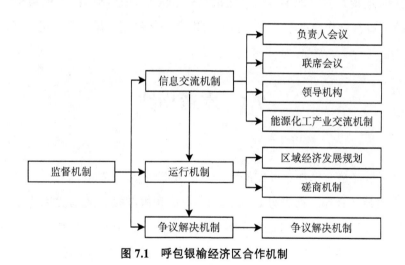

图7.1　呼包银榆经济区合作机制

### 7.3.2　运行机制

运行机制主要是保证经济区内市场高效有序地运行，同时，也能更好地促进经济区内资源的优化配置，以保证整个经济区合作顺利进行。

区域的规划和指导是经济区运行机制的重要保障，通过规划和指导来清除区域合作中的障碍，有利于克服合作中可能出现的盲目性，保障经济区内合作的健康、有序进行。同时，进一步完善磋商机制，针对合作中出现的问题，进行单独磋商并找到解决的办法，最终保证经济区内各项经济活动有效进行。

### 7.3.3 争议解决机制

在经济区经济运行的过程中，可能会出现一些通过磋商机制无法解决的问题，但对于各地方政府来说，遇到这些问题先考虑的是自身的利益，这样就会使一些问题无法解决而影响到经济区的发展。这样就需要一个可以协调各方利益的机制来解决这些问题，创设经济区内的仲裁机构，通过争议解决机制来保证类似问题的解决。

而公平正义是争议解决机制最重要的内涵，通过公平正义的仲裁使争议的各方得到可以接受的结果。

### 7.3.4 监督机制

为了保证经济区内信息交流机制、运行机制、争议解决机制的有效运行，还需要建立健全监督机制，从全局上对呼包银榆经济区的合作进行监督和促进，确保其他三个机制的正常运转，更好地推行经济区的合作和发展。最终，四个机制相互配合，共同保证经济区日常合作活动的正常进行和促进经济区快速、健康和持续发展。

## 7.4  本章小结

在全球区域经济合作加速发展的背景下，我国许多区域亦开始了一系列不同程度、形式和规模的经济合作，而区域之间的经济合作和机制探索成为关注的焦点。虽然国内有大量可供借鉴的经验，但是由于呼包银榆经济区具有自身的特点，在借鉴经验的同时还需要加强对自身的探索，找到适合自己合作发展的机制与模式。

首先，本书分析了目前呼包银榆经济区产业结构和发展模式的现状，以便寻找发展呼包银榆经济区需要从哪些方面去构建合作机制与模式。其次，通过采用主成分分析法与 SWOT 评价模型来分析，得出了呼包银榆经济区合作与发展的对策与建议。

（1）主要结论。首先，对国内外关于区域合作与发展的相关文献进行了研究，并结合呼包银榆经济区的发展现状和实际情况，发现目前呼包银榆经济区存在的主要问题是产业结构不合理以及合作与发展模式不清晰。其次，通过主成分分析法和 SWOT 分析模型进行实证分析，发现呼包银榆经济区在区域合作机制和发展模式上存在着产业结构不合理、区域发展不协调、科研经费投入不足和科技创新能力不足等问题。最后，针对存在的这些问题，提出进一步推动呼包银榆经济区产业结构调整、区域协调可持续发展、加强科技投入和增强经济区内合作的建议。

（2）不足。在呼包银榆经济区产业调整的论述部分，涉及构建指标体系时，由于部分数据是推导而来的，构建的指标体系不能全方位地反映经济区的合作与发展问题，因此在分析中应该更多地收集第一手的数据，从而保证分析结果更加深入和准确。

# 附录 A　呼包银榆经济区主要城市的 19 个指标数据

| | 呼和浩特市 | 包头市 | 鄂尔多斯市 | 银川市 | 榆林市 |
|---|---|---|---|---|---|
| $X_1$ | 0.05 | 0.03 | 0.03 | 0.04 | 0.05 |
| $X_2$ | 0.31 | 0.52 | 0.52 | 0.53 | 0.70 |
| $X_3$ | 0.64 | 0.46 | 0.45 | 0.42 | 0.25 |
| $X_4$ | 0.47 | 0.58 | 0.44 | 0.56 | 0.36 |
| $X_5$ | 1.10 | 1.40 | 0.92 | 1.48 | 0.91 |
| $X_6$ | 2082.00 | 4015.54 | 2041.06 | 6194.35 | 4344.38 |
| $X_7$ | 3270.55 | 6978.48 | 4060.00 | 2167.51 | 4309.85 |
| $X_8$ | 410.00 | 1423.16 | 2416.69 | 581.30 | 1654.72 |
| $X_9$ | 0.36 | 0.42 | 0.41 | 0.41 | 0.39 |
| $X_{10}$ | 0.10 | 0.10 | 0.10 | 0.10 | 0.09 |
| $X_{11}$ | 91915.02 | 127434.00 | 197380.50 | 62437.00 | 84634.00 |
| $X_{12}$ | 360.05 | 345.00 | 855.37 | 223.29 | 668.94 |
| $X_{13}$ | 8.83 | 14.10 | 16.00 | 1.29 | 0.31 |
| $X_{14}$ | 1504.83 | 2991.40 | 2996.04 | 1149.00 | 1827.91 |
| $X_{15}$ | 0.66 | 0.82 | 0.72 | 0.75 | 0.53 |
| $X_{16}$ | 0.46 | 0.53 | 0.30 | 0.86 | 0.91 |
| $X_{17}$ | 35629.00 | 36576.00 | 37564.00 | 24169.00 | 26820.00 |
| $X_{18}$ | 23.77 | 41.72 | 32.70 | 9.53 | 5.69 |
| $X_{19}$ | 1729.00 | 1979.00 | 1041.00 | 2345.00 | 1254.00 |

注：$X_1$，$X_2$，$X_3$，…，$X_{19}$ 代表的指标可查询表 5.1。

# 附录 B  呼包银榆主要城市的 19 个指标标准化数据

|        | 呼和浩特市 | 包头市 | 银川市 | 榆林市 | 鄂尔多斯市 |
|--------|-----------|--------|--------|--------|-----------|
| $ZX_1$  | 0.93578   | −0.88379 | 0.32925  | 0.84913  | −1.23037 |
| $ZX_2$  | −1.47704  | −0.01492 | 0.11936  | 1.34276  | 0.02984  |
| $ZX_3$  | 1.39810   | 0.09112  | −0.14788 | −1.41752 | 0.07618  |
| $ZX_4$  | −0.18830  | 1.09913  | 0.86963  | −1.34586 | −0.43459 |
| $ZX_5$  | −0.22157  | 0.88249  | 1.20010  | −0.93996 | −0.92106 |
| $ZX_6$  | −0.45648  | −1.15365 | 1.40655  | 0.58222  | −0.37864 |
| $ZX_7$  | −0.82473  | 1.53638  | −0.96260 | 0.10025  | 0.15069  |
| $ZX_8$  | −0.44544  | −0.44766 | 1.78885  | −0.44677 | −0.44898 |
| $ZX_9$  | −0.44861  | −0.44541 | 1.78885  | −0.44876 | −0.44607 |
| $ZX_{10}$ | 0.90562 | −0.47250 | 0.90562  | −1.45687 | 0.11812  |
| $ZX_{11}$ | −0.39510 | 0.27813  | −0.95383 | −0.53311 | 1.60391  |
| $ZX_{12}$ | −0.49803 | −0.55547 | −1.02003 | 0.68097  | 1.39256  |
| $ZX_{13}$ | 0.10101 | 0.83522  | −0.94946 | −1.08669 | 1.09993  |
| $ZX_{14}$ | −0.68821 | 1.04873  | −1.10397 | −0.31071 | 1.05415  |
| $ZX_{15}$ | −0.31026 | 1.12535  | 0.46858  | −1.53454 | 0.25087  |
| $ZX_{16}$ | −0.53584 | −0.60101 | 0.96295  | 1.18451  | −1.01061 |
| $ZX_{17}$ | 0.56206 | 0.71513  | −1.29025 | −0.86176 | 0.87482  |
| $ZX_{18}$ | −0.24388 | 1.31883  | −0.79507 | −1.01455 | 0.73468  |
| $ZX_{19}$ | 0.11209 | 0.58386  | 1.27452  | −0.78426 | −1.1862  |

注：$ZX_1$，$ZX_2$，$ZX_3$，…，$ZX_{19}$ 代表标准化后的指标数据。

# 附录 C　专家打分问卷

各位专家：

　　您们好，我是内蒙古科技大学经济与管理学院 2012 级研究生，在做内蒙古社科重点项目《呼包银榆区域经济一体化合作机制与模式研究》的研究和相关论文的撰写，在涉及呼包银榆经济区发展模式选择分析时，部分数据需要通过各位专家打分得到。非常感谢您在百忙之中的帮助，谢谢！

　　**第一部分**

　　本部分侧重对各个因素重要性进行打分，并采用 1~9 标度法来表示各因素的重要性，请各位专家根据表 1 给出的标度和含义，对所建立的指标体系进行打分，赋予特定的分值请您参考表 1，给予相应的分值。

表 1　标度和含义

| 标度 | 含义 |
|:---:|:---|
| 1 | 表示两个因素相比，具有同样重要性 |
| 3 | 表示两个因素相比，一个因素比另一个因素稍微重要 |
| 5 | 表示两个因素相比，一个因素比另一个因素明显重要 |
| 7 | 表示两个因素相比，一个因素比另一个因素强烈重要 |
| 9 | 表示两个因素相比，一个因素比另一个因素极端重要 |
| 2，4，6，8 | 表示上述两相邻判断的中值 |

　　注：因素 i 与 j 比较的判断 $a_{ij}$，则因素 j 与 i 比较的判断 $a_{ji}=1/a_{ij}$。

　　请您打分：

　　（1）优势（S）：$S_1$——区位条件较好，地处我国内蒙古和俄罗斯开放的前沿；$S_2$——矿产和旅游资源丰富；$S_3$——具有较好的工业基础；$S_4$——基础设施日趋完善。

| 优势（S） | $S_1$ | $S_2$ | $S_3$ | $S_4$ |
|:---:|:---:|:---:|:---:|:---:|
| $S_1$ | | | | |
| $S_2$ | | | | |
| $S_3$ | | | | |
| $S_4$ | | | | |

（2）劣势（W）：$W_1$——经济结构不合理，产业结构转型升级进程缓慢；$W_2$——工业耗能较高，产品的附加值不高；$W_3$——第三产业发展较为缓慢；$W_4$——生态环境较为脆弱；$W_5$——区域发展不平衡；$W_6$——科技教育发展落后。

| 劣势（W） | $W_1$ | $W_2$ | $W_3$ | $W_4$ | $W_5$ | $W_6$ |
|---|---|---|---|---|---|---|
| $W_1$ | | | | | | |
| $W_2$ | | | | | | |
| $W_3$ | | | | | | |
| $W_4$ | | | | | | |
| $W_5$ | | | | | | |
| $W_6$ | | | | | | |

（3）机会（O）：$O_1$——国家政治稳定，经济持续发展；$O_2$——国家对呼包银榆经济区的政策支持；$O_3$——该地区与东部发达地区相比经济差距较大，存在产业转移；$O_4$——科技不断进步；$O_5$——存在后发优势，借鉴发达地区的经验实现跨越式发展。

| 机会（O） | $O_1$ | $O_2$ | $O_3$ | $O_4$ | $O_5$ |
|---|---|---|---|---|---|
| $O_1$ | | | | | |
| $O_2$ | | | | | |
| $O_3$ | | | | | |
| $O_4$ | | | | | |
| $O_5$ | | | | | |

（4）威胁（T）：$T_1$——国家和地区之间的竞争日益激烈；$T_2$——环境污染的威胁；$T_3$——自然资源的可竭性。

| 威胁（T） | $T_1$ | $T_2$ | $T_3$ |
|---|---|---|---|
| $T_1$ | | | |
| $T_2$ | | | |
| $T_3$ | | | |

**第二部分**

本部分问卷侧重对呼包银榆经济区的发展模式进行打分，以1.00~4.00为打分标准，打分只能是1.00~4.00的整数。其中1.00分表示对呼包银榆区域经济发展无影响，4.00分表示对呼包银榆区域经济发展有重要影响，请各位专家针对每个部分进行打分。

| | | 区域一体化 | 可持续发展 | 增长极 |
|---|---|---|---|---|
| | | 评分 | 评分 | 评分 |
| 优势（S） | $S_1$ | | | |
| | $S_2$ | | | |
| | $S_3$ | | | |
| | $S_4$ | | | |
| 劣势（W） | $W_1$ | | | |
| | $W_2$ | | | |
| | $W_3$ | | | |
| | $W_4$ | | | |
| | $W_5$ | | | |
| | $W_6$ | | | |
| 机会（O） | $O_1$ | | | |
| | $O_2$ | | | |
| | $O_3$ | | | |
| | $O_4$ | | | |
| | $O_5$ | | | |
| 威胁（T） | $T_1$ | | | |
| | $T_2$ | | | |
| | $T_3$ | | | |

# 参考文献

［1］ Rosenstein Rodan. Problems of Industrialization of Eastern and South –Eastern Europe ［J］. Economic Journal，1943.

［2］G. Myrdal. Economic Theory and Under Developed Regions ［M］. London：Duck-worth，1957.

［3］Paul Krugman. Increasing Returns and Economic Geography ［J］. Journal of Political Economy，1991（3）.

［4］Walz U. Transport Costs，Intermediate Goods，and Localized Growth ［J］. Regional Science and Urban Economics，1996（6）.

［5］Gersbach H.，Schmutzler A. External Spillovers，Internal Spillovers and the Geography of Production and Innovation ［J］. Regional Science and Urban Economics，1999（6）.

［6］Martin L. Sequential Location Contests in the Presence of Agglomeration Economics ［Z］. Working Paper，University of Washington，2000.

［7］King R.，Rebelo S. Transitional Dynamics and Economic Growth in the Neocl-assical Model ［J］. American Economic Review，1993（9）.

［8］焉香玲. 中国区域经济发展战略的选择 ［J］. 哈尔滨金融高等专科学校学报，2002（1）.

［9］张莉. 我国区域经济发展战略研究的回顾与展望 ［J］. 地理学与国土研究，1999（4）.

［10］豆建民. 区域经济发展战略分析 ［M］. 上海：上海人民出版社，2009.

［11］江浩. 论中国区域经济发展战略演进和布局调整 ［J］. 合肥工业大学学报，2005，19（3）.

［12］李剑林. 基于发展观演变的中国区域经济发展战略及空间格局调整 ［J］. 经济地理，2007，27（6）.

［13］周淑霞. 宁夏区域经济协调发展多目标动态研究 ［J］. 宁夏大学学报，

2010，31（4）.

[14] 夏泽义. 广西北部湾经济区产业空间结构研究 [D]. 西南财经大学博士学位论文，2011.

[15] 官锡强. 广西北部湾经济区城市群资源环境与经济可持续协调发展分析 [J]. 城市发展研究，2009（8）.

[16] 莫绍深. 广西北部湾经济区发展战略问题再思考 [J]. 经济与社会发展，2007，5（9）.

[17] 丁海青. 关中—天水经济区发展战略路径选择研究 [J]. 特区经济，2010（4）.

[18] 朱栋梁. 对我国区域经济发展战略的重新审视 [J]. 南京经济学院学报，2001（1）.

[19] 房君. 成渝经济区区域协调发展的问题研究 [J]. 经济研究导刊，2011（15）.

[20] 周英虎. 成渝经济区与广西北部湾经济区比较研究 [J]. 创新，2011，5（2）.

[21] 张宇. 成渝经济区协调发展机制研究 [D]. 西南财经大学博士学位论文，2010.

[22] 百度文库. 内蒙古自治区国民经济和社会发展第十二个五年规划纲要 [EB/OL]. https：//wenku.baidu.com/view/95140b4633687e21af45a958.html，2011-06-07.

[23] 360 百科. 全国主体功能区规划 [EB/OL]. http：//baike.so.com/doc/4011280-4208285.html，2011-06-08.

[24] 中华人民共和国国家发展和改革委员会. 呼包银榆经济区发展规划（2012~2020年）[EB/OL]. http：//xbkfs.ndrc.gov.cn/gzdt/201211/t20121107_513163.html，2012-11.

[25] 张进海，刘天明，李文庆，张哲，王林伶. 银鄂榆三角区域经济发展战略研究 [J]. 宁夏社会科学院，2010（6）.

[26] 张秋亮，白永平，黄永斌. 呼包鄂榆经济区县域经济的时空变化 [J]. 经济地理，2012（8）.

[27] 陈博文，白永平，吴常艳. 基于"时空接近"的区域经济差异、格局和潜力研究——以呼包鄂榆经济区为例 [J]. 经济地理，2013（1）.

[28] 乌云德吉，黄涛. 基于 DMSP/OLS 数据的呼包鄂城市圈城市扩展分析 [J]. 北方经济，2012（12）.

[29] 余凤鸣，张阳生，周杜辉. 基于 ESDA-GIS 的省际边缘区经济空间分异——以呼包鄂榆经济区为例 [J]. 地理科学进展，2012，31（8）.

[30] 布和琴夫. 呼包鄂城市群发展动力机制分析 [J]. 中外建筑，2011（1）.

[31] 徐境，石利高. 呼包鄂区域一体化发展的空间动力机制及模式框架研究 [J].

干旱区资源与环境，2010，24（7）.

［32］恩和特布沁. 对"呼包鄂"经济一体化发展的探讨［J］. 内蒙古财经学院学报，2009，7（2）.

［33］王友军，于艳华，齐瑞俊. 呼包鄂经济区一体化发展土地利用对策研究［J］. 内蒙古师范大学学报，2012，41（2）.

［34］李杨. 呼包鄂经济一体化中政府职能的探讨［D］. 中央民族大学硕士学位论文，2010.

［35］聂华林，杨敬宇. 兰州—西宁—银川经济区建设战略构想［J］. 西安财经学院学报，2010，23（3）.

［36］任艳丽，张丽. 呼包鄂区域交通发展探析［J］. 内蒙古科技与经济，2012（10）.

［37］何金玲，李孝. 构建呼包鄂地区为内蒙古经济增长极的对策研究［J］. 前沿，2004（11）.

［38］杨建军，郭敏燕. 呼包银榆资源型经济区城市化与空间规划策略［J］. 经济地理，2012，32（1）.

［39］贾润. 呼包鄂区域发展铁路物流业的优势及发展战略分析［J］. 内蒙古科技与经济，2010（22）.

［40］谢晓燕，张晖，边恩敬. 呼包鄂地区物流业发展前景分析研究［J］. 公路与汽运，2012（1）.

［41］杨树虹. 构建"呼包鄂经济一体化"的支持因素分析［J］. 特区经济，2011（11）.

［42］于艳华. 呼包鄂地区土地利用及利用模式研究［J］. 国土资源科技管理，2011，28（4）.

［43］赵树梅. 资源性城市转型所面临的问题及对策——以东北老工业基地为例［J］. 中国经贸导刊，2011（7）.

［44］王志梅. 对内蒙古"呼包鄂"经济圈协调发展的几点思考［J］. 经济论坛，2012（12）.

［45］王恩胡，高全成，殷红霞. 陕西区域经济发展差距与区域协调发展对策［J］. 理论导刊，2010（9）.

［46］张秋亮，白永平，李建豹，赵秀清. 呼包鄂榆综合城市化水平的时空变化及差异［J］. 城市问题，2013（2）.

［47］张凯，吴金叶，李迎芝. 呼包鄂城市群主导产业协同研究［J］. 北方经济，2013（19）.

[48] 刘慧，马洪云. 基于区位熵理论对呼包鄂城市群产业比较优势的研究 [J]. 资源与产业，2014 (6).

[49] 刚布和. 围绕区域中心城市和产业集聚谈呼和浩特在《呼包银榆经济区发展规划》中的产业定位 [J]. 北方经济，2014 (6).

[50] 魏向前. 基于制度改进视角的呼包银榆经济区发展研究 [J]. 中共银川市委党校学报，2014 (6).

[51] 郝戊，田喆. 基于产业视角的呼包银榆经济区合作与发展问题思考 [J]. 开发研究，2014 (5).

[52] 郝戊，肖冰. 黄河几字形区域城乡经济一体化模式研究 [J]. 全国商情 (经济理论研究)，2014 (18).

[53] Balassa Bela. The Theory of Economic Integration [M]. London：Allen & Unwin，1962.

[54] 彼得·林德特. 国际经济学 [M]. 北京：经济科学出版社，1992.

[55] Paul Krugman. Space：The Final Frontier [J]. Journal of Economic Perspectives，1998，2 (12).

[56] 谢娜. 区域经济一体化效应及其实现路径探索 [J]. 经济研究导刊，2015 (4).

[57] 张沛，吴潇，徐境. 区域一体化发展思路及推进策略研究——以内蒙呼包鄂为例 [J]. 区域发展，2010 (2).

[58] 陆大道，樊杰. 区域可持续发展研究的兴起与作用[J]. 中国社会科学院院刊，2012 (3).

[59] 杨建林，张璞. “呼包鄂”区域可持续发展水平及其协调性评价 [J]. 发展研究，2012 (4).

[60] 林平凡. 新常态下区域经济增长极的培育 [J]. 新经济，2015 (4).

[61] 黄瑞敏. 基于 SWOT 分析的企业竞争情报实例研究——IBM 公司建立竞争情报体系案例分析 [J]. 现代情报，2007 (1).

[62] 曾珍香. 基于复杂系统的区域协调发展——以京津冀为例 [M]. 北京：科学出版社，2010.

[63] 龚新蜀，程伟. 基于 SWOT 法和层次分析法的西北边境地区经济特区发展战略选择——以新疆霍尔果斯为例 [J]. 科技管理研究，2014 (7).

# 专题研究

# 8 呼包银榆经济区现代产业体系的构建

本章在回顾了国内外学者对于现代产业体系、区域经济一体化和经济区发展研究成果的基础上，运用比较劳动生产率、显性比较优势指数、区位熵等方法分析了呼包银榆经济区产业体系的现状，并通过现实数据对经济区产业结构的优势和存在的问题进行客观评价。在实证研究中，结合经济区产业结构的现状，以 2001~2013 年三大产业内具体行业数据为依据，运用灰色关联分析法构建评价体系，对呼包银榆经济区主导产业进行选择。最后，结合发达国家或地区的先进经验，为构建现代产业体系提供政策建议。

## 8.1 引　言

随着经济全球化不断深入，世界经济格局不断变化，各国的发展形势依然严峻，经济增长面临压力。我国经济发展进入新常态，经济增长速度放缓、经济发展方式转变是今后一段时期的主要特征。在这种经济发展背景下，构建现代产业体系、调整经济结构是实现经济可持续发展的关键所在。产业体系是指由生产要素、产业结构等构成的，产业之间相互联系和相互制约的整体系统。现代产业体系是指产业体系的动态、系统、科学的状态。我国幅员辽阔，东、中、西三个区域间经济发展极不平衡，资源禀赋和发展历史各有不同，各区域对于产业体系的构建选择不尽相同，甚至差异巨大。因此，不同区域需要根据自己的特点构建现代产业体系，不能盲目照搬发达地区的经验，在经济发展进入新阶段、交流日益频繁的今天，构建不仅符合当前区域经济发展状况，也有利于未来经济发展的现代产业体系已是客观要求。

《呼包银榆经济区发展规划（2012~2020 年）》的指导思想之一是：着力推进产业结构调整，加快构建现代产业体系；2013 年，内蒙古自治区提出"8337"发展思路，为呼包鄂三市的转型发展提供了方向，即三市着力调整产业结构，形成互补、合作、多领域、高层次的一体化。2015 年 3 月，国家发展改革委、外交部、商务部联合发布《推动共建丝绸之路经济带和 21 世纪海上丝绸之路的愿景与行动》，为经济区发展提供新的契机。"一带一路"规划明确指出呼包鄂榆城市群是内陆重点发展区域，利用自身资源丰富、产业基础较好的优势，推动区域合作和产业集聚发展。该战略的启动，将会进一步促进经济区经济发展，为建立现代产业体系奠定基础。

在国内与国际的大背景下，呼包银榆经济区构建现代产业体系，构建符合区域现状、适应新时代发展的产业体系，将产业体系与经济健康发展相融合，对于增强经济区综合实力、实现经济可持续发展、社会和谐稳定意义重大。

第一，近年来对于现代产业体系的研究理论层面居多，且往往是以定性的方式研究如何促进工业化、信息化、城镇化、农业现代化同步发展。至于怎样构建现代产业体系，体系又包含哪些具体产业，定量研究尚少，这为深入研究提供了契机。

第二，在整体层面上对于如何构建呼包银榆现代产业体系缺乏理论和实证研究，尤其是现代产业体系中的内部结构没有涉及，本篇关于呼包银榆现代产业体系的构建将对此提供一定的理论支撑。

第三，本篇在研究国内外现代产业体系构建理论的基础上，结合呼包银榆地区的发展现状和面临的问题，通过实证分析，找出现有产业体系存在的问题，提出解决方法，以新思路为构建呼包银榆现代产业体系提供参考，具有较强的现实意义。

# 8.2　国内外现代产业体系研究综述

## 8.2.1　国外现代产业体系研究综述

"现代产业体系"是一个中国语境下的词，虽然国外文献研究中并没有明确关于"现代产业体系"（Modern Industrial System）的著作，但是关于这方面的研究 20 世纪 80 年代已经出现。国外关于现代产业体系的研究多基于国家层面的产业结构优化，分析了发达国家产业演进的模式及规律。费希尔（Fisher A. G.）在 20 世纪 30 年代经济危机时，以当时的统计数据为依据，第一次提出有关三次产业划分，这是对产业体系形态最初的认识。克拉克（Clark C.）提出的"配第—克拉克"定理总结出三次产业就业人口的变化规律：随着社会人均国民收入水平的提高，就业人口将从第一产业转移到第二产业，随着经济的进一步发展，就业人口将再次转移到第三产业。库兹涅茨

（Simon Kuznets）在克拉克研究成果的基础上，指出产业结构的变动和人均国民收入之间的联系。钱纳里（Hollis B.Chenery）改进了库兹涅茨的研究方法，把经济发展分为三大阶段，并计算出不同发展阶段的标准产值，建立了"发展模型"，在研究广度、深度上都有所扩展。

除了上述经济学家，赫希曼、罗斯托、筱原三代平、霍夫曼等经济学家也提出了有关产业体系具有深远意义的经济理论。

以上是比较早期国外经济学家关于产业体系和产业结构的经典理论，国外经济学者在前人的研究基础上更进一步，近年来提出了一系列具有创新意义的研究成果，对于产业体系做出了不同层面的研究：

Erik Dietzenbacher（2000）使用投入产出方法分析，通过技术和产品的改进，控制输入和输出的变化影响具体部门，通过溢出效应影响经济发展。

Micheal Porter（2002）认为，高端制造业的发展，必须有高水平的现代服务业与其匹配，而现代服务业向高水平发展，很大程度上依赖于高端制造业的需要，这两者的关系是密不可分的。

Micheal Peneder（2003）通过对 1990~1998 年 28 个国家的经济数据的研究，运用偏离—份额分析法研究产业结构与经济增长之间的关系，他认为，产业结构和国民人均收入有着密切的关系，对经济增长有积极和消极的影响，其中影响最大的是工业结构。

山村英司等（2007）通过对日本制造业 40 年的数据进行分析，注重在产业组织的形式，发现集聚对区域产业结构的影响很大，创新和模仿是提高生产率的两条途径，工业的发展将最终影响区域产业结构。

李佳瓦（2008）经过时间序列分析后发现，长期对外贸易和外国直接投资使得经合组织内的国家制造业生产率趋向一致。

Angelos A. Antzoulatos 等（2011）选取 29 个地区的 28 个工业部门数据，运用面板协调关系检验，得出产业结构和财政结构联系紧密。

Joshua Drucker（2012）介绍了优化企业微观层面产业结构的方法，将区域产业分工、经济的多元化和产业竞争结构引入生产函数，证明了区域产业竞争结构和经济多元化的重要作用。

### 8.2.2　国内现代产业体系研究综述

近年来，我国工业化已经进入中后期阶段，这意味着我国从农业大国转变为工业大国，我国发展处于重要战略机遇期。在当前经济新常态下，推动经济增长方式的转型、保证经济稳定发展、探寻新的经济增长点显得尤为关键。关于现代产业体系的研究，并没有统一的内涵和定义，国内学者的研究主要包括国家层次和地方区域层次。

关于现代产业体系内涵的主要研究成果有：

陈建军（2008）认为，在中国语境下，所谓的构建现代产业体系实际上是产业发展的新方向，或者是产业结构优化升级的新路径。它的核心是构建一个现代农业、新型工业、现代服务业相互融合，产业之间协调发展的系统，是我国发展模式变化的载体，是实现科学发展、建设资源节约型和环境友好型社会的必然路径。

刘明宇等（2009）认为，现代产业体系中的现代概念是与时俱进的、动态的，是我国经济发展的客观要求，因此，现代产业体系是指不仅在现阶段具有领先的竞争优势，而且能够为行业系统的未来发展趋势提供指引的产业体系。

唐家龙（2011）指出，工业化不断发展和深入，是产业体系现代化进程的前提，是服务业占经济比重逐渐提高、运用前沿的技术、以实现人力资本价值为依托、生产率稳步提高、具有可持续竞争优势的产业体系。

王新新（2012）认为，现代产业体系是经济发展到一定阶段的客观状态，它是某些企业设定在特定空间区域的集合，并形成一个平衡的、与相关产业具有关联性的状态，现代性主要体现在对经济社会发展方面科技进步的作用越来越大。

关于现代产业体系建设路径的主要研究成果有：

张耀辉（2010）从传统产业体系和现代产业体系的关系入手，分析得出创新型企业的生存和发展离不开现代产业体系的扶持，发展中国家当前阶段的重要目标是构建现代产业体系的市场经济模式，现代产业体系进程并非同步。

刘文勇（2014）强调合理的产业规划、区域布局，以"点、线、面"的形式推进，避免产业结构的相似和产业布局的同质化；驱使管理、生产、研究、应用同步，形成技术、制度和产业创新的协调发展、同步推进、联合互动。

张伟等（2014）认为，中国要构建现代产业体系，各区域必须基于对工业部门和产业体系发展的具体情况，选择正确的发展路径，特别是重视产业之间的分工，从产业间分工、产业内协调、产品的选择三种路径探讨。

基于区域视角对现代产业体系的研究主要有：

周权雄（2010）基于广州市高新技术产业势头强劲、服务业蓬勃发展的现状，认为广州经济的发展必须以"广州创造"和"广州服务"为落脚点，打造高端、高效的现代产业体系。

乔代富（2013）以安徽省为研究对象，分析了产业体系当前面临的问题；从运用技术改造传统产业、大力扶植优势产业、积极引导新兴产业、促进现代服务业蓬勃发展、加强基础设置更新改造、改良企业结构和优化产业布局等方面为安徽产业结构优化升级提出了建议。

侯颖（2014）从河南省产业体系落后、一二产业比重过大、传统因素深刻的现状出发，提出构建现代产业体系既要增强内部动力，又要积极寻求外部力量的推动。

郝戌、猴玉蛟（2015）认为，呼包银榆经济区应以呼包鄂榆城市群（即内蒙古的呼和浩特市、包头市、鄂尔多斯市，陕西省榆林市）和沿黄城市（即宁夏的银川市、石嘴山市、吴忠市、中卫市以及内蒙古的乌海市与巴彦淖尔市）为依托，推进呼包银榆一体化进程。

# 8.3　现代产业体系概述

## 8.3.1　现代产业体系的内涵

（1）传统产业体系。传统产业体系是与传统产业活动相协调的，其基本特征是技术变动缓慢，因而造成了企业与产业之间的联系相对固定。传统产业体系在经济初级阶段形成，历史较长，总体处于衰退状态，起点低、重复性强、产品同质化严重、以量为基准是它的主要特征。企业之间主要以数量、资本为主要竞争方式，在技术及产业关系相对稳定的前提下，企业更倾向于控制成本以增大竞争优势。与此同时，传统产业体系是一个动态的概念，并不是绝对的，取决于生产方式、核心技术、主要产品等是否传统。

（2）现代产业体系。"现代产业体系"是具有中国特色的概念，2007年中共十七大报告中最早提出这一概念；2011年"十二五"规划中再次提出建立突出比较优势的现代产业体系是发展的关键；2012年中共十八大报告中又一次强调要通过推动三次产业融合共生，构建适合现阶段新经济形势的现代产业新体系。虽然近年来政府重要文件中多次描述现代产业体系的政策方向，但是并没有指出现代产业体系的明确定义。这一概念更多的是出于领导层对经济发展指导的需要，是一种相对优化和理想的经济发展状态。《呼包银榆经济区发展规划（2012~2020年）》着重要求，将转变经济发展方式作为主导，将空间布局的优化作为重点，促进产业集中可持续发展；着力推进产业结构调整，加快构建现代产业体系。

结合学术界的研究，本书认为，现代产业体系是相对于传统产业体系而言的，着重于发展的过程，并不是一成不变的，随着不同时间、特定区域而变化。20世纪末发达国家基本上达到了第三产业占GDP的70%，完成了经济重心的转移，但是这一标准不适用以劳动密集型产业和资源密集型产业为主的发展中国家。现代产业体系的内涵在不断更新，不能脱离时间、地点等要素一概论之。总而言之是在一定时间范畴内，与当地产业发展状况、文化发展水平、生态环境状态相辅相成的产业系统。在这个系统中，三次产业比例优化，资源禀赋得到充分利用，培养不仅能够在现阶段具有竞争优势，而且能够持续拉动经济发展的主导产业。

### 8.3.2　现代产业体系的特征

（1）合理性。合理性是构建现代产业体系的基本切入。合理性主要强调从实际出发，即依托该地区的资源禀赋合理进行配置，与该地区的经济生态发展状况相适应。不能盲目迷信发达地区的先进经验，又不能停滞不前，满足于落后的产业模式。这就要求在制定产业体系发展规划之前，要从全局出发，仔细衡量区域内的经济发展水平，综合比较区域内部和区域之间的优势劣势，扬长避短合作共赢，加快产业结构合理化进程。

（2）开放性。构建现代产业体系的外在要求是开放性，一个地区的经济发展并不是孤立的，相互依赖的经济模式日趋成熟，区域内部以及区域之间的产业交流频繁。现代产业体系的构建依赖于公平、透明的市场机制，而在一定程度上，越开放的市场，其公平、透明度会越高，市场机制的发挥就越充分，能够以低成本推动资源配置优化。但是开放也不是无条件的开放，而是在有利于提高区域内产业竞争力、有助于发挥产业体系整体优势的条件下开放。

（3）集聚性。构建现代产业体系，要求在空间上具有集聚性。产业集群是指特定区域内，地理位置上相对集中，相互之间存在竞争及合作关系，包含专业供应商、服务提供者、金融机构等相关组织的群体。迈克尔·波特认为，在地理范围内的产业集聚，对于产业竞争力的提升具有正面而且深刻的影响。近几十年来，产业发展的新趋势是增强集群化，这是因为产业链的天然联系、运输费用的降低、基础设施成本的分摊、信息沟通的效率性、技术传播等形式多样的正外部性。产业集聚成为地区取得竞争优势的一个有效途径。

（4）协调性。现代产业体系的内在诉求是协调性，既要求产业体系内部协调又要求区域间协调。在产业体系内部实现三次产业间的协调，既不能动摇第一产业的基础地位，又推进第二产业的升级，还要提升第三产业在国民经济中所占的比重，促进三次产业比重合理。要进一步解决区域间产业结构的协调问题。在各地经济联系日趋紧密的大前提下，一个地区的经济发展并不是孤立的，更多的是需要区域之间协调发展。经济区要从全局出发，综合衡量本区域的优劣势，取长补短，在区域协调的大前提下促进产业结构升级发展。

（5）层次性。现代产业体系是一个结构复杂、层次众多的系统。层次性是指各产业并非平等并列存在于产业体系，而是有先后轻重之分，只有少数几个主导产业成为产业体系的核心。在经济全球化的大背景下，在把握住高层次要素构成的前提下，要重视高层要素对底层要素组合的决定作用。明确的结构层次揭示了产业结构的不同侧面，对于全面认识产业结构、提升系统的纽带作用、形成科学的网络系统很有帮助。

## 8.4 呼包银榆经济区产业体系的演进与产业发展现状

### 8.4.1 呼包银榆经济区产业体系的演进

构建现代产业体系既要调整升级传统产业，又要建立发展新兴产业。建立呼包银榆经济区现代产业体系不是一味地发展新兴产业，不符合当地经济发展水平的新兴产业必将不能与经济发展水平相适应。产业的演进可以反映区域产业的发展过程，体现经济发展规律与当地实际状况相结合的独特性。所以分析产业演进过程、了解产业发展历史是衡量当地产业发展状况、认清产业体系定位的必要步骤，是建立现代产业体系的重要导向。近年来，党中央做出西部大开发、建立呼包银榆经济区等一系列重大举措，呼包银榆经济区经济迅速腾飞，经济结构变化显著，凭借独特的资源优势巩固发展传统产业的同时，还要培育壮大特色新型产业，形成良性互动。

表 8.1 2000~2013 年呼包银榆经济区三次产业比重变动

| 年份 | 总产值（亿元） | 第一产业产值（亿元） | 第一产业比重（%） | 第二产业产值（亿元） | 第二产业比重（%） | 第三产业产值（亿元） | 第三产业比重（%） |
|---|---|---|---|---|---|---|---|
| 2000 | 957.68 | 126.25 | 13.18 | 464.02 | 48.45 | 388.41 | 40.56 |
| 2001 | 1098.71 | 128.82 | 11.72 | 532.34 | 48.45 | 472.85 | 43.04 |
| 2002 | 1402.78 | 150.24 | 10.71 | 644.90 | 45.97 | 607.71 | 43.32 |
| 2003 | 1784.99 | 169.31 | 9.49 | 857.08 | 48.02 | 781.16 | 43.76 |
| 2004 | 2365.50 | 200.79 | 8.49 | 1153.56 | 48.77 | 1012.05 | 42.78 |
| 2005 | 3247.76 | 219.32 | 6.75 | 1581.59 | 48.70 | 1440.70 | 44.36 |
| 2006 | 4030.76 | 245.27 | 6.08 | 2047.51 | 50.80 | 1723.36 | 42.76 |
| 2007 | 5244.33 | 300.64 | 5.73 | 2665.56 | 50.83 | 2277.10 | 43.42 |

续表

| 年份 | 总产值(亿元) | 第一产业产值(亿元) | 第一产业比重(%) | 第二产业产值(亿元) | 第二产业比重(%) | 第三产业产值(亿元) | 第三产业比重(%) |
|------|------|------|------|------|------|------|------|
| 2008 | 7056.10 | 371.15 | 5.26 | 3814.67 | 54.06 | 2842.79 | 40.29 |
| 2009 | 8629.62 | 391.43 | 4.54 | 4551.99 | 52.75 | 3686.04 | 42.71 |
| 2010 | 10416.07 | 481.08 | 4.62 | 5600.86 | 53.77 | 4340.48 | 41.67 |
| 2011 | 12795.67 | 568.82 | 4.45 | 7074.66 | 55.29 | 5152.19 | 40.27 |
| 2012 | 14352.71 | 625.67 | 4.36 | 7888.41 | 54.96 | 5838.63 | 40.68 |
| 2013 | 15581.14 | 694.80 | 4.46 | 8295.33 | 53.24 | 6591.01 | 42.30 |

资料来源：呼包银榆等省（市）统计年鉴。

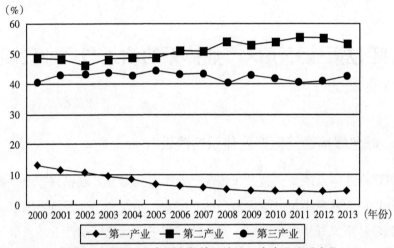

图 8.1　2000~2013 年呼包银榆经济区三次产业比重变化

资料来源：呼包银榆等省（市）统计年鉴。

　　随着 2000 年西部大开发战略的实施和"十五"发展战略的颁布，呼包银榆经济区向小康社会积极迈进，区域内 GDP 从不足千亿元到突破万亿元只用了短短十年，2013 年的 15581.14 亿元是 2000 年的 16.27 倍。从经济区三次产业比重变化（见表 8.1、图 8.1）可以看出：①呼包银榆经济区产业结构总体呈现"二三一"状态，产业结构符合当前区域经济发展状况。②2000~2013 年，大致可以将区域产业结构演进划分为三个阶段。第一阶段为 2000~2005 年，这一阶段经济区三次产业比重由 13.18：48.45：40.56 发展到 6.75：48.70：44.36，经济区经济平均增长速度接近 30%，远超全国平均水平。这一阶段第一产业所占比重迅速下降，降低了一半以上。第二产业所占比重几乎没有变动，维持在 48% 左右。第三产业比重平稳发展。这阶段规模以上工业迅速发展，一大批重点项目相继投产，经济效益提高，发展潜力显著增强。第二阶段为 2006~2011 年，这一阶段经济区三次产业比重由 6.08：50.80：42.76 发展到 4.45：55.29：40.27，经济增长速度虽然有所降低，但依然保持着 25% 左右较高的平均增长率。这一阶段区域的产业发展变化不同于国际产业结构研究的一般规律，明显标志是第二产业比重不断上升。而在国际产业发展经验中，通常在第二产业比重达到50%后会逐步降低，伴随的是第三产业的起步，比重提高。特别是2011年，第二产业比重达到55.29%，成为经济区第二产业比重的峰值。第三产业比重出现波动趋势，保持在40%~42%。主要原因是第三产业中新兴服务业发展滞后，规模档次没有得到显著提升。第三阶段为2012~2013年，这一阶段，经济增长速度放缓，第二产业比重降低；与此同时，第三产业稳步发展。伴随着呼包银榆经济区的正式建立和国家致力于将经济区打造成为新型重点能源基地等利好消息，经济区的发展从重速度转变为重质量，重在发展优势特色产业。

### 8.4.2 呼包银榆经济区产业发展现状

#### 8.4.2.1 第一产业现状

呼包银榆经济区的农牧业在全国居于重要的地位，是我国重要的粮食、畜牧业生产基地，并且在维护生态安全中处于重要地位。在调整农业产业结构、改善农牧业生产环境和生产条件、保护生态环境等方面成绩显著。2000~2005年，呼包银榆经济区第一产业产值从126.25亿元提高到694.80亿元，农、林、牧、渔产值都有明显增长，第一产业内部组织结构逐步优化，表8.2为2001~2013年呼包银榆经济区农林牧渔产值及其构成。

**表 8.2  2001~2013 年呼包银榆经济区农林牧渔产值及其构成**

| 年份 | 总产值 (亿元) | 农业 | | 林业 | | 畜牧业 | | 渔业 | |
|---|---|---|---|---|---|---|---|---|---|
| | | 产值 (亿元) | 构成 (%) | 产值 (亿元) | 构成 (%) | 产值 (亿元) | 构成 (%) | 产值 (亿元) | 构成 (%) |
| 2001 | 216.00 | 110.06 | 50.95 | 11.91 | 5.52 | 90.38 | 41.84 | 3.65 | 1.69 |
| 2002 | 259.02 | 134.29 | 51.85 | 16.17 | 6.24 | 104.41 | 40.31 | 4.15 | 1.60 |
| 2003 | 275.66 | 135.70 | 49.23 | 19.46 | 7.06 | 116.16 | 42.14 | 4.35 | 1.58 |
| 2004 | 346.15 | 170.73 | 49.32 | 17.63 | 5.09 | 151.93 | 43.89 | 5.86 | 1.69 |
| 2005 | 383.07 | 180.35 | 47.08 | 11.28 | 2.94 | 185.23 | 48.35 | 6.22 | 1.62 |
| 2006 | 423.03 | 209.14 | 49.44 | 11.52 | 2.72 | 195.93 | 46.32 | 6.44 | 1.52 |
| 2007 | 515.97 | 260.95 | 50.58 | 14.73 | 2.85 | 232.83 | 45.13 | 7.45 | 1.44 |
| 2008 | 640.34 | 304.50 | 47.55 | 17.51 | 2.73 | 309.80 | 48.38 | 8.52 | 1.33 |
| 2009 | 679.38 | 336.13 | 49.48 | 19.32 | 2.84 | 314.25 | 46.26 | 9.68 | 1.42 |
| 2010 | 835.54 | 429.24 | 51.37 | 20.74 | 2.48 | 374.08 | 44.77 | 11.47 | 1.37 |
| 2011 | 993.87 | 473.59 | 47.65 | 24.16 | 2.43 | 480.73 | 48.37 | 15.39 | 1.55 |
| 2012 | 1091.14 | 529.81 | 48.56 | 26.08 | 2.39 | 516.04 | 47.29 | 19.20 | 1.76 |
| 2013 | 1143.29 | 653.12 | 57.13 | 20.43 | 1.79 | 450.79 | 39.43 | 18.95 | 1.66 |

资料来源：呼包银榆等省（市）统计年鉴。

　　从表 8.2 可以看出，当前呼包银榆经济区第一产业内部结构中，种植业和畜牧业势
均力敌，占据主导地位，2001~2013 年，畜牧业增长了 10 个百分点，与此同时，农业
产值持续下降，稳定在 48% 左右。畜牧业一直是经济区的优势产业，在总量和比重上
一直保持增长趋势，未来有很大的发展空间。呼包银榆经济区发展畜牧业有得天独厚
的条件，有闻名世界的畜牧业产区和富饶的家畜品种资源，是我国重要的畜产品生产
加工输出基地。在龙头企业的带动下，经济区乳制品销售收入连续增长，"乳都" 呼和
浩特 2013 年乳制品销售超过 200 亿元，带动牧民致富增收。羊绒、羊毛、羊肉产业居
于全国领先地位，草畜、瓜菜、林沙等特色产业成为新的发展亮点。近年来，牧区积
极开展生产方式的转变，加快养殖标准化、现代化、规模化进程，畜牧业将迈入新的
历史发展时期。与此同时，经济区畜牧业生产方式集约化、现代化进程不断提高，养
殖规范化、规模化程度不断加强，先进畜牧业迅猛发展。虽然 2013 年经济区林、渔业
产值是 2001 年的 3.64 倍，但是增量微小，在总产值中所占比例很小，不足 5%。从经
济区地理特征来看，地形多为高原、山地，经济区幅员辽阔，森林面积和宜林地面积
均居全国前列，但是山地优势没有充分发挥，致使林业发展缓慢。经济区农业虽然规
模大，但是竞争力并不强，集约化、现代化、规模化程度低，生产部门粗放、分散，
现代化进程的推进任重而道远。

### 8.4.2.2　第二产业现状

　　总体来看，工业在呼包银榆经济区的产业布局中举重若轻，特别是与资源有关的
领域优势更为突出。轻重工业比重最能体现工业内部关系，呼包银榆经济区一直以重
工业为主导，从图 8.2 可看出，重工业无论在总量上还是比重上都远远高出轻工业。由
此计算的霍夫曼系数，从 2001 年的 0.41 持续下降到 2013 年的 0.15，工业重型化进一
步扩大，轻工业发展相对滞后。

　　就重工业内部比例关系来说，能源、化工、冶金、装备制造产业所占比重较大，
依赖资源和基础性采掘工业所占比重较高，经济附加值低。过分重型化、以 "重、化"
为主的重工业结构严重影响经济发展的质量，缺乏发展后劲。轻工业中，食品加工业、
毛纺织产业，轻工业过分依赖农畜产品原料的特征十分明显，技术含量低、产业链短
小，产业关联度低，缺乏互相扶持的能力。

　　为了更进一步分析经济区工业发展水平，可利用比较劳动生产率进行衡量。美国
经济学家西蒙·库兹涅茨提出比较劳动生产率指标，指出产业之间比较劳动生产率的
差距是产业结构优化的内部原因。比较劳动生产率即为各产业 GDP 的相对比重比上
就业的相对比重，是一项可权衡产业结构效益的有效指标。通过比较产业劳动生产率
水平与全社会劳动生产率水平，揭示该产业在国民经济体系中的地位，表明特定产业

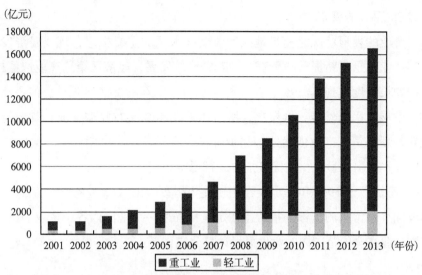

**图 8.2 呼包银榆经济区轻重工业产值**

资料来源：呼包银榆等省（市）统计年鉴。

的比较优势。

$$B_i = \frac{i 产业产值/经济总量}{i 产业劳动力投入/劳动力总量} \qquad 式（8.1）$$

式（8.1）中，当 $B_i > 1$ 时，该产业劳动生产率高于经济区劳动生产率的平均水平，具有比较优势，通常情况下，值越大，比较优势越明显；当 $B_i < 1$ 时，即该产业劳动生产率低于经济区劳动生产率的平均水平，不具有比较优势。根据库兹涅茨理论，大多数情况下，第二产业比较劳动生产率大于 1。经济区与全国的第二产业比较劳动生产率数据如表 8.3 所示。

**表 8.3 2001~2013 年呼包银榆经济区和全国的第二产业比较劳动生产率**

| | 2001 | 2002 | 2003 | 2004 | 2005 | 2006 | 2007 | 2008 | 2009 | 2010 | 2011 | 2012 | 2013 |
|---|---|---|---|---|---|---|---|---|---|---|---|---|---|
| 经济区 | 2.59 | 2.44 | 2.18 | 2.21 | 2.11 | 2.08 | 2.12 | 2.18 | 2.10 | 1.96 | 2.28 | 2.23 | 2.21 |
| 全国 | 2.02 | 2.09 | 2.13 | 2.05 | 1.99 | 1.90 | 1.77 | 1.74 | 1.66 | 1.63 | 1.58 | 1.50 | 1.46 |

资料来源：呼包银榆等省（市）统计年鉴。

从表 8.3 中可知，呼包银榆经济区第二产业比较劳动生产率一直高于全国平均水平，2013 年比较劳动生产率为 2.21，即经济区从业人员的 1% 可创造第二产业 2.21% 的 GDP 产值，可以看出第二产业是创造 GDP 的中坚力量。与 2001 年相比，比较劳动生产率降低，这说明虽然第二产业吸纳的就业人口逐渐增多，但没有与其规模相协调，依然存在广阔的发展前景。

#### 8.4.2.3 第三产业现状

第三产业的发展状况是衡量地区产业结构水平的重要标志，现代经济发展的历程就是第三产业比重不断提升的历程。随着经济的发展，经济区第三产业产值持续增长，产值平均增长速度达到 24.59%，与此同时也带来了新的经济增长点。但是经济区第三产业整体发展水平依然处于低层次，所占比重在 40% 左右停滞不前，其中传统产业占较大比重，新兴第三产业依然处于起步阶段。为了进一步说明经济区第三产业优势不足的问题，本书引入显性比较优势指数进行说明。

贝拉·巴拉萨于 1965 年提出显性比较优势指数（RCA），迄今为止仍然是衡量一个地区比较优势最常见的指标。指数旨在定量地描述一个地区内各个产业的出口竞争力，以权衡该产业在全国范围内的竞争力。计算公式如下：

$$RCA_{ij} = \left[ \frac{X_{ij}}{\sum\limits_{j=1}^{n} X_{ij}} \right] \Bigg/ \left[ \frac{\sum\limits_{i=1}^{m} X_{ij}}{\sum\limits_{i=1}^{m} \sum\limits_{j=1}^{n} X_{ij}} \right] \qquad 式（8.2）$$

式（8.2）中，$X_{ij}$ 表示 i 地区 j 产业的增加值，$\sum\limits_{j=1}^{n} X_{ij}$ 表示 i 地区的 GNP，$\sum\limits_{i=1}^{m} X_{ij}$ 表示全国 j 产业的增加值，$\sum\limits_{i=1}^{m} \sum\limits_{j=1}^{n} X_{ij}$ 表示全国的 GNP。

根据实证分析，当 RCA > 1 时，表明该产业具有比较优势；当 RCA < 1 时，表明该产业具有比较劣势。RCA 值越高，比较优势越显著，竞争力越强。本书选取我国第三产业相对发达的上海市、江苏省、浙江省、广东省同时期的经济数据，计算 RCA 指标并与呼包银榆经济区进行对比。计算结果如表 8.4 所示。

**表 8.4　2001~2013 年五地 RCA 指标**

| 年份 | 经济区 | 上海市 | 江苏省 | 浙江省 | 广东省 |
|---|---|---|---|---|---|
| 2001 | 1.0638 | 1.2947 | 0.9552 | 0.9150 | 1.1383 |
| 2002 | 1.0447 | 1.2765 | 0.9726 | 0.8995 | 1.1330 |
| 2003 | 1.0613 | 1.0975 | 0.9723 | 0.8889 | 0.8189 |
| 2004 | 1.0595 | 1.1851 | 0.9768 | 0.8298 | 1.0980 |
| 2005 | 1.0950 | 1.2335 | 0.9896 | 0.8776 | 1.0694 |
| 2006 | 1.0444 | 1.2117 | 0.9787 | 0.8891 | 0.9176 |
| 2007 | 1.0365 | 1.2245 | 0.9732 | 0.8928 | 0.9758 |
| 2008 | 0.9633 | 1.2492 | 0.9816 | 0.9175 | 1.0606 |
| 2009 | 0.9836 | 1.3669 | 0.9935 | 0.9108 | 1.0529 |
| 2010 | 0.9638 | 1.3250 | 1.0065 | 0.9565 | 1.0411 |
| 2011 | 0.9283 | 1.3383 | 1.0116 | 0.9785 | 1.0441 |

续表

| 年份 | 经济区 | 上海市 | 江苏省 | 浙江省 | 广东省 |
|------|--------|--------|--------|--------|--------|
| 2012 | 0.9123 | 1.3556 | 1.0144 | 0.9756 | 1.0421 |
| 2013 | 0.9177 | 1.3503 | 1.0012 | 0.9689 | 1.0361 |

资料来源：根据 RCA 指数计算而得。

从表 8.4 可以得知，经济区 RCA 指数呈持续下降趋势，2008 年以后，经济区 RCA 指数低于 1，说明第三产业竞争力持续减弱，与第三产业发展最好的上海市相比有明显的差距。由此可知，呼包银榆经济区第三产业发展仍处于初期，发展速度缓慢。第三产业还是以生活型传统服务业为主，金融、保险等生产型新兴服务业比重较低。2013年，经济区第三产业比重为 42.3%，低于全国平均水平的 46.09%，说明经济区第三产业发展仍有不足，发展速度缓慢、程度低，有很大的上升空间。

# 8.5　呼包银榆经济区现代产业体系构建实证分析

## 8.5.1　现代产业体系构建方法选择

（1）指标选择基准。在指标体系构建过程中，指标选取的出发点为：条理分明、以点带面、抓住重点，力求所选取的指标操作简便、目的明确、科学合理。为了达到以上目的并使指标体系规范科学，概括地说，指标选取原则如下：

1）科学性原则。即指标选择要科学合理，始终选取科学的方法，杜绝主观臆断。选中的指标要具有代表性，能反映经济区经济发展的内涵，并用科学的方法进行论证，这样得出的结论才真实可靠。

2）客观性原则。即始终坚持实事求是，针对客观情况进行定性定量评价，客观真实地反映经济现状，保证数据及资料的真实准确性，避免掺杂主观感情色彩。

3）完整性原则。评价指标应该涵盖评价对象的各个方面，全方位认识研究对象，合理设定指标数量，避免重大遗漏，定性与定量分析相结合。

4）实际性原则。实际上在选取指标及数据时，不应太过复杂，应清楚明了、易操作，可以通过现有文献或实地调查取得，降低数据取得的难度。

（2）方法选择。关于主导产业的选择方法，随着学者的研究，随着对区域主导产业选择的多样化和产业内涵认识的深化，选择方法不断改良。目前广为接受的有区位熵、数据包络分析法（DEA）、聚类分析法、偏离—份额分析法（SSM）、主成分分析法、因子分析法、BP 神经网络法等定量方法。实际中，数据欠缺或质量不高时，多用区位熵、模糊分析法、BP 神经网络法等。结合呼包银榆经济区的实际情况，经济区包含三省 13 市，横跨省级行政单位，区域间差异明显，是一个复杂的动态体系，具有多重因素错综复杂、信息取得不完全的"灰色"特征，建立统一的评判标准阻力较多，数据取得难度较大。所以，本书主要选取灰色关联分析法研究呼包银榆经济区三次产业与产业内部产业部门产值及经济发展的关系，寻找带动区域经济发展的主要要素，最终由确定的主导产业构建经济区现代产业体系。

### 8.5.2　区位熵分析

（1）区位熵的基本含义。区位熵是区分地域分工格局的基本指标，它说明在地域分工中，某种产业或产品生产区域化的水平，通过产业或产品生产区域化的比较，显现出地域分工的基本格局，是现代经济学中常用的分析区域产业布局和产业优势的指标。可以用产值、劳动力指标、固定资产额等计算区位熵，本书研究建立现代产业体系问题，故采用产值进行计算，具体公式如下：

$$区位熵(LQ) = \frac{经济区\ i\ 产业产值\ 经济区所有产业产值}{全国\ i\ 产业产值\ 全国所有产业产值} \qquad 式（8.3）$$

当 LQ > 1 时，i 产业在当地的专业化程度超过全国水平，意味着生产较为集中，在规模方面具有优势，LQ 越大，专业化水平越高；当 LQ < 1 时，i 产业在当地的专业化程度低于全国水平，在规模方面处于劣势；当 LQ = 1 时，i 产业专业化水平和全国持平。区位熵计算简便，但却较为粗略，是一个相对指标，反映区域产业生产专业化的相对程度。

（2）经济区三次产业区位熵。根据呼包银榆经济区三次产业产值计算区位熵，结果如表 8.5 所示。

表 8.5　2001~2013 年呼包银榆经济区三次产业区位熵

| 年份 | 第一产业区位熵 | 第二产业区位熵 | 第三产业区位熵 |
| --- | --- | --- | --- |
| 2001 | 0.8604 | 1.1014 | 1.0182 |
| 2002 | 0.7278 | 0.9328 | 1.0398 |
| 2003 | 0.7879 | 1.0943 | 1.0621 |
| 2004 | 0.6921 | 1.1314 | 0.9519 |
| 2005 | 0.5857 | 1.0420 | 1.0778 |
| 2006 | 0.5796 | 1.0876 | 1.0141 |
| 2007 | 0.5518 | 1.1157 | 0.9904 |
| 2008 | 0.5048 | 1.1870 | 0.9175 |

续表

| 年份 | 第一产业区位熵 | 第二产业区位熵 | 第三产业区位熵 |
|------|---------------|---------------|---------------|
| 2009 | 0.4416 | 1.1418 | 0.9843 |
| 2010 | 0.4565 | 1.1503 | 0.9647 |
| 2011 | 0.4468 | 1.1863 | 0.9278 |
| 2012 | 0.4314 | 1.2131 | 0.9252 |
| 2013 | 0.4453 | 1.2071 | 0.9226 |

资料来源：根据区位熵指数计算而得。

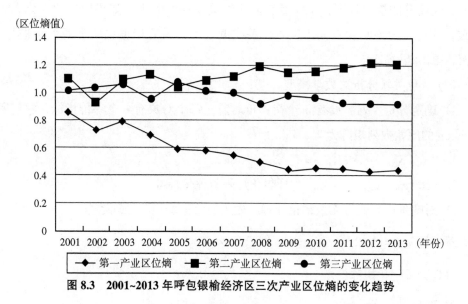

图 8.3　2001~2013 年呼包银榆经济区三次产业区位熵的变化趋势

如表 8.5、图 8.3 所示，2001~2013 年呼包银榆经济区第一产业区位熵均小于 1，说明经济区第一产业专业化程度低于全国水平，整体呈下降趋势，说明优势逐渐减弱；第二产业区位熵基本稳定在 1 以上，说明第二产业专业化程度较高，具有一定的规模优势，并且优势逐渐增强；第三产业区位熵处于波动状况，在 0.9~1 震荡，虽然有五年大于 1，但大多数年份小于 1，而且近五年来呈现下降趋势。

综上所述，通过对呼包银榆经济区三次产业区位熵的研究可得，该地区的产业发展水平不均，有些具有规模优势，有些则处于规模劣势。其中，第一产业一直处于劣势，且劣势逐年加大，第二产业具有优势，而且优势正在增强；第三产业和全国水平相近。

### 8.5.3　灰色关联分析法

（1）灰色关联分析法原理。区位熵是一个简单、便利、易于操作的分析指标，是一个相对指标，不能真正反映产业的专业化程度，而灰色关联分析法对于构建现代产业体系、选取主导产业方面有较强的科学适应性。灰色关联分析法是由邓聚龙教授于1982年提出的，经过30余年的发展完善，已经被广泛应用于经济、社会等各个领域。该理论认为客观事物是普遍联系的，关联度是事物之间、因素之间关联性大小的度量，多用于分析事物之间关联程度大小，它定量地描述了事物或因素之间发展态势的量化比较分析。灰色关联分析是定量地对描述系统之间或系统中各因素之间进行比较，在发展过程中随时间而相对变化，即分析时间序列曲线的几何形状，用它们变化的大小、方向、速度等的接近程度，来衡量它们之间关联性的大小。如果两者的变化态势基本一致，即可认为关联度较大；反之，关联度较小。最后根据关联度的大小进行排序、分析，得出结论。

（2）灰色关联分析法数学模型。

1）确定分析序列。设有 m 个待评价对象，每个对象有 n 个评价指标，它们所组成的 m × n 的原始数列矩阵为：

$$X = [x_{i1}, \ x_{i2}, \ \cdots, \ x_{in}], \ i = 1, \ 2, \ \cdots, \ m \qquad \text{式 (8.4)}$$

设 $X_0 = [x_{01}, \ x_{02}, \ \cdots, \ x_{0n}]$ 为理想化矩阵（评价标准）。

2）对变量序列进行无量纲化处理。先用初始值变换法处理数据，令：

$$x'_{ij} = \frac{x_{ij}}{x_{0j}}, \ i = 1, \ 2, \ \cdots, \ m; \ j = 1, \ 2, \ \cdots, \ n \qquad \text{式 (8.5)}$$

得到无量纲化矩阵：

$$X'_0 = [1, \ 1, \ \cdots, \ 1]$$

$$X'_i = [x'_{i1}, \ x'_{i2}, \ \cdots, \ x'_{in}] \qquad \text{式 (8.6)}$$

3）求差序列、最大差和最小差。

绝对差值为：

$$\Delta_{ij} = |x'_{ij} - 1| \qquad \text{式 (8.7)}$$

最大差：

$$\Delta(\max) = \max_i \max_j (\Delta_{ij}), \ i = 1, \ 2, \ \cdots, \ m; \ j = 1, \ 2, \ \cdots, \ n \qquad \text{式 (8.8)}$$

最小差：

$$\Delta(\min) = \min_i \min_j (\Delta_{ij}), \ i = 1, \ 2, \ \cdots, \ m; \ j = 1, \ 2, \ \cdots, \ n \qquad \text{式 (8.9)}$$

4）计算灰色关联系数。

$$\xi_{ij} = \frac{\Delta(\min) + \rho \Delta(\max)}{\Delta_{ij} + \rho \Delta(\max)}, \ i = 1, \ 2, \ \cdots, \ m; \ j = 1, \ 2, \ \cdots, \ n \qquad \text{式 (8.10)}$$

式 (8.10) 中，$\rho$ 为分辨系数，$0 \leqslant \rho \leqslant 1$。

5）利用信息熵计算权重。为防止计算熵值时指标出现负值而不能取对数的情况出现，对原始数据进行如下处理：

$$x_j^* = \max_{1 \leqslant i \leqslant m} \{x_{ij}\}, \quad j \in A_1$$

$A_1$ 为效益型指标集。

经处理的评价矩阵为 $X = (x_{ij}^*)_{m \times n}$，其中：$x_{ij}^* = \dfrac{|x_{ij}|}{x_j^*}$，若 $j \in A_1$；

于是，$p_{ij} = \dfrac{x_{ij}^*}{\sum\limits_{i=1}^{m} x_{ij}^*}$，$i = 1, 2, \cdots, m$；$j = 1, 2, \cdots, n$；

第 $j$ 项指标的熵值为：$e_j = -\dfrac{1}{\ln m} \sum\limits_{i=1}^{m} p_{ij} \ln p_{ij}$，$j = 1, 2, \cdots, n$；

则第 $j$ 项指标的熵权重为：$w_j = \dfrac{1 - e_j}{n - \sum\limits_{j=1}^{n} e_j}$，$j = 1, 2, \cdots, n$；

关联度即综合评价系数为：$E_i = \sum\limits_{j=1}^{n} w_j \xi_{ij}$，$i = 1, 2, \cdots, m$。

### 8.5.4 各产业灰色关联度分析

本书根据三次产业结构和各个产业内行业构成，对每一层次对目标层的贡献程度进行灰色关联度分析，数据来源于 2004~2012 年的中国、内蒙古、呼和浩特市、包头市、鄂尔多斯市、榆林市统计年鉴。

#### 8.5.4.1 三大产业产值与生产总值灰色关联度分析

利用 2003~2013 年的数据，对呼包银榆经济区三大产业增加值与生产总值进行灰色关联度分析，得出结论如表 8.6、图 8.4 所示。

由表 8.6 可知，2003 年以来，呼包银榆经济区经济结构稳定在"二三一"状态，第二产业始终居于主导地位，是经济体系最重要的组成部分，总产值及产业关联度均居首位；第三产业发展速度提升，对 GDP 的贡献度逐年提高，关联度相比于第一产业较高，表明经济区第三产业发展势头良好，产业结构趋于合理。

表 8.6　2003~2013 年呼包银榆经济区三大产业总体灰色关联度分析

| 年份 | 生产总值（亿元） | 第一产业（亿元） | 第二产业（亿元） | 第三产业（亿元） |
|---|---|---|---|---|
| 2003 | 1807.55 | 169.31 | 857.08 | 781.16 |
| 2004 | 2366.40 | 200.79 | 1153.56 | 1012.05 |
| 2005 | 3241.61 | 219.32 | 1581.59 | 1440.70 |
| 2006 | 4016.14 | 245.27 | 2047.51 | 1723.36 |

续表

| 年份 | 生产总值（亿元） | 第一产业（亿元） | 第二产业（亿元） | 第三产业（亿元） |
|---|---|---|---|---|
| 2007 | 5243.31 | 300.64 | 2665.56 | 2277.10 |
| 2008 | 7028.61 | 371.15 | 3814.67 | 2842.79 |
| 2009 | 8629.46 | 391.43 | 4551.99 | 3686.04 |
| 2010 | 10422.42 | 481.08 | 5600.86 | 4340.48 |
| 2011 | 12795.67 | 568.82 | 7074.66 | 5152.19 |
| 2012 | 14352.71 | 625.67 | 7888.41 | 5838.63 |
| 2013 | 15581.14 | 694.80 | 8295.33 | 6591.01 |
| 关联度 | — | 0.2385 | 0.4240 | 0.3599 |
| 排序 | — | 三 | 一 | 二 |

资料来源：呼包银榆等省（市）统计年鉴；根据分析结果整理而得。

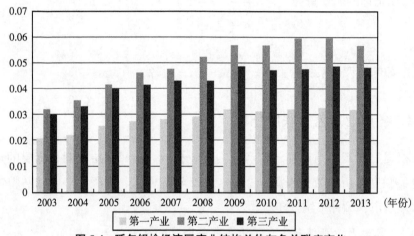

**图8.4　呼包银榆经济区产业结构总体灰色关联度变化**
资料来源：灰色关联分析结果。

### 8.5.4.2　第一产业内部结构灰色关联分析

对农业、林业、牧业、渔业以及服务业的总产值同第一产业总产值进行关联性计算并排序。由表8.7可知，在第一产业内部，农业的关联度最大，为0.9186，表明农业是经济区第一产业的主导产业；畜牧业处于第二位，发展畜牧业经济区有得天独厚的条件，近年来取得了举世瞩目的成就，经济区立足资源优势，大力发展特色、优质、生态畜牧业，畜产品生产布局日趋合理；林业、渔业、服务业所占比重小，发展程度低，农业产业结构单一的缺点仍然没有改变。由此可知，农业、畜牧业为经济区现代产业体系第一产业中的主导产业。

### 8.5.4.3　第二产业内部结构灰色关联分析

（1）数据选取及说明。根据经济区第二产业发展状况，考虑到区域主导产业选择的

**表 8.7 农业、林业、牧业、渔业、服务业与第一产业生产总值的灰色关联分析**

| 年份 | 第一产业（万元） | 农业（万元） | 林业（万元） | 牧业（万元） | 渔业（万元） | 服务业（万元） |
|---|---|---|---|---|---|---|
| 2004 | 3526836 | 1707265 | 176310 | 1519329 | 58632 | 65300 |
| 2005 | 3908977 | 1803480 | 112760 | 1852347 | 62156 | 78234 |
| 2006 | 4340534 | 2091448 | 115153 | 1959305 | 64438 | 110190 |
| 2007 | 5321380 | 2609520 | 147264 | 2328349 | 74525 | 161722 |
| 2008 | 6597595 | 3044998 | 175123 | 3098007 | 85241 | 194227 |
| 2009 | 7001900 | 3361283 | 193200 | 3142520 | 96773 | 208124 |
| 2010 | 8588353 | 4292429 | 207423 | 3740820 | 114711 | 232970 |
| 2011 | 10207720 | 4735945 | 241595 | 4807272 | 153879 | 269030 |
| 2012 | 11214682 | 5298139 | 260840 | 5160369 | 192048 | 303286 |
| 2013 | 14011787 | 7781520 | 266624 | 5430878 | 1986090 | 334157 |
| 关联度 | — | 0.9186 | 0.5487 | 0.8901 | 0.5432 | 0.5492 |
| 排序 | — | 一 | 四 | 二 | 五 | 三 |

资料来源：呼包银榆等统计年鉴；根据分析结果整理而得。

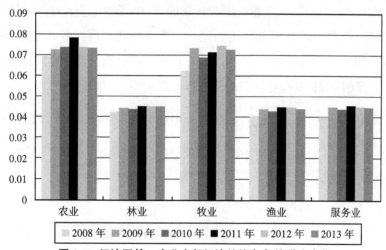

**图 8.5 经济区第一产业内部经济结构灰色关联度变化**

资料来源：根据分析结果整理而得。

一般原则和呼包银榆经济区的具体特点，以及数据取得的难易程度、计算的简便性等方面，本书将统计年鉴中的一些行业部门进行合并，合并后共 20 个工业部门，作为经济区工业主导产业的备选行业。

具体如表 8.8 所示，其中，金属矿采选业由黑色金属矿采选业和有色金属矿采选业合并；食品业由食品制造业、酒饮料和精茶制造业、农副产品加工业合并；纺织和服装业由纺织业、纺织服装服饰业与皮革、毛皮、羽毛及制品和制鞋业合并；橡胶塑料制造业由橡胶制造业、塑料制造业和化学纤维制造业合并；金属冶炼和压延加工业由黑色金属冶炼和压延加工业与有色冶炼和压延加工业合并；设备制造业由通用设备制造业和专用设备制造业合并。

表 8.8　呼包银榆经济区 20 个工业部门

| 编号 | 行业 | 编号 | 行业 |
|---|---|---|---|
| 1 | 煤炭开采和洗选业 | 11 | 金属冶炼和压延加工业 * |
| 2 | 石油和天然气开采业 | 12 | 金属制品业 |
| 3 | 金属矿采选业 * | 13 | 设备制造业 * |
| 4 | 食品业 * | 14 | 交通运输设备制造业 |
| 5 | 纺织和服装业 * | 15 | 电气机械和器材制造业 |
| 6 | 石油加工、炼焦和核燃料加工业 | 16 | 计算机、通信和其他电子设备制造业 |
| 7 | 化学原料和化学制品制造业 | 17 | 工艺品及其他制造业 |
| 8 | 医药制造业 | 18 | 电力、热力的生产及供应业 |
| 9 | 橡胶塑料制造业 * | 19 | 燃气生产及供应业 |
| 10 | 非金属矿物制品业 | 20 | 水的生产及供应业 |

注：* 表示合并后的工业部门。

（2）灰色关联分析过程。灰色关联分析法的具体步骤为：①分析序列的确定；②运用初始值变换法对数据进行无量纲化处理；③求差序列、最大差和最小差；④计算关联系数；⑤利用信息熵计算权重；⑥计算关联度。本书选取 2006~2013 年呼包银榆经济区第二产业产值及 20 个行业生产总值进行研究。

1）对变量序列进行无量纲化处理。采用初始值变换法处理数据，令 $x'_{ij} = \frac{x_{ij}}{x_{0j}}$，$i = 1, 2, \cdots, 20$；$j = 1, 2, \cdots, 10$，得到无量纲化矩阵：

$$X'_0 = [1, 1, \cdots, 1]$$
$$X'_i = [x'_{i1}, x'_{i2}, \cdots, x'_{in}]$$

根据以上公式，对 20 个行业部门进行无量纲化处理结果，如表 8.9 所示。

表 8.9　无量纲化处理结果

| 行业 | 2006 年 | 2007 年 | 2008 年 | 2009 年 | 2010 年 | 2011 年 | 2012 年 | 2013 年 |
|---|---|---|---|---|---|---|---|---|
| 第二产业 | 1.0000 | 1.0000 | 1.0000 | 1.0000 | 1.0000 | 1.0000 | 1.0000 | 1.0000 |
| 煤炭开采和洗选业 | 0.1721 | 0.1988 | 0.2353 | 0.1741 | 0.2236 | 0.2508 | 0.2880 | 0.2784 |
| 石油和天然气开采业 | 0.0128 | 0.1093 | 0.1113 | 0.0819 | 0.0621 | 0.0573 | 0.0656 | 0.0669 |
| 金属矿采选业 * | 0.0090 | 0.0057 | 0.0090 | 0.0111 | 0.0166 | 0.0181 | 0.0211 | 0.0212 |
| 食品业 * | 0.0808 | 0.0735 | 0.0640 | 0.0333 | 0.0533 | 0.0432 | 0.0462 | 0.0435 |
| 纺织和服装业 * | 0.0494 | 0.0416 | 0.0478 | 0.0227 | 0.0305 | 0.0503 | 0.0385 | 0.0375 |
| 石油加工、炼焦和核燃料加工业 | 0.0747 | 0.0810 | 0.0679 | 0.0598 | 0.0987 | 0.0838 | 0.0863 | 0.0831 |
| 化学原料和化学制品制造业 | 0.0250 | 0.0349 | 0.0319 | 0.0216 | 0.0681 | 0.0592 | 0.0835 | 0.0875 |
| 医药制造业 | 0.0085 | 0.0077 | 0.0088 | 0.0023 | 0.0174 | 0.0354 | 0.0140 | 0.0089 |
| 橡胶塑料 * | 0.0064 | 0.0051 | 0.0053 | 0.0050 | 0.0130 | 0.0062 | 0.0037 | 0.0050 |

| 行业 | 2006 年 | 2007 年 | 2008 年 | 2009 年 | 2010 年 | 2011 年 | 2012 年 | 2013 年 |
|---|---|---|---|---|---|---|---|---|
| 非金属矿物制品业 | 0.0267 | 0.0259 | 0.0272 | 0.0227 | 0.0154 | 0.0215 | 0.0123 | 0.0103 |
| 金属冶炼和压延加工业 * | 0.2136 | 0.2243 | 0.2255 | 0.0182 | 0.0124 | 0.0172 | 0.0098 | 0.0082 |
| 金属制品业 | 0.0068 | 0.0063 | 0.0057 | 0.0075 | 0.0123 | 0.0171 | 0.0321 | 0.0435 |
| 设备制造业 * | 0.0403 | 0.0400 | 0.0382 | 0.0806 | 0.0898 | 0.0633 | 0.0324 | 0.0329 |
| 交通运输设备制造业 * | 0.0079 | 0.0084 | 0.0092 | 0.0273 | 0.0347 | 0.0481 | 0.0375 | 0.0330 |
| 电气机械和器材制造业 | 0.0045 | 0.0053 | 0.0061 | 0.0115 | 0.0208 | 0.0294 | 0.0217 | 0.0180 |
| 计算机、通信和其他电子设备制造业 | 0.0108 | 0.0097 | 0.0085 | 0.0003 | 0.0220 | 0.0086 | 0.0071 | 0.0099 |
| 工艺品及其他制造业 | 0.0007 | 0.0007 | 0.0009 | 0.0001 | 0.0025 | 0.0022 | 0.0017 | 0.0037 |
| 电力、热力的生产及供应业 | 0.3074 | 0.1682 | 0.1771 | 0.1229 | 0.1880 | 0.1938 | 0.1973 | 0.1919 |
| 燃气生产及供应业 | 0.0092 | 0.0021 | 0.0020 | 0.0017 | 0.0039 | 0.0047 | 0.0029 | 0.0040 |
| 水的生产及供应业 | 0.0020 | 0.0116 | 0.0138 | 0.0014 | 0.0424 | 0.0540 | 0.0114 | 0.0112 |

资料来源：根据无量纲化处理结果整理而得。

2）求差序列、最大差和最小差。绝对差值为：$\Delta_{ij} = |x'_{ij} - 1|$ 最大差：$\Delta(max) = max_i max_j(\Delta_{ij})$　$i = 1, 2, \cdots, 20$；$j = 1, 2, \cdots, 10$。

最小差：$\Delta(min) = min_i min_j(\Delta_{ij})$，$i = 1, 2, \cdots, 20$；$j = 1, 2, \cdots, 10$。

计算参考序列与其余各列对应期的绝对差值（结果见附录 A）。

3）计算灰色关联系数。$\xi_{ij} = \dfrac{\Delta(min) + \rho\Delta(max)}{\Delta_{ij} + \rho\Delta(max)}$，$i = 1, 2, \cdots, m$；$j = 1, 2, \cdots, n$，通常 $\rho = 0.15$。运用关联系数计算公式，对规范化的数据进行计算，得到各行业的灰色关联系数（结果见附录 B）。

4）利用信息熵计算权重。指标熵 $e_j = -\dfrac{1}{ln16} \sum\limits_{i=1}^{m} p_{ij} ln p_{ij}$，$j = 1, 2, \cdots, 10$；指标熵权重 $w_j = \dfrac{1 - e_j}{10 - \sum\limits_{j=1}^{n} e_j}$，$j = 1, 2, \cdots, 10$。

**表 8.10　权重计算结果**

| 年份 | 指标熵 | 指标熵权重 |
|---|---|---|
| 2005 | 0.2825 | 0.1169 |
| 2006 | 0.2937 | 0.1151 |
| 2007 | 0.3274 | 0.1096 |
| 2008 | 0.3332 | 0.1087 |
| 2009 | 0.3353 | 0.1083 |
| 2010 | 0.3157 | 0.1115 |
| 2011 | 0.3219 | 0.1105 |
| 2012 | 0.3270 | 0.1097 |
| 2013 | 0.3269 | 0.1097 |

资料来源：根据权重结果整理而得。

5）关联度即综合评价系数为：$E_i = \sum_{j=1}^{n} w_j \xi_{ij}$，$i = 1，2，\cdots，20$。关联系数是按照年份计算，不便从整体上进行衡量，进一步处理关联系数，计算出关联度，建立序列，作为经济区主导产业的评价指标。具体如表 8.11 所示。

**表 8.11　工业主导产业评价指标及排序**

| 行业 | 灰色关联度 | 排序 | 行业 | 灰色关联度 | 排序 |
|---|---|---|---|---|---|
| $X_1$ | 0.808098 | 1 | $X_{11}$ | 0.709783 | 3 |
| $X_2$ | 0.689740 | 5 | $X_{12}$ | 0.656451 | 13 |
| $X_3$ | 0.654982 | 15 | $X_{13}$ | 0.678017 | 7 |
| $X_4$ | 0.679593 | 6 | $X_{14}$ | 0.661918 | 10 |
| $X_5$ | 0.670288 | 9 | $X_{15}$ | 0.655400 | 14 |
| $X_6$ | 0.695108 | 4 | $X_{16}$ | 0.652504 | 17 |
| $X_7$ | 0.677644 | 8 | $X_{17}$ | 0.647891 | 20 |
| $X_8$ | 0.654398 | 16 | $X_{18}$ | 0.780640 | 2 |
| $X_9$ | 0.650541 | 18 | $X_{19}$ | 0.649183 | 19 |
| $X_{10}$ | 0.658649 | 11 | $X_{20}$ | 0.657761 | 12 |

资料来源：根据灰色关联分析法计算结果整理而得。

通过对经济区 2005~2013 年数据的分析，根据主导产业选择关联度进行排序，排在前八位的行业依次为：煤炭开采和洗选业，电力、热力的生产及供应业，金属冶炼和压延加工业 *，石油加工、炼焦和核燃料加工业，石油和天然气开采业，食品业 *，设备制造业 *，化学原料和化学制品制造业。这些行业包含冶金工业、电力工业、机械工业、食品加工业、石油工业、化学工业等工业部门。结果与经济区现实状况基本一致，八个行业均对经济发展影响深远。经济区拥有庞大的煤、天然气、石油资源储备，同时被国家定位为战略能源化工基地。化工行业、机械制造等高附加值行业已经成为经济区新的经济增长点，作为主导产业发展后劲十足。经济区煤炭、天然气、石油储量约为全国的 27%、30.1% 和 10%，能源储备丰富，发展能源产业有着得天独厚的优势；经济区内钢铁行业历史悠久，实力雄厚，包头钢铁集团是我国重要的钢铁工业基地；经济区化工行业近年来发展势头迅猛，一批先进项目相继建成投产。综上所述，本书以关联度最高的八个行业作为经济区现代产业体系工业主导产业。

#### 8.5.4.4　第三产业内部结构灰色关联分析

在研究呼包银榆经济区第三产业时，基于数据获得的难易度，选取了交通运输、仓储、邮政业，批发和零售业，金融业，住宿和餐饮业，房地产业，信息传输、计算机服务和软件业，租赁和商务服务业，文化体育娱乐业，教育业，卫生社会保障和社会福利业 10 个行业作为研究对象。表 8.12 为第三产业及其各产业的关联度数据。

表 8.12 第三产业各行业与第三产业生产总值的灰色关联分析

| 年份 | 交通运输、仓储、邮政业 | 批发和零售业 | 金融业 | 住宿和餐饮业 | 房地产业 | 信息传输、计算机服务和软件业 | 租赁和商务服务业 | 文化体育娱乐业 | 教育业 | 卫生社会保障和社会福利业 |
|---|---|---|---|---|---|---|---|---|---|---|
| 2004 | 0.0879 | 0.0849 | 0.0798 | 0.0810 | 0.0798 | 0.0785 | 0.0777 | 0.0779 | 0.0786 | 0.0781 |
| 2005 | 0.0857 | 0.0822 | 0.0753 | 0.0752 | 0.0743 | 0.0739 | 0.0729 | 0.0727 | 0.0743 | 0.0731 |
| 2006 | 0.0860 | 0.0835 | 0.0770 | 0.0770 | 0.0766 | 0.0759 | 0.0750 | 0.0747 | 0.0762 | 0.0749 |
| 2007 | 0.0871 | 0.0823 | 0.0768 | 0.0769 | 0.0766 | 0.0757 | 0.0748 | 0.0746 | 0.0760 | 0.0748 |
| 2008 | 0.0905 | 0.0813 | 0.0781 | 0.0785 | 0.0782 | 0.0771 | 0.0764 | 0.0760 | 0.0773 | 0.0763 |
| 2009 | 0.0931 | 0.0873 | 0.0861 | 0.0870 | 0.0859 | 0.0858 | 0.0845 | 0.0842 | 0.0855 | 0.0845 |
| 2010 | 0.0874 | 0.0813 | 0.0763 | 0.0774 | 0.0768 | 0.0757 | 0.0745 | 0.0742 | 0.0754 | 0.0745 |
| 2011 | 0.0878 | 0.0811 | 0.0762 | 0.0776 | 0.0767 | 0.0757 | 0.0746 | 0.0742 | 0.0753 | 0.0745 |
| 2012 | 0.0877 | 0.0811 | 0.0764 | 0.0782 | 0.0768 | 0.0759 | 0.0750 | 0.0745 | 0.0755 | 0.0748 |
| 2013 | 0.0869 | 0.0806 | 0.0755 | 0.0784 | 0.0755 | 0.0748 | 0.0740 | 0.0735 | 0.0745 | 0.0738 |
| 关联度 | 0.7065 | 0.6584 | 0.6224 | 0.6311 | 0.6232 | 0.6165 | 0.6088 | 0.6058 | 0.6156 | 0.6083 |
| 排序 | 一 | 二 | 五 | 三 | 四 | 六 | 八 | 十 | 七 | 九 |

资料来源：根据灰色关联分析法计算结果整理而得。

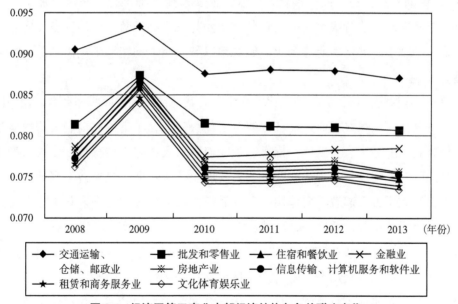

图 8.6 经济区第三产业内部经济结构灰色关联度变化

资料来源：根据灰色关联分析法计算结果整理而得。

对第三产业内部经济相关产业进行关联性计算并排序。由表 8.12 可知，在第三产业内部，交通运输、仓储、邮政业，批发和零售业，住宿和餐饮业关联度居于前三位，都是主要依靠资金投入进行发展的传统第三产业，而引导第三产业未来发展方向的金融业、教育业、文化体育娱乐产业等现代服务行业发展落后。这说明经济区的第三产业内部出现失衡，发展仍然处于初级层次，发展程度低、吸引就业能力差，产业结构升级问题亟待解决。所以，本书选取位于前五位的产业作为经济区现代产业体系建设第三产业中的主导产业。

### 8.5.5　现代产业体系构建思路

由灰色关联分析得出三次产业中的主导产业，构建"现代农牧业—工业主导产业—现代服务业"的思路，作为构建现代产业体系的思路。

（1）第一产业是第二产业、第三产业发展的基础，现代农牧业是指以现代科学技术、现代管理方式、现代产品加工手段、现代流通渠道以及现代营销水平为基础的高效益产业化农牧业。现代农牧业从劳动力密集转向资源密集，从依赖人力的投入转向依赖技术的引进，提高资源利用率。现代农牧业与自给自足的传统农业不同的是，生产要以市场为导向，面对市场的需求。在提升农牧业产业化经营方面，经济区亮点不断，加强产业园区和农牧业生产基地建设，构建企业和农户的联营机制，实行"订单农业"，帮助农户实行产品标准化，使农产品实现生产标准化、精深化加工、集约化经营。与此同时，扶持或引进一批知名企业参与农产品经营：中地种畜、厚生记、华玉生物、小肥羊、鄂尔多斯等企业，建立起以乳制品、枸杞、牛羊肉制品为主导的产业链。

（2）工业决定着国民经济现代化的水平，为其他部门提供原料和动力，在国民经济中起着主导作用。煤炭行业是经济区的传统优势产业，丰富的储量和大型煤炭基地的建设使煤炭工业呈现有序发展。依靠东胜、府谷、吴堡等大型煤田，发展大型煤炭企业。与此同时，凭借丰富的煤炭资源大力发展煤化工行业，是经济发展的新亮点，在能源可持续利用方面起着重要作用，是今后煤炭行业的发展方向。化工行业也是现代产业体系建设的主导产业之一，随着经济的发展，对化工产品的需求逐年增长。重点发展大型项目，形成煤化工产业链，形成煤—电—煤制油、煤—电—煤制烯烃等上下游一体化，提高原料利用率。随着全榆林市循环经济煤炭综合利用项目、包头市煤制烯烃项目、鄂尔多斯市百万吨级直接液化煤制油等项目的开建，为把化工业打造成为主导产业奠定了基础。

食品业的发展不仅与第一产业中的农牧业相关，而且与第三产业也息息相关，市场需求大，对带动相关产业、拉动经济发展十分重要。经济区食品工业发展历史悠久，基础良好，乳制品、肉制品、果蔬加工、玉米等产业已具规模，呼和浩特市被誉为中国"乳都"，乳制品行业已成为经济区的优势特色产业之一，形成以大企业为龙头、中小企业共同发展的局面。经济区发挥绿色品牌效应，肉制品工业得到快速发展，区域内涌现出一批龙头企业，外地驰名企业也在区域内建立生产基地，食品业发展已有一定规模。

（3）现代服务业主要是指科技含量较高，以现代管理水平、现代组织形式为基础发展而来的，本质来源于经济发展、社会进步的需求。交通运输、仓储、邮政业是经济发展的基础条件，是社会进步的物质基础，关系到国民经济的长远发展。2012 年经济区交通运输、仓储、邮政业平稳增长，约占第三产业 GDP 总额的 18.3%，重点项目发展顺利，呼和浩特市和包头市之间开通了动车，结束了内蒙古自治区没有动车的时代。

2012 年批发和零售业同比增长 20.5%，批发业主要是面向企事业单位、政府机关、零售商批量销售商品的行为；零售业主要是商场、超市、零售摊位等面向最终消费者的销售行为。对于兴盛市场、促进消费具有重要意义，承载着地区经济繁荣的重担。

房地产业是经济发展重要的支柱产业，房地产业的发展对于扩大内需、城市化进程的顺利发展、满足居民需求方面有重大意义。经济区房价收入比大体维持在合理范围，房地产投资趋势走向理智，开发商向关注品质转变意味着精品化是未来市场走向，房地产业向品牌方向发展。经济区未来房地产业仍有较大发展空间，成为现代服务业新的增长极。

综上所述，现代农牧业—工业主导产业—现代服务业构成了现代产业体系的主题，农业和畜牧业在第一产业中关联度居于前两位，且比重超过 95%，占绝对主导地位；工业所选取的八个主导产业比重超过 70%；现代服务业发展不够充分，选取的五个主导产业比重约为 44.5%。

### 8.5.6 经济区发展中存在的问题

通过对呼包银榆经济区三次产业发展状况的区位熵分析及灰色关联度分析，了解到经济区产业发展水平，发现经济区在快速发展的同时也存在许多问题，制约了产业的现代化发展，影响现代产业体系的建立。

（1）农牧业生产方式落后，产业化程度低。经济区农牧业生产技术发展缓慢、生产方式落后，农牧业产业化程度低，绝大多数农村依然保持传统粗放型的生产方式。牧区多以家庭为单位，经营规模小，许多牧民仍然过着逐水草而居的原始生活。这种状态不仅限制农民收入水平的提高，更制约着劳动力向第二产业、第三产业转移，所以经济区第一产业就业比重一直居高不下，稳定在 30% 以上。农业产业化水平低，产品链条短，产品附加值低，农产品缺乏市场竞争力。经济区农畜产品龙头企业多集中在几个中心城市，对农户的带动作用有限，缺少加工业的领导，难以实现农牧业的集约化，而分散的经营方式难以获得良好的经济效应。

（2）工业同质化问题严重，资源依赖程度高。根据上文分析出的经济区主导产业，除食品业等少数产业以外，大多数建立在经济区丰富的能源、矿产资源之上，特别是前列的煤炭、天然气、化工、电力行业。近年来，因为市场需求旺盛且资源型行业准入门槛低，经济区凭借资源优势，工业特别是资源型产业发展迅速。化工、冶金、矿产、能源等行业重复建设、盲目发展，使产能过剩、产业同质化问题日益突出。从市场供求来看，我国不存在明显短缺的商品，经济区各地工业产品趋同，缺乏核心竞争力，造成工厂开工率不足，企业竞争压力增大。由于经济区分属三省，行政分割现象一时难以有效解决，区域合作尚在起步阶段，产业重复建设、产业同质化竞争激烈、资源要素整合难度大等问题亟待解决。这些行业多数是我国节能减排的限制行业，未来如何引导这些行业转型，对经济可持续发展是一个巨大的考验。

（3）现代服务业发展程度低。从第三产业分析结果来看，经济区第三产业主要集中在交通运输、仓储、邮政业，批发和零售业，住宿和餐饮业等传统劳动密集型产业，这说明第三产业虽然发展迅速，但是发展不平衡和经济增长不协调等问题依然严峻。金融业、计算机服务和软件业、娱乐业等营利性服务业只占第三产业增加值比重的14%。第三产业发展程度不高，发展水平低，经验规模偏小，符合第三产业发展趋势的新兴服务业发展缓慢。

# 8.6　现代产业体系构建的政策建议

2013年，我国经济发展速度从高速增长转向中高速增长的新常态，稳中求进成为经济工作的重点，即稳增长、调结构。现代产业体系涉及三次产业中的各个行业，需要相互之间协作配合，从政府层面到企业层面的联系和沟通，是一个漫长而复杂的过程。从前面的呼包银榆经济区三次产业体系现状和对于经济区主导产业的实证分析可以看出，现今经济区的产业结构仍然处于低层次，种植业比重高，优势产业畜牧业没有得到充分发展；农产品品种单一，农业结构雷同，集约化程度低；工业产业对资源和资金的依赖程度高，对环境破坏严重。三次产业中第二产业比重高，且产业重型化特征明显。第三产业比重低，仍以传统服务业为主，新兴服务业尚在萌芽状态。针对经济区产业结构的不合理之处，本书以科学发展观以及《呼包银榆经济区发展规划（2012~2020年）》（以下简称《规划》）为导向，借鉴发达国家、地区建设现代产业体系的成功经验，建设符合经济区现实的现代产业体系。总体上产业体系要有利于经济可持续发展，有利于资源的合理配置，有利于适应现实变化，有利于解决就业问题。所以经济区要建立以现代农牧业为基础、先进工业和服务业为核心的现代产业体系。

### 8.6.1 推进农牧业产业化经营

农业是人类生存和发展的基础，农业的基础地位不能动摇，呼包银榆经济区是我国主要的农牧业生产基地之一，自然优势得天独厚，《规划》指出，要因地制宜发展特色农业，现代产业体系的建立也要以发展现代农业为基础。

（1）转变第一产业增长方式。农业作为一个完整的产业，需要将生产、加工、流通、销售等环节紧密联系在一起。改变传统农业分散、粗放的生产方式，提高农业生产过程中的科技含量，完善农业基础设施，使用先进生产工具。农业生产应以市场需求为导向，建立合理的、符合农民利益和有利于农业发展的农业政策，不仅要考虑农产品的产量，更要重视农业生产的质量、效益，使其具有市场竞争力。根据区域地理环境特点和农业优势，突出经济区农业特色，重点建设河套平原、引黄、扬黄灌区的优质小麦生产基地；中西部地区的优质玉米生产基地；南部山区和中部丘陵旱作区的优质马铃薯、杂粮杂豆生产基地；中宁为主体、贺兰山东麓和清水河流域为两翼的优质枸杞生产基地；贺兰山东麓的葡萄产业带；灵武—红寺堡—同心—海原的红枣产业带；草原畜牧业生产基地等。扶持农产品加工业，特别是乳制品、土豆、玉米、枸杞、红枣、葡萄的深加工，提升农产品附加值，走农业产业化道路。

（2）大力发展畜牧业。发展现代农业产业体系，一个重要标志就是畜牧业产值大于农业产值。呼包银榆经济区发展畜牧业有得天独厚的自然条件，广阔的草原、优质的牧草资源、畜产品良种世界闻名。经济区应推动畜牧业的发展，提高在第一产业中的比重，使其在产值上超过种植业。在畜牧业建设中，要依靠科技进步，发挥高校、科研单位的力量，做好知识普及工作，有计划、有组织地对牧民进行技术培训；积极引进并大力推广牲畜良种，淘汰劣种，优化种群结构。走多元化发展道路，在扶持龙头企业的基础上，敢于引进知名企业，大力推进产品升级，取得资金优势。政府相关部门要牢牢掌握市场发展方向，重视市场风险，坚持科学发展、多元化发展，理性认识市场机遇。

（3）建设农产品商品基地，实施名牌战略。经济区的牛羊肉、牛奶、枸杞、苹果等产品在全国市场上都有一席之地，对于这些具有优势的农产品要以专业化生产、集约化经营、标准化产品指标为发展导向。要延伸农产品产业链，减少初级产品数量，提升产品附加值，扩展农产品的销售渠道，就要以龙头企业带动产业现代化进程，这是推动产业结构合理化的重要途径，有利于就业问题的解决。壮大蒙牛、伊利、小肥羊、鄂尔多斯、中宁枸杞、宁夏红、贺兰山等一批名牌企业，扩大企业规模、开拓市场领域、扩展商品品种，提高市场竞争力。

### 8.6.2  发展壮大先进工业

呼包银榆经济区工业发展较早，有着良好的基础和深厚的底蕴，虽然工业化程度高，但是水平有限，提高工业水平仍然是未来相当长一段时间内经济区发展的主题。经济区应该适当降低第二产业所占比重，改变重工业独大的局面，发展先进技术改造传统工业部门，发展高新技术产业，实现跨越式发展，提高工业核心竞争力。在构建先进工业体系时，必须考虑经济区的实际情况。当前经济区经济发展处于"快而不强"的状态，经济发展仍需要时间，不能一蹴而就。

（1）利用新技术改造传统产业。经济区传统产业所占比重较高，经济发展主导产业在短时间内不会改变，怎样利用资源禀赋、区位特点发展附加值高的工业产品是今后研究的重点。《规划》指出，经济区应大力发展冶金、装备制造等传统优势产业，提高资源开采效率、推动产业集聚发展。加快技术创新，鼓励各大高校、研究机构与企业开展合作机制，推进技术重组，改造传统的机械、冶金、纺织等工业部门，使其更具有市场竞争力。政府出台政策鼓励企业开展技术改造，并给予资金支持，发挥技术优势企业的带动示范作用，实现产业结构优化升级。

（2）建设能源化工产业基地。呼包银榆经济区有得天独厚的资源优势，丰富的煤、天然气、石油、稀土资源和巨大的市场潜力，为培育煤电转换、化工、冶金产业集群发展提供了先决条件。《规划》明确指出，到 2015 年经济区初步建成国家综合能源基地是工作的重中之重。将经济区建设成为面向全国的清洁能源输出基地、现代煤化工生产示范基地、有色金属生产加工和现代装备制造等新型产业基地以及打造成国家综合能源基地，这不仅是服务全国的必然要求，更是发挥经济区资源优势、着眼产业体系优化升级的需要。实现煤电、煤化工、能源产业的一体化，扩大西电东送的份额，运用新技术延伸产业链，成为经济区经济增长的新极点。

（3）实现产业集约化发展。经济区作为一个以能源工业为主、资源高消耗、生态脆弱的地区，实现集约化发展就显得尤为重要。《规划》提出以科技人才为依托，推进资源型经济转型，实现经济从粗放型向集约型转变，降低资源消耗强度，提升经济发展质量。合理规划产业布局，经济区内部各地要发挥自身优势，扬长避短，发展优势产业；提高能源产业的准入门槛，政府部门起到监督作用，提高能源使用效率，关闭环境污染严重、经济效益差的落后产能。高效利用水资源、矿产资源等，协调各地政府与企业，降低各地产业同构化。

### 8.6.3 发展现代服务业

第三产业的发展是衡量地区现代化的重要标志，受资源、环境约束较少，是未来经济发展的趋势，未来必然成为主导产业。呼包银榆经济区第三产业的发展尚且处于初级阶段，第三产业整体发展水平落后，发展层次低，且内部结构不合理，计算机、软件业、科技文化等行业的发展水平远远落后于发达地区，这对优化资源配置、提升技术等造成阻碍。《规划》建议经济区大力发展现代服务业，当前经济区第三产业发展的重点是坚持"有所为有所不为"，集中力量突破重点领域，落实优惠政策，扶持第三产业发展，加大投资力度，稳定就业水平，促进第三产业全面提升。

（1）提升传统服务业，吸引就业人口。交通运输、物流、餐饮业等劳动密集型行业，通常被认为是传统服务业，这些行业可以吸纳大量剩余劳动力，提供相当多的就业岗位。运用现代技术手段和管理模式改造传统服务业，提高经营效率和服务质量，使之向高级化发展。用信息技术武装传统服务业，使其向连锁化、集团化发展，具有较强的竞争优势，实现传统服务业的现代化。

（2）完善基础设施建设，发展交通运输物流业。呼包银榆经济区位于三省交界处，处于我国华北地区沟通东西的重要区域。经济区有九个民用机场，四通八达的高速公路网和铁路横贯东西、连接南北。充分发挥交通干线等基础设施的作用，建设经济区成为我国物流的重要集散中心。经济区内部要破除地域因素，统筹规划，协同发展。政府通过政策引导，鼓励交通运输物流业的发展，吸引行业内龙头企业，加快与东部、中部发达地区的连接，向综合服务方向发展。

（3）发展旅游业。呼包银榆经济区拥有众多自然风光、名胜古迹等优质旅游资源，广阔的内蒙古草原、成吉思汗陵园、沙坡头、贺兰山等景点全国闻名。经济区的旅游资源独具特色，具有不可替代性，是经济区第三产业的独特优势。发展旅游产业，一方面要完善交通、住宿、餐饮等配套设施，开发特色旅游商品，拓宽服务范围；另一方面要做好广告宣传，打响知名度，加强旅游景点之间的联动，打造精品线路；最重要的是要保护好自然资源和名胜古迹，不能过度开发、过度消费。

### 8.6.4 发挥政府职能

（1）强化政府部门引导支持作用。政府部门首先要发挥宏观上的引导作用，科学选取现代产业体系主导产业，制定合理的现代产业体系构建、主导产业发展和行业发展方向等方面的发展规划和优惠政策。积极寻求政策和财政支持。经济区各级政府要争取中央加大一般性转移支付，首先在积极实施《呼包银榆经济区发展规划》的大前提下，以产业结构理论为基础，选择引领经济发展的重点产业，争取中央层级的专项支持，如能源重点产业、化工龙头企业、农牧业知名企业、战略新兴优势产业等。其次要发挥财税政策以小博大的资金放大效应，立足经济发展现实，找准切入点。再次要对现有产业进行甄选，重点发展既符合国家政策方针、有利于发挥地方优势，又突出区域特色、避免同质化的产业部门。最后要运用财政资金以小博大的重要杠杆作用，在政府财政支持的同时，运用乘数效应吸引外来资金投入。一方面帮助企业解决资金问题，另一方面培育企业独立发展的商业模式。

（2）完善基础设施建设。《规划》明确说明，要加快区内交通、水利、管道和通信等基础设施建设。基础设施对于经济区产业空间布局的选择影响十分显著，要想构建现代产业体系，必须有完善的基础设施作为依托，立体的铁路、陆路、航空网，发达的电力、能源、邮电设施和完善的城市公共服务系统必不可少。基础设施的建设不仅能够提升城市功能、吸引产业投资，还能够引发投资连环效应，促进经济产业体系的发展，带来可观的附加能量。经济区基础设施的建设要以市场需求为指向，遵循适度超前原则，将长远规划和目前的迫切要求相结合。先将政府主导与市场化形式相结合。积极寻求中央及地方政府的财政支持和财政优惠政策，加大财政预算、发行专项债券、国家拨款和增加项目立案等方式筹集资金。但是，单纯依靠政府资金是远远不够的，要走市场化、多元化发展道路，例如争取银行贷款支持、吸引民间投资等。将市场需求与基础设施建设结合起来，充分利用市场配置资源的功能，放松政府的管制，引导政府转变成为管理者角色。

（3）促进区域合作交流。呼包银榆经济区是一个整体概念，经济区内部的合作与交流对于经济发展至关重要。《规划》鼓励区内外积极开展交流合作，只有在良好的合作氛围下，构建现代产业体系才能实现各地共赢，才能构建出符合经济发展状况、产业发展需求和经济未来发展方向的现代产业体系。区域合作不仅包括宏观政府层面，还包括微观企业之间的合作，并且区域合作有对内和对外两个概念。对内合作是指在经济区内部，先在政府层面形成合作机制，设置专门的联络办公室，用来进行政府之间交流、定期召开联席会议商议经济区发展大计。2013年、2014年召开的呼包银榆经济区第一届、第二届市长联席会议，就呼包银榆经济区的发展方向、合作机制等提出了卓有成效的建议。在微观层面上为投资者提供自由、有序的市场环境，实现企业之间的联合交流，形成合作机制，避免同质竞争。

# 8.7 本章小结

（1）研究结论。2012 年呼包银榆经济区正式成立，由于经济区发展情况的特殊性和我国经济发展进入新常态的发展现状，转变经济增长方式，建立适合经济区现状的产业体系十分重要。现代产业体系是一个具有指导意义的概念，本书通过对经济区三次产业进行实证研究，评价出建设现代产业体系时应重点发展的主导产业，并给予政策建议。本书结论如下：

1）通过对经济区三次产业的现状分析，通过对三次产业比重、第二产业比较劳动生产率、第三产业 RCA 指数的对比分析，可知现阶段经济区产业结构不尽合理，三次产业之间及内部发展不均衡，构建现代产业体系十分迫切。

2）先运用区位熵比较三次产业与全国平均水平，得出第二产业具有比较优势。接着运用灰色关联分析法，选取三次产业的主导产业来构建现代产业体系。分析可知第一产业的主导产业是农业和畜牧业；第二产业的主导产业是煤炭开采和洗选业，电力、热力的生产及供应业，金属冶炼和压延加工业，石油加工、炼焦和核燃料加工业，石油和天然气开采业，食品业，设备制造业，化学原料和化学制品制造业；第三产业的主导产业是交通运输、仓储、邮政业，批发和零售业，住宿和餐饮业，房地产业，金融业。

3）针对实证分析，发现经济区现有产业体系存在农牧业生产方式落后，产业化程度低；工业同质化问题严重，资源依赖程度高；现代服务业发展程度低等问题，并针对这些问题，制定并推进农牧业产业化经营、发展壮大先进工业、发展现代服务业、政府职能发挥的政策建议。

（2）研究不足。在构建三次产业主导产业选择体系中，由于缺乏数据，本书构建的评价体系仅使用呼和浩特市、包头市、鄂尔多斯市、宁夏回族自治区、榆林市的统计数据代表整个经济区，不能完全反映呼包银榆经济区的全貌。因此，如果能得到更多地区的数据，经济区现代产业体系的构建会更加符合实际。

# 附录 A　求差序列处理结果

| | 2006 年 | 2007 年 | 2008 年 | 2009 年 | 2010 年 | 2011 年 | 2012 年 | 2013 年 |
|---|---|---|---|---|---|---|---|---|
| 煤炭开采和洗选业 | 0.8279 | 0.8012 | 0.7647 | 0.8259 | 0.7764 | 0.7492 | 0.7120 | 0.7216 |
| 石油和天然气开采业 | 0.9872 | 0.8907 | 0.8887 | 0.9181 | 0.9379 | 0.9427 | 0.9344 | 0.9331 |
| 金属矿采选业 * | 0.9910 | 0.9943 | 0.9910 | 0.9889 | 0.9834 | 0.9819 | 0.9789 | 0.9788 |
| 食品业 * | 0.9192 | 0.9265 | 0.9360 | 0.9667 | 0.9467 | 0.9568 | 0.9538 | 0.9565 |
| 纺织和服装业 * | 0.9506 | 0.9584 | 0.9522 | 0.9773 | 0.9695 | 0.9497 | 0.9615 | 0.9625 |
| 石油加工、炼焦和核燃料加工业 | 0.9253 | 0.9190 | 0.9321 | 0.9402 | 0.9013 | 0.9162 | 0.9137 | 0.9169 |
| 化学原料和化学制品制造业 | 0.9750 | 0.9651 | 0.9681 | 0.9784 | 0.9319 | 0.9408 | 0.9165 | 0.9125 |
| 医药制造业 | 0.9915 | 0.9923 | 0.9912 | 0.9977 | 0.9826 | 0.9646 | 0.9860 | 0.9911 |
| 橡胶塑料 * | 0.9936 | 0.9949 | 0.9947 | 0.9950 | 0.9870 | 0.9938 | 0.9963 | 0.9950 |
| 非金属矿物制品业 | 0.9733 | 0.9741 | 0.9728 | 0.9773 | 0.9846 | 0.9785 | 0.9877 | 0.9897 |
| 金属冶炼和压延加工业 * | 0.7864 | 0.7757 | 0.7745 | 0.9818 | 0.9876 | 0.9828 | 0.9902 | 0.9918 |
| 金属制品业 | 0.9932 | 0.9937 | 0.9943 | 0.9925 | 0.9877 | 0.9829 | 0.9679 | 0.9565 |
| 设备制造业 * | 0.9597 | 0.9600 | 0.9618 | 0.9194 | 0.9102 | 0.9367 | 0.9676 | 0.9671 |
| 交通运输设备制造业 * | 0.9921 | 0.9916 | 0.9908 | 0.9727 | 0.9653 | 0.9519 | 0.9625 | 0.9670 |
| 电气机械和器材制造业 | 0.9955 | 0.9947 | 0.9939 | 0.9885 | 0.9792 | 0.9706 | 0.9783 | 0.9820 |
| 计算机、通信和其他电子设备制造业 | 0.9892 | 0.9903 | 0.9915 | 0.9997 | 0.9780 | 0.9914 | 0.9929 | 0.9901 |
| 工艺品及其他制造业 | 0.9993 | 0.9993 | 0.9991 | 0.9999 | 0.9975 | 0.9978 | 0.9983 | 0.9963 |
| 电力、热力的生产及供应业 | 0.6926 | 0.8318 | 0.8229 | 0.8771 | 0.8120 | 0.8062 | 0.8027 | 0.8081 |
| 燃气生产及供应业 | 0.9908 | 0.9979 | 0.9980 | 0.9983 | 0.9961 | 0.9953 | 0.9971 | 0.9960 |
| 水的生产及供应业 | 0.9980 | 0.9884 | 0.9862 | 0.9986 | 0.9576 | 0.9460 | 0.9886 | 0.9888 |

资料来源：根据求差序列处理结果整理而得。

# 附录 B  灰色关联系数

| | 2006 年 | 2007 年 | 2008 年 | 2009 年 | 2010 年 | 2011 年 | 2012 年 | 2013 年 |
|---|---|---|---|---|---|---|---|---|
| 煤炭开采和洗选业 | 0.8616 | 0.8858 | 0.9211 | 0.8634 | 0.9095 | 0.9370 | 0.9775 | 0.9667 |
| 石油和天然气开采业 | 0.7409 | 0.8096 | 0.8112 | 0.7888 | 0.7745 | 0.7711 | 0.7770 | 0.7780 |
| 金属矿采选业 * | 0.7385 | 0.7363 | 0.7384 | 0.7398 | 0.7434 | 0.7444 | 0.7464 | 0.7464 |
| 食品业 * | 0.7881 | 0.7827 | 0.7759 | 0.7545 | 0.7683 | 0.7613 | 0.7633 | 0.7615 |
| 纺织和服装业 * | 0.7656 | 0.7602 | 0.7644 | 0.7474 | 0.7527 | 0.7662 | 0.7581 | 0.7574 |
| 石油加工、炼焦和核燃料加工业 | 0.7836 | 0.7882 | 0.7787 | 0.7729 | 0.8014 | 0.7902 | 0.7921 | 0.7897 |
| 化学原料和化学制品制造业 | 0.7490 | 0.7556 | 0.7536 | 0.7467 | 0.7788 | 0.7724 | 0.7900 | 0.7930 |
| 医药制造业 | 0.7381 | 0.7376 | 0.7383 | 0.7341 | 0.7439 | 0.7560 | 0.7417 | 0.7384 |
| 橡胶塑料 * | 0.7368 | 0.7359 | 0.7361 | 0.7359 | 0.7410 | 0.7366 | 0.7350 | 0.7359 |
| 非金属矿物制品业 | 0.7501 | 0.7496 | 0.7504 | 0.7475 | 0.7426 | 0.7466 | 0.7406 | 0.7393 |
| 金属冶炼和压延加工业 * | 0.8998 | 0.9102 | 0.9114 | 0.7445 | 0.7406 | 0.7438 | 0.7390 | 0.7380 |
| 金属制品业 | 0.7371 | 0.7367 | 0.7363 | 0.7375 | 0.7406 | 0.7437 | 0.7537 | 0.7615 |
| 设备制造业 * | 0.7593 | 0.7591 | 0.7579 | 0.7879 | 0.7947 | 0.7753 | 0.7539 | 0.7543 |
| 交通运输设备制造业 * | 0.7378 | 0.7381 | 0.7386 | 0.7505 | 0.7555 | 0.7647 | 0.7574 | 0.7543 |
| 电气机械和器材制造业 | 0.7356 | 0.7361 | 0.7366 | 0.7401 | 0.7462 | 0.7519 | 0.7468 | 0.7443 |
| 计算机、通信和其他电子设备制造业 | 0.7396 | 0.7389 | 0.7382 | 0.7329 | 0.7470 | 0.7382 | 0.7372 | 0.7390 |
| 工艺品及其他制造业 | 0.7331 | 0.7331 | 0.7332 | 0.7327 | 0.7343 | 0.7341 | 0.7337 | 0.7350 |
| 电力、热力的生产及供应业 | 1.0000 | 0.8582 | 0.8660 | 0.8203 | 0.8759 | 0.8812 | 0.8844 | 0.8795 |
| 燃气生产及供应业 | 0.7386 | 0.7340 | 0.7339 | 0.7338 | 0.7352 | 0.7357 | 0.7345 | 0.7353 |
| 水的生产及供应业 | 0.7339 | 0.7402 | 0.7416 | 0.7336 | 0.7607 | 0.7688 | 0.7400 | 0.7399 |

资料来源：根据灰色关联系数计算结果整理而得。

# 参考文献

［1］Fisher A. G. Capital and the Growth OJ Knowledge ［J］. Economic Journal, 1933 (9).

［2］Clark C. The Conditions of Economic Progress ［M］. Macmillan, 3rd edition, 1957.

［3］西蒙·库兹涅茨. 现代经济增长 ［M］. 北京：北京经济学院出版社, 1989.

［4］钱纳里. 工业化和经济增长的比较研究（中译本）［M］. 上海：上海三联书店, 1989.

［5］Erik Dietzenbacher. Spillovers of Innovation Effects ［J］. Journal of Policy Modeling, 2000 (22).

［6］迈克尔·波特. 国家竞争优势 ［M］. 北京：华夏出版社, 2002：56-63.

［7］Micheal Peneder. Industrial Structure and Aggregate Growth ［J］. Structural Change and Economic Dynamics, 2003 (14).

［8］Eiji Yamamura, Inyong Shin. Dynamics of Agglomeration Economics and Regional Industrial Structure：The Case of the Assembly Industry of the Greater Tokyo Regional 1960-2000 ［J］. Structural Change and Economic Dynamics, 2007 (18).

［9］Jaehua Lee. Trade, FDI, and Productivity Convergence：A Dynamic Panel Data Approach in 25 Countries ［J］. Japan and the World Economy, 2008 (8).

［10］刘小敏. 区域产业结构优化理论研究综述 ［J］. 中国市场, 2013 (3).

［11］Joshua Drucker A., Edward Feser. Regional Industrial Structure and Agglomeration Economies：An Analysis of Productivity in Three Manufacturing Industries ［J］. Regional Science and Urban Economics, 2012 (42).

［12］陈建军. 关于打造现代产业体系的思考——以杭州为例 ［J］. 浙江经济, 2008 (17).

［13］刘明宇, 芮明杰. 全球化背景下中国现代产业体系的构建模式研究 ［J］. 中国工业经济, 2009 (5).

［14］唐家龙. 经济现代化与现代产业体系的内涵与特征［J］. 天津经济，2011（5）.

［15］王新新. 基于产业结构调整的现代产业理论与体系构建［J］. 商业时代，2012（14）.

［16］张耀辉. 传统产业体系蜕变与现代产业体系形成机制［J］. 产经评论，2011（1）.

［17］刘文勇. 现代产业体系的特征考察与构建分析［J］. 求是学刊，2014（2）.

［18］张伟，胡剑波. 产品内分工、产业体系演变与现代产业体系形成［J］. 产经评论，2014（4）.

［19］周权雄. 广州构建现代产业体系的现状、问题与对策建议［J］. 科技管理研究，2010（1）.

［20］乔代富. 安徽现代产业体系构建研究［J］. 现代商贸工业，2013（5）.

［21］侯颖. 构建现代产业体系的动力机制及优化策略研究——以河南省为例［J］. 经济研究导刊，2014（4）.

［22］郝戊，缑玉蛟. 呼包银榆经济区现代产业体系的构建［J］. 中国集体经济，2015（10）.

［23］郭克莎. 中国：改革中的经济增长与结构变动［M］. 上海：上海人民出版社，1996.

［24］马艳华. 后危机时代我国产业升级的约束条件及对策研究［J］. 中国人口·资源与环境，2011，21（3）.

［25］Balassa B. Trade liberalization and Revealed Comparative Advantage［J］. The Manchester School，1965，33（2）.

［26］唐磊，曾国平. 区位商分析方法在地区产业比较中的应用——以我国西南和西北地区为对象的实证分析［J］. 重庆工学院学报，2005（4）.

［27］刘思峰，党耀国. 灰色系统理论及其应用（第五版）［M］. 北京：科学出版社，2010.

［28］彭云飞，沈曦. 经济管理中常用数量方法［M］. 北京：经济管理出版社，2011.

［29］徐建中，王莉静，赵忠伟. 基于灰色关联分析的区域主导产业选择研究［J］. 科技进步与对策，2010（9）.

# 9  呼包银榆经济区能源安全评价及预警系统构建研究

首先，本章在查阅文献，梳理能源安全现有的研究思路、研究方法及研究成果，确定能源安全定义的基础上，从呼包银榆经济区（以下简称经济区）能源安全和能源预警系统构建的角度分析了经济区的现状。其次，运用模糊综合评价法对经济区能源安全程度进行实证分析。再次，全面衡量了经济区能源安全程度，确定了经济区能源安全等级，进而从能源供给、能源需求、能源环境三方面定量评价了经济区能源安全程度，并根据经济区能源安全现状，构建能源安全预警系统。最后，结合经济区能源安全等级及预警系统，提出了相关对策建议。

## 9.1  引  言

能源在人类社会发展中占据着重要地位，能源安全关乎国家安全。我国目前经济社会发展所依赖的能源主要还是区域的自然能源资源，例如晋陕蒙的煤炭基地，东北的石油基地等。

呼包银榆经济区能源资源富集，拥有的煤炭资源、石油可采储量、天然气资源分别占到了全国的近 1/3、1/10、1/3，拥有丰富的稀土资源和可再生能源，由于地处高原，太阳能资源利用条件优越。根据《中共中央国务院关于深入实施西部大开发战略的若干意见》（中发［2010］11 号）精神，以及国务院的《呼包银榆经济区发展规划（2012~2020 年）》（以下简称《规划》）中对呼包银榆经济区的定位，经济区将重点建设成四大能源基地。

第一，建设煤炭基地。通过整合区内煤炭资源，重点支持组建几大煤炭企业集团，提高煤炭企业的产业集中度，未来 10 年内经济区煤炭产量力争达到 12 亿吨。

第二，建设油气基地。建设国内大型油气资源供给地，未来 10 年内经济区石油产量达到 1500 万吨，天然气产量达到 500 亿立方米。

第三，建设电源基地。建设清洁高效燃煤机组和热电联产机组，充分利用经济区内的煤炭资源和水资源，未来 10 年内电力总装机容量将达 1.5 亿千瓦，其中可再生能源发电装机容量达到 4000 万千瓦。

第四，建设现代煤化工基地。形成高效率、低排放、清洁加工转化利用、保护生态环境的现代煤化工发展模式，促进能源转化。

经济区能源安全程度关乎国家能源安全。经济区依托丰富的能源资源，包括煤炭、石油及天然气以及太阳能、风能等可再生能源，有较大的发展潜力。本章在分析呼包银榆经济区能源安全的状况基础上发现问题，对经济区建设目标的实现给出相关建议，进而构建经济区能源安全系统。

第一，在对能源安全基础理论文献研究的基础上，本章阐述了经济区能源安全问题的研究现状。提出了能源安全的含义，定量分析评价了跨省（市）的区域能源安全问题，得出的结论为能源安全问题的研究提供决策依据。

第二，本书通过构建能源预警模型，建立煤炭、石油、天然气及电力预警子系统，进一步完善了跨区域能源预警系统的研究理论，弥补了理论研究的不足。

第三，中共十八大明确提出，我国要建立大型能源基地，保障国家能源安全。呼包银榆经济区不仅是我国重要的能源和矿产资源富集区，也是重要的生态功能区。能源产业对于经济区竞争力的提高和可持续发展具有十分重要的作用。本章将结合经济区能源安全等级及预警系统，提出相关对策建议，为经济区的能源产业发展提供有益指导。

# 9.2　文献综述

## 9.2.1　能源安全研究现状

### 9.2.1.1　能源安全内涵

"能源安全"概念是在 20 世纪 70 年代第一次石油危机之后首次提出的。美欧等西方国家将石油作为能源安全的核心，石油供给安全关系重大。国际能源署（IEA）1974 年公布的能源安全的定义，主要以稳定石油供应和价格为中心，能源供给安全成为西方国家制定能源政策考虑的首要问题。经过近半个世纪的发展，能源安全概念逐渐得到扩展和深化。威廉·马丁（1915）将能源安全分为狭义和广义：狭义上的能源安全专指石油安全，在全球高度依赖中东石油进口的基础上，保证中东局势稳定就是保证石油供给的安全和能源安全；广义上的能源安全包含能源供求两方面，既保证能源供求量的平衡，还应保证能源供给价格的稳定合理；另外，能源安全的定义还包括如何解决能源安全问题，如环境承载力和资源可持续性利用等。1985 年，国际能源署（IEA）对能源安全有了明确界定，即"以适度的成本获得的充足供应，特别是石油的充足供应"。能源安全是全球化的普遍问题，涉及能源进出口的国家都会受到全球性能源安全危机的牵连；能源安全涉及面广，不仅受能源供求的影响，同时也与经济、社会、政治、军事有联系。因此，应充分重视造成能源危机的多种原因。

能源安全主要包括能源的供给、需求、运输以及能源环境等因素且各因素相互制约。因此，能源安全问题不仅是能源供需的问题，也涉及社会生活的各个方面。某个地区或国家的能源安全水平，不仅是能源问题，同时也涉及政治、外交、经济和文化。

1974 年，经济与合作发展组织（OECD）成立了国际能源署（IEA），首次确定了能源安全的含义。能源安全是指可获得的（Availability）、买得起的（Affordable）、持续的（Uninterrupted）能源供应。本章在梳理以上定义的基础上，将能源安全定义为：以合理的可接受的价格获取持续充足的能源供给，在环境的承载力范围内保证能源高效利用。因此，首先，能源安全要保证能源的长期稳定供给。能源充足连续的供给是一国经济社会持续发展的必要条件。其次，能源安全应包括能源的需求安全。能源需求安全反映了经济社会发展受能源发展的约束程度，人们的日常生活消耗是维持能源需求稳定的必要前提。最后，能源安全还应包括能源环境安全。能源产业发展与环境的协调程度反映了能源的可持续利用程度，能源与生态环境的相互平衡则影响我们赖以生存的环境，清洁的能源利用有利于保护现代社会脆弱的生态环境。因此，本章所研究的经济区，能源安全主要涉及三方面的内容：能源供应安全、能源需求安全和能源环境安全。

### 9.2.1.2 国外能源安全研究现状

R. W. Bentley（2002）研究了全球范围内石油天然气的储量，指出 10 年后石油产量将下降。Bat-Orshikh Erdenetsogt 等（2009）认为，煤炭资源的地区分布制约着蒙古国的能源安全。Mikael Hook（2010）分析了全球煤炭资源分布状况以及煤炭产量趋势。Nick A. Owen（2010）指出，全球石油产地分布极不均匀，导致能源安全问题。英国前环境大臣迈克尔·米切尔（2004）研究了世界范围内的石油储量，并预测了世界石油危机的到来。

耶金（2003）认为，欲解决美国的能源安全问题，就要保障美国能源供应来源的多样化，并解决能源使用的单一化。

布什政府将能源问题作为国家战略的首要问题，因此保障能源安全是其制定外交政策的首选，并强调要增加国内能源生产，增加能源基础设施，促进能源来源国的多元化以及能源储备的现代化。2003 年，美国能源部发表的《2025 年前能源部战略计划》显示了美国对能源安全保障的关心。

欧盟同样表示了对能源供应安全的担忧。认为建立一个保证获得合理价格能源供应的有效机制是解决能源安全问题的关键。

2006 年初，欧洲能源供应由于俄罗斯与乌克兰之间的"天然气之争"而受到威胁。欧盟委员会为确保能源安全，发表了《能源政策绿皮书》，明确指出，保证能源的可持续发展、保持能源的竞争力和保证能源的安全是其能源政策的工作方向。

20 世纪两次石油危机后，日本提出《国家能源新战略》，研制石油替代能源。日本政府制定了《节能技术开发计划》，将日单位能耗降到世界最低水平。

美国政府为保障能源安全，也开始集中于新能源的开发。2008 年以来美国成功提高了深层页岩气的开采效率和营利性，能源战略初步成功。为摆脱能源依赖，美国政府实施了一系列政策、法规，如《复兴与再投资法案》、《美国清洁能源与安全法》、《海上油气资源开采五年计划（2012~2017）》等。

#### 9.2.1.3　国内能源安全研究现状

在我国，能源安全应包括生态环境安全。我国经济社会的发展已经对环境承载力提出要求，因而更加注重能源质量。要求企业在不断提高能源的开采及使用效率的同时，减少对环境的破坏。

刘书坦（2009）认为，我国的能源安全存在众多问题：能源分布不均；对外依存度高；能源消费结构不合理；能源开采和利用效率低；粗放发展，污染排放量大。在国际能源供应不稳定的形势下，我国必须走节能战略路线，寻求新的能源供应国际合作，同时进行石油储备战略和研发新能源。

何文渊、魏彩云（2005）认为，在我国严重依赖煤炭资源的情况下，煤炭的开采效率和新能源的利用率均十分低下，制约了能源产业的发展。随着经济社会的发展，我国对外能源需求量不断增加，还有大量未能满足的能源需求。

高洪涛（2004）指出，我国已成为世界能源进口大国之一，石油资源进口情况堪忧。

何琼（2009）认为，中国能源安全存在以下两个问题：①我国经济增长导致能源需求出现大量缺口，而国内石油储备不足，未来国内石油供给紧张；②煤炭不仅占能源消费的主导地位，而且转换比例较低，环境污染严重。

张晓平（2005）对1990年以来中国能源消费进行了分析，得出了影响我国能源消费增长和能源消费区域性差异的主要因素。

管清友（2007）认为，中国的能源安全包括四层含义，即可获得性、油价的波动、国际能源运输线的安全以及环境的安全。

唐剑平（2003）指出，由于煤炭开采量大，我国目前主要依赖煤炭资源，能源供应单一，能源安全现状较为严峻。赵庆寺（2013）在分析了中共十八大中对能源安全的要求后，指出了科学发展观对于能源安全发展的指导意义。①要降低能源依赖，我国的经济发展方式必须从资源依赖型转变为创新驱动型；②要加紧制定能源安全储备计划和系统性的能源安全框架；③要加强立法保障能源安全；④要完善能源市场竞争结构；⑤要注重能源情报的分析；⑥要注重维护能源企业的海外利益；⑦要积极参与国际能源安全治理。

王家成（2007）指出，为确保能源安全，我国政府对内应主要提高能源开采效率，开发新能源；对外主要通过外交手段保障能源进口的安全，同时与其他国家签订能源合作战略。

杨光（2007）认为，欧盟国家更早开始重视本国能源安全战略的制定，我国可借鉴其经验：通过区域合作，建立石油储备；研发新技术，提高能源利用率，减少能源消耗；加强生态保护，推广使用新能源及可再生能源；加强政府干预，充分运用财税激励措施等。

付瑶（2007）认为，维护我国能源安全，一要通过调整产业结构实现节能减排；二要积极推广使用清洁可再生能源；三要依托法制和生态保护。必须以最小的资源代价发展经济，以最小的经济成本保护生态环境。

曹新（2007）认为，为确保我国石油安全应做到以下几点：①通过科技创新提高石油的开采及使用效率、研发替代能源等降低石油进口依赖；②加强国际能源合作确保石油供给稳定；③建立完善的石油战略储备和预警体系。

冯路威（2003）提出了两条保障国家石油安全具体方法：①通过成立"石油基金"帮助本国有关石油企业或组织发展壮大；②兴建"石油银行"，通过"石油银行"向企业提供石油相关服务，如委托代理石油保管等。

余国合（2013）认为，应该开发新能源来逐步代替煤炭资源，利用清洁能源减少环境污染并提高其利用率。同时，中国能源领域的宏观管理体制尚不完善，应完善相关立法与法规。

许绍云（2013）指出，中国能源安全问题包括能源的持续供给和能源使用过程中的生态问题。在考虑能源安全问题时，既要保证能源来源的稳定，还要保证生态环境的保护与可持续发展，健全能源安全体系。

张璞、王欢（2014）从能源供给、能源需求、能源与环境三个方面分析呼包银榆经济区整体能源安全水平。

目前的研究中，针对某一区域的能源安全文献较少，主要有：苏飞、张平羽（2008）构建了区域能源安全的脆弱性模型，定量分析了全国各省（市、自治区）的能源安全问题。陈兆荣（2013）运用 DPSIR 模型研究了我国各区域能源问题，通过构建驱动力、压力、状态、影响和政策指标体系并进行定量分析得出我国大部分省（市、自治区）均处于安全状态。王忠诚、李宁等（2011）运用因子分析法，分别建立能源与人口、环境以及能源消费三个子系统，对 1990~2007 年江苏省能源安全状况进行分析，得出该区域能源安全问题逐渐凸显的结论。

### 9.2.2　预警系统研究现状

#### 9.2.2.1　能源预警系统的内涵

预警最初来源于军事领域，是指在灾害或危险发生之前，根据以往经验或目前查获的信息，向相关部门发出紧急信号，判明危险程度，以避免危害在不知情或准备不足的情况下发生，从而最大限度地减轻损害的行为。石油危机爆发后，世界各国开始重视能源安全的研究，并各自构建了能源安全预警体系。

能源安全预警是在总结历史数据经验的基础上，监测能源运行的各项活动，预测未来能源安全演化的趋势，能够预报特殊情况，应对突发事件，找出应对措施，以期达到保障能源供应安全和能源使用安全的目的。

#### 9.2.2.2　国内能源预警系统研究现状

目前，国内对于能源安全预警系统的研究有两部分：

第一部分为我国能源安全状况的整体预警系统，从能源的供求、能源与经济、社会、环境等多角度进行预警。

第二部分则针对某一具体能源资源，例如煤炭、石油等资源进行预警，最终得出该资源的能源安全等级。

王慧敏、陈宝书（1996）基于煤炭工业纵向的角度建立了四个关联预警子系统，包括资源勘探预警、生产建设规模预警、经营管理预警和安全外部因素预警，来介绍我国煤炭工业经济的现状。

郭小哲、段兆芳（2005）认为，我国当前能源安全应该从能源利用效率、经济、供需、灾变等方面考虑，建立了多目标的能源安全预警系统，从而监测我国石油安全、能源环保、能源灾变、能源供需、能源效率和能源效益六方面的能源安全。他们认为，我国石油安全是最重要的能源安全威胁，在计算能源安全等级时将石油与煤炭、天然气等能源区分开来。

能源研究所的刘强、姜克隽、胡秀莲（2007）指出，我国经济社会的快速发展使得各项能源都显示出供不应求的状况，亟须建立能源预警系统。研究提出了从供需状态要素、运输通道要素、突变影响要素、经济安全要素、生态环境要素五个方面来构建能源安全预警系统。

艾德春（2008）提出，我国煤炭产量持续过剩现象的根本原因是煤炭供需预测不准确，同时预警系统迟缓不精确，提出了"系统供需速率"的概念，并在此基础上对2008~2020年我国煤炭供需进行了预警，得出了2008~2015年我国煤炭供需系统均为无警状态，2016~2020年为轻警状态。

张强（2011）认为，避免能源危机问题必须建立能源安全预警系统，对经济运行过程中的能源安全进行实时监测，及时发现问题并做好防范。经预警系统监测显示，我国煤炭、电力子系统处于安全状态；石油天然气、新能源及社会经济子系统处于危险状态。

田时中（2013）运用经济周期波动理论分析我国煤炭供需的周期性波动，并在此基础上提出了煤炭资源预警系统；将煤炭供需预警的警源分为内生警源和外生警源，将煤炭储采比、自给率、单位GDP煤耗比、占一次能源比重、储量接替率、煤炭与石油价格比作为警源，结论是所有预警系统的警源都出现了警情，我国煤炭供需矛盾突出的结论。

### 9.2.2.3　国外预警系统研究现状

国外关于预警系统的应用较早。

在经济预警方面，Forelli（1995）最先提出，可以建立数据预警系统监测经济发展，预测经济发展动态。韩国学者Kyong Joo Oh（2004）用人工神经网络的方法建立了经济预警系统，为韩国经济监测服务。Liu S.（2006）用聚类的方法分析了芬兰1992年的经济危机。

在粮食预警方面，Manetsch T. J.（1984）建立了粮食预警模型，用以预测预警粮食短缺问题。Matsumura K.构建了亚洲的粮食预警系统。

西方国家最先开始研究能源预警系统始于20世纪的第一次石油危机，石油危机爆发后，国际能源署（IEA）成立，并建立了能源预警系统，帮助成员国应对能源危机。

欧盟最早于2007年启动能源预警系统，每个成员国都构建了专门的能源预警系统，主要用于及时预测能源危机，并制定相关政策加以应对。

9.2.2.4　能源预警方法

能源预警方法的研究始于 20 世纪 70 年代，目前比较常用的几种预警方法有：

（1）景气指数法。景气指数是指从经济学意义上分析具有明确领先地位的指标，要求最少领先三个月，并且具有明显的先行关系。从景气指数可以分析经济发展的现状，并且预测未来走向。

（2）人工神经网络方法。通过激励函数和权重的不同而最大限度模拟真实情况进行预测，与参考值进行对比，最终得出警度。

（3）主成分分析和自回归方法（PCA-AR）。通过主成分分析和自回归方法选取预警指标，从而建立预警系统。

（4）ARCH 预警法。Engle（1982）提出了 ARCH（Auto-Regressive Conditional Heteroskedasticity Modle）模型，根据 ARCH 模型条件异方差的特性，确定警源，使预警的结果能够准确反映经济的实际情况。

王慧敏、穆青、杨彦明（1998）提出了 CRW 预警模型结构，基于多种因素的考量，提出了 WAS 模块、灰色关联分析模块、不确定推理模块、神经网络模块和综合模块，并对我国能源安全进行预警。

Tae Yoon、Kying Joo Oh、Insuk Sohn 和 Changha Huang（2004）等学者指出，国外常用的预警方法有判别分析法、决策树、模糊评判法、人工神经网络法、Logit 对数线性分析法等。

Bollersler Tim（1986）认为，ARCH 模型、广义的 ARCH 模型以及非线性的 ARCH 模型是描述非线性经济系统的理想模型。

Juliane Yim 和 Healther Mitichell（2005）认为，相比过去的统计学方法，用人工神经网络方法建立的预警模型要更加准确与真实。

### 9.2.3　简要评述

通过对国内外理论文献的总结，可以得到以下结论：

（1）关于区域能源安全研究的区域范围最大为省，对跨省区域研究较少。能源安全预警问题研究也主要针对全国整体能源安全的预警，或针对某一行业，如煤炭、石油等行业的预警。

（2）预警系统研究虽多，但可参考的针对能源安全方面的预警文献却十分有限，外文有关的理论文献较少。

（3）能源安全研究与能源预警系统的建立紧密相关。能源安全的研究内容主要是阐述某区域的安全现状，评定安全等级，是对过去及现在的评价。而构建能源预警系统则是为了防范能源安全危机，是依据历史数据对未来的评判和预测。因此，能源安全评价研究限于现阶段的情况，能源预警系统则研究未来的可持续发展，能源安全评价是构建能源预警系统的基础，能源预警系统是为了更好地保障能源安全。

本章通过分析呼包银榆经济区的能源安全现状，得出经济区能源安全等级，进而构建区域性能源预警系统，为呼包银榆经济区能源安全问题提出建议。

# 9.3  呼包银榆经济区能源现状分析

## 9.3.1  呼包银榆经济区能源资源概述

呼包银榆经济区区域范围较广，地域范围包括内蒙古、宁夏、陕西三省区共 13 个市。该地区能源矿产资源丰富，已探明近 50 种矿产资源，尤其是煤、气、油、盐等。煤炭预测储量近 4 亿吨，探明储量近 2500 亿吨；天然气预测储量 10 亿立方米，是迄今我国陆上探明的最大整装气田的核心组成部分；石油预测储量 8.5 亿吨；岩盐预测储量 8 亿吨，探明储量近 1.3 亿吨，约占全国岩盐总量的 38%；铝土矿预测储量 1.6 亿吨。

由于呼包银榆经济区是我国以能源发展为主题的经济区，因此，其能源安全不仅对区域内的经济社会发展十分关键，同时也关乎我国整体的能源安全。能源安全包括能源与经济、社会、人口、环境等多方面的协调，本章将其归纳为能源供给安全、能源需求安全以及能源环境安全。根据数据的可获得性，本章所统计的经济区数据包含内蒙古自治区的呼和浩特市、包头市、鄂尔多斯市，宁夏回族自治区以及陕西省的榆林市。

## 9.3.2  呼包银榆经济区能源生产现状

经济区内的煤炭、石油及天然气矿产资源的储量远高于其他地区的平均水平。

能源储量常用能源储采比来衡量，能源储采比是指能源产量与当年剩余储量之比，是能源可供开采的年限。该数值越大，说明能源可供开采的年限越长，能源供给也就越安全，即能源储采比与能源安全正相关。表 9.1 为呼包银榆经济区与我国能源储采比，从表 9.1 中可以得出，经济区内煤炭资源的储采比超过全国平均水平近 10 倍；限于石油资源在我国的稀缺性，因此石油储采比一直低于国际警戒线，而经济区内有少量油田，尽管储采比高于全国平均水平，但仍然低于警戒线；经济区天然气资源相对丰富，2009 年储采比较高，之后虽逐年下降但仍位于警戒线之上。在能源供给上看，经济区在国内占有绝对优势，能源供给充足，能源安全系数较高。

表 9.1 呼包银榆经济区占我国能源储采比重

|  |  | 2008 年 | 2009 年 | 2010 年 | 2011 年 | 2012 年 |
|---|---|---|---|---|---|---|
| 煤炭 | 经济区 | 921 | 694 | 539 | 419 | 342 |
|  | 全国 | 41 | 38 | 35 | 33 | 31 |
| 石油 | 经济区 | 40 | 35 | 31 | 28 | 26 |
|  | 全国 | 11 | 11 | 10 | 10 | 10 |
| 天然气 | 经济区 | 78 | 59 | 47 | 39 | 38 |
|  | 全国 | 32 | 29 | 29 | 30 | 41 |

资料来源：中国能源统计年鉴、经济区内各省（市）统计年鉴。

### 9.3.3 呼包银榆经济区能源使用现状

#### 9.3.3.1 人均能耗相对较高

我国人口基数大，每年人口增长数量庞大，新增人口需要巨量的能源支撑，能源供给需要与人口增长相协调才能保证能源供给的安全。因此持续稳定的能源供给应是满足我国持续增长的人口数量的必要保障。人均能耗既反映一个国家或地区资源的利用效率，也反映一个地区为满足人民的生活所必须供应的能源，人均能耗越大，来自能源需求的压力也就越大。人均能耗越高，说明人民的生活有更多的能源支撑，反映人民生活物质水平越高。随着社会经济的发展，低碳环保以及高效利用能源成为现代能源利用的主体，人均能耗也逐渐成为衡量能源利用效率的一项指标，人均能耗越高，说明能源利用效率越低。但我国能源水平远远达不到这种程度，因此人均能耗与能源安全正相关。图 9.1 与表 9.2 为我国与经济区人均能耗对比，从表 9.2 中可以看出，经

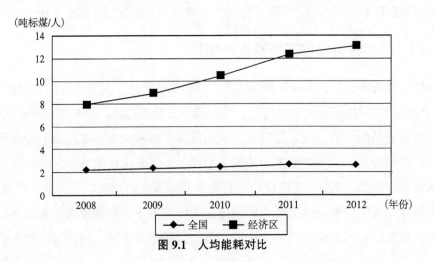

图 9.1 人均能耗对比

表 9.2  人均能耗对比

| 人均能耗（吨标煤/人） | 2008 年 | 2009 年 | 2010 年 | 2011 年 | 2012 年 |
|---|---|---|---|---|---|
| 经济区 | 7.9874 | 8.8703 | 10.2339 | 12.0146 | 12.7370 |
| 全国 | 2.2 | 2.3 | 2.4 | 2.6 | 2.7 |

资料来源：中国能源统计年鉴、经济区内各省（市）统计年鉴。

济区内人均能耗是全国平均水平的 5~7 倍，也就是说，经济区内每个人的能源消耗平均等于我国 2~3 个家庭的能源消费。说明经济区能源供给充足，也从侧面反映了区内人口密度相对较小。从节约能源的角度看，一方面，高水平的人均能耗给经济区能源供给造成更大的压力；另一方面，高能耗也反映出经济区能源的粗放利用。

### 9.3.3.2  人均能耗大，经济发展依托高能耗

能源强度，也称单位 GDP 能耗，即创造万元 GDP 所需消耗的能源。能源强度不仅是经济增长对于能源的依赖程度，也反映能源利用的效率。能源强度与能源安全负相关，能源强度越高，说明能源效率越低。表 9.3 为经济区与国内整体能源强度对比，由表 9.3 得到图 9.2，可以看出，经济区内的单位 GDP 能耗与全国相比均呈现逐年下降趋势，但仍超过全国平均水平的两倍。由于呼包银榆经济区资源矿产丰富，经济增长主要依靠重工业等高耗能行业。区域内在 GDP 增长中占比较大的产业为煤炭开采和洗选业、黑色金属矿采选业、化学原料制造业等高耗能重工业，由于当前我国重工业整体

表 9.3  能源强度对比

| 能源强度（吨/万元 GDP） | 2005 年 | 2006 年 | 2007 年 | 2008 年 | 2009 年 | 2010 年 | 2011 年 | 2012 年 |
|---|---|---|---|---|---|---|---|---|
| 经济区 | 2.69 | 2.47 | 2.11 | 1.82 | 1.68 | 1.62 | 1.57 | 1.48 |
| 全国 | 1.23 | 1.15 | 1.01 | 0.88 | 0.86 | 0.77 | 0.71 | 0.70 |

资料来源：中国能源统计年鉴、经济区内各省（市）统计年鉴。

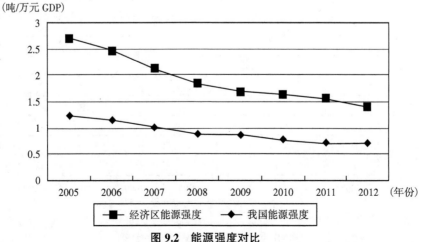

图 9.2  能源强度对比

科技创新能力仍然不高，粗放型发展难以短期内改变，因此经济区的能源利用效率较低，单位能源所能带来的经济效益较低。

能源消费弹性系数是能源消费增速与 GDP 增速之比。能源消费弹性系数可以反映能源发展与经济增长之间的相互关系，体现能源发展与能源的利用效率、经济结构、技术水平等因素的关联。如果重工业在三次产业中比重较大，且科技创新能力较差时，能源消费的增速超过 GDP 的增速，即能源消费弹性系数大于 1；反之，若经济结构中低能耗产业比重较大，产业结构协调，科学技术水平持续提高，则能源消费弹性系数会逐渐下降至小于 1。表 9.4 为经济区与我国能源消费弹性系数对比表，由表 9.4 得到图 9.3，由图 9.3 得出经济区能源消费弹性系数除 2004 年以外均小于 1。2004 年经济区能源增长速度极快，成为最大值，但迅速下降。2008 年作为转折点，之前，经济区能源消费弹性系数大部分小于全国平均值，2008 年以后有逐年升高的趋势，2011 年回落到全国平均水平。经济区能源消费弹性系数小于 1 表明能源消费的增长速度小于经济的增长速度，即经济的增长并不是主要依靠能源消耗。而 2004 年经济区能源消费弹性系数的猛增证明当年的经济增长主要依靠能源消耗。另外，经济区能源消费弹性系数高于全国平均水平反映了经济增长对于能源消耗的依赖程度较大，而经济区的能源消

表 9.4　能源消费弹性系数对比

| 能源消费弹性系数 | 2005 年 | 2006 年 | 2007 年 | 2008 年 | 2009 年 | 2010 年 | 2011 年 |
|---|---|---|---|---|---|---|---|
| 经济区 | 0.3547 | 0.4781 | 0.5401 | 0.3578 | 0.7584 | 0.9096 | 0.3044 |
| 全国 | 0.93 | 0.76 | 0.59 | 0.41 | 0.61 | 0.34 | 0.4 |

资料来源：中国能源统计年鉴、经济区内各省（市）统计年鉴。

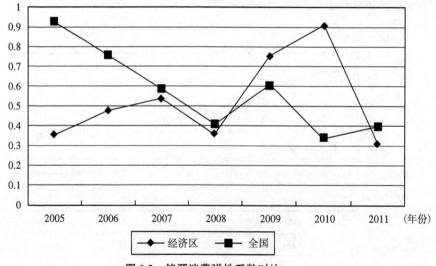

图 9.3　能源消费弹性系数对比

耗主要是当地的重工业造成的。2011 年经济区着力对重工业进行整治，改变粗放型发展模式，关闭或责令改造高耗能企业，淘汰落后设备，能源消费量骤减，利用效率增加，反映为能源消费弹性系数的有效降低。

### 9.3.3.3 电力发展迟滞于经济发展

电力消费弹性系数是电力消费增长率与经济增长率之比。一方面，电力消费弹性系数可以反映电力发展与经济发展的协调度，也就是能源与经济的协调发展；另一方面，电力消费弹性系数可以反映清洁能源的利用率。电力消费量越大，电力消费弹性系数越大，则经济发展的能源供应充足，且清洁能源的利用比例相对较大。一般情况下，电力发展速度要快于经济的发展速度，也就是说，电力消费弹性系数应大于 1。表 9.5 为呼包银榆经济区及全国电力消费弹性系数对比，由表 9.5 得到图 9.4，由图 9.4 得出，呼包银榆经济区的电力消费弹性系数整体水平较低。首先，经济区的电力消费弹性系数整体低于全国平均水平，即经济区的电力利用水平低于全国水平。其次，电力作为清洁能源，在经济区并未普及，工业能源中电力使用比例越小，对环境造成的破坏可能越大。最后，经济区电力消费弹性系数仅在 2006 年及 2011 年大于 1，表明只有这两年经济区的电力发展速度快于经济发展速度。由此得出，呼包银榆经济区的经济增长主要还是依靠传统能源的消耗，这也成为了该区域经济发展的瓶颈。

**表 9.5 电力消费弹性系数对比**

| 电力消费弹性系数 | 2003 年 | 2004 年 | 2005 年 | 2006 年 | 2007 年 | 2008 年 | 2009 年 | 2010 年 | 2011 年 | 2012 年 |
|---|---|---|---|---|---|---|---|---|---|---|
| 经济区 | 0.59 | 0.91 | 0.48 | 1.43 | 0.67 | 0.31 | 0.17 | 0.57 | 1.15 | 0.16 |
| 全国 | 1.56 | 1.53 | 1.19 | 1.15 | 1.01 | 0.58 | 0.78 | 1.27 | 1.27 | 1.26 |

资料来源：中国能源统计年鉴、经济区内各省（市）统计年鉴。

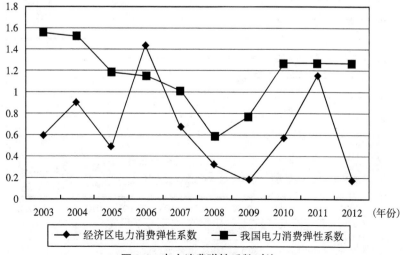

**图 9.4 电力消费弹性系数对比**

作为国家重点能源基地，呼包银榆经济区在利用风能、太阳能等清洁能源上也拥有较强的优势。但自 2010 年起，区域内风电的开发利用以及跨区域输送遇到困难：一方面，国内其他多个省（市）电力供应紧张，2009 年寒潮前后各地不得不节约用电；另一方面，经济区内各风力发电厂产能过剩，电力无地送出。据内蒙古电力集团统计，风电弃电量近 30%，超过 200 亿千瓦时。风电产能一方面持续扩张，另一方面却弃电严重，难以盈利。

### 9.3.4　呼包银榆经济区能源与环境现状

#### 9.3.4.1　二氧化硫排放较多

工业增加值主要工业污染物排放强度是指万元工业增加值所排放的工业污染物，包括工业废气（含二氧化硫）、废水以及烟尘等。本书选择工业废水以及废气中二氧化硫的排放强度。表 9.6、表 9.7 分别为废水以及二氧化硫的排放强度，据相关数据得到图 9.5、图 9.6。可以看出，经济区废水排放强度明显低于全国平均水平，2003 年两者差距最大，2003~2012 年两者差距逐渐减小，反映出全国废水排放整治效果显著，经济区相对于全国来讲，单位工业增加值所造成的水污染程度较轻。而二氧化硫的排放量

**表 9.6　废水排放强度对比**

| 废水排放强度（吨/万元） | 2003 年 | 2004 年 | 2005 年 | 2006 年 | 2007 年 | 2008 年 | 2009 年 | 2010 年 | 2011 年 | 2012 年 |
|---|---|---|---|---|---|---|---|---|---|---|
| 经济区 | 8.41 | 6.99 | 9.93 | 8.38 | 7.14 | 6.51 | 5.87 | 5.41 | 3.96 | 3.15 |
| 全国 | 89.59 | 73.98 | 67.98 | 58.81 | 50.39 | 18.56 | 17.34 | 14.78 | 12.25 | 11.10 |

资料来源：中国能源统计年鉴、经济区内各省（市）统计年鉴。

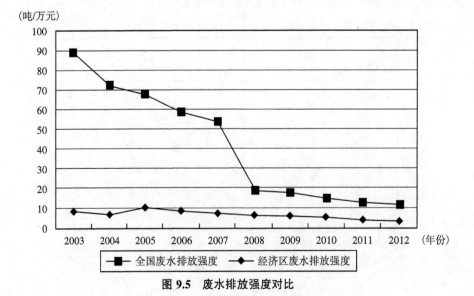

**图 9.5　废水排放强度对比**

**表 9.7　二氧化硫排放强度对比**

| 二氧化硫排放强度（吨/万元） | 2003 年 | 2004 年 | 2005 年 | 2006 年 | 2007 年 | 2008 年 | 2009 年 | 2010 年 | 2011 年 |
|---|---|---|---|---|---|---|---|---|---|
| 经济区 | 0.021 | 0.027 | 0.028 | 0.028 | 0.022 | 0.012 | 0.014 | 0.013 | 0.014 |
| 全国 | 0.04 | 0.03 | 0.03 | 0.03 | 0.02 | 0.02 | 0.01 | 0.01 | 0.01 |

资料来源：中国能源统计年鉴、经济区内各省（市）统计年鉴。

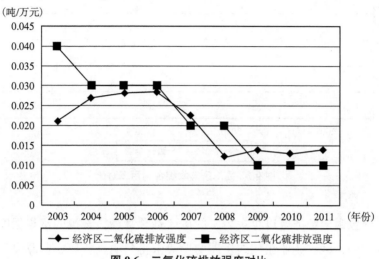

**图 9.6　二氧化硫排放强度对比**

在 2009 年以前均低于全国水平，2009 年以后高于全国平均水平，且有逐年递增的趋势。经济区内工业主要是煤炭与金属矿产的采选、冶炼及加工等重工业，冶炼加工过程中燃烧产生的硫化物以及烟尘，成为经济区内二氧化硫排放的主要来源。

#### 9.3.4.2　固体废弃物综合利用率低

工业固体废弃物经过回收加工后可继续转化为其他形式的能源，因此工业固体废弃物排放量一定程度上反映了能源循环利用程度的高低，以及对环境破坏的严重程度。表 9.8 为固体废弃物综合利用率，从表 9.8 可得图 9.7。从图 9.7 可看出，经济区固体废弃物的综合利用效率与全国平均利用效率逐年变化趋势相同，经济区比全国低了近10%，表明经济区固体废弃物的回收利用水平低于全国平均水平，工业固体废弃物回收循环利用水平低，固体废弃物不仅对经济区环境造成威胁，也是资源的浪费。

**表 9.8　固体废弃物综合利用率对比**

| 固体废弃物综合利用率（%） | 2009 年 | 2010 年 | 2011 年 | 2012 年 |
|---|---|---|---|---|
| 经济区 | 66.77 | 56.62 | 41.79 | 52.54 |
| 全国 | 67.76 | 76.14 | 61.44 | 61.00 |

资料来源：中国能源统计年鉴、经济区内各省（市）统计年鉴。

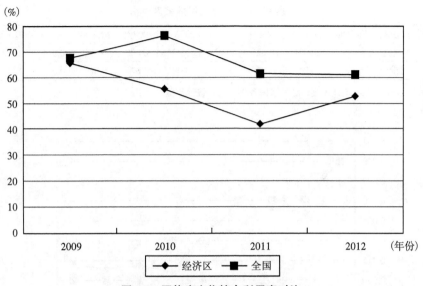

图 9.7　固体废弃物综合利用率对比

综上，呼包银榆经济区以煤炭为主的矿产资源富饶，资源的富集程度是国内其他地区无法相比的；区内企业粗放式发展的形势未得到明显转变，资源浪费严重，资源利用率、回收率都较低，导致能源供应的可持续性不强；经济区经济增长主要是能源拉动型，因此能源枯竭对经济区的可持续发展有较大威胁；另外，由于粗放式的发展模式，能源利用过程中生态环境的承载力变弱，工业生产过程中废物的循环利用率不高；由于经济区是跨省（市）组建的，区内利益关系协调较为困难，难以形成统一高效的领导组织，每年的市长联席会议在探讨经济区建设中的具体问题时进展缓慢；经济区内产业结构相似，竞争激烈，由于缺乏具体的统筹规划纲要，区内产业集群发展与协调整合难以实现。

### 9.3.5　小结

本章通过历史数据与图表分析了呼包银榆经济区各项能源的利用情况、循环回收情况及能源的安全与基地建设现状。

世界各国都极其重视本国的能源安全，并建立预警系统对本国能源运行情况进行监测。在对比经济区有关能源数据与全国平均水平的基础上，得到如下结论：

第一，经济区的人均能源储量遥遥领先于全国平均水平，尽管人口密度较国内其他区域较小，但同时人均能耗也很高，其人均能耗最高可达全国平均水平的七倍。

第二，能源消耗大，区域内经济发展主要靠能源消耗支撑。能源消费量大主要是由于重工业是经济区的支柱产业，经济区的经济增长大部分是由大量能源消耗支撑。

第三，二氧化硫排放量高，固体废弃物综合利用率较低。经济区内废水排放趋势与全国的平均排放水平大致相同。而能源综合利用率可比全国平均水平低 10% 左右，这导致了能源的浪费。

通过以上总结，经济区存在的问题主要有：

（1）经济区对可再生无污染能源利用不足。区内电力消费不足。电力消费水平标志着一个地区的经济发展水平，经济区拥有得天独厚的电力发展条件，但电力消费量始终低于全国平均值，经济发展依靠不可再生能源，显然能源的消费与利用结构不尽合理。

（2）固体废弃物循环利用不足。呼包银榆经济区作为矿产开采冶炼的重点区域，产生的矿物废弃物较多，但大量固体废弃物堆积而未得到充分利用，不仅污染环境，占用大量土地，也未能最大限度地开发利用矿产开采冶炼后的固体废弃物，给经济区的生态环境带来较大破坏。

（3）政府间缺乏合作。经济区跨省（市）发展是我国区域经济发展的普遍现象，但由于呼包银榆经济区内各地区资源禀赋相近，基础工业基本上是高能耗的重工业，产业结构相近。受行政壁垒的制约，各省（市、自治区）均不愿意放弃自身优势产业而服从于经济区整体规划，区内产业统筹协调发展进程缓慢，需要建立一个能够均衡各省（市、自治区）利益的长期的协调机制。同时，经济区也需要建立政策实行的监管机构，以确保政府协商的各项事务顺利如期开展。尽管经济区能源基地建设的目标已经提出，但具体的规划与细则仍未出台，需要中央有关部门运用行政命令方式加以配合，以便区内产业协调顺利如期开展。当前两次市长联席会议是区内产业统筹规划磋商的基础。但到目前为止，两次会议的讨论结果并不理想，未出现重大进展，这是日后需要重点解决的问题。

为了更加客观具体地阐述呼包银榆经济区能源安全的问题，本章在收集各省（市、自治区）能源基地建设问题历史数据的基础上，构建了相关指标体系，从而为相关对策提供合理依据。

# 9.4　呼包银榆经济区能源安全综合评价

通过对近年的文献综述，我国能源安全的评价方法主要有定性分析与定量分析两类。定性分析主要是指专家打分法，将影响能源安全的各项因素逐一罗列，由专家根据自己的经验对各要素的重要性打分,根据综合得分确定权重。定量分析法包括主成分分析法、模糊综合评价法与层次分析法。其中主成分分析法将影响能源安全的多个因素归纳为少数几个主要因子,并确定因子权重。模糊综合评价法将各因素分成若干部分,对不同部分根据程度大小给出不同分数,根据分数确定各部分权重。层次分析法将指标分为多个层次,确定各个层次的权重,进行比较分析。总的来看,上述定性分析与定量分析,对指标权重的确定都存在主观因素。为了消除主观性,本章采用相似数来确定权重,依靠数据形成客观性评价,结合模糊综合评价法,度量经济区能源安全程度。

### 9.4.1 评价体系构建

#### 9.4.1.1 指标体系的构建原则

本书构建能源安全指标体系,通过历史数据的逻辑运算,对能源安全程度指标赋予数值,将定性问题转变为定量问题,进而评价经济区整体能源安全程度。指标选取满足科学性、全面性、可获得性。

(1)科学性。即指标的选取应该遵循经济学原理,满足经济学意义的同时符合现实意义。经过统计学方法的数据运算,最后才能保证运算结果科学合理。

(2)全面性。能源安全问题涉及的范围较广,没有哪一项实证研究能够无一遗漏地反映能源安全的所有问题。本书所选指标应充分概括经济区能源特点,力求较为全面地反映经济区能源安全问题。

(3)可获得性。呼包银榆经济区所跨越的地域范围较大,城市较多,一些指标部分城市做了统计而另外一些城市未做统计,或部分城市今年指标数据存在而明年数据不存在,导致数据收集的困难。虽然能源安全指标体系建立得很完善,但数据必须可以获得。

#### 9.4.1.2 能源安全评价指标的选取

为全面地衡量能源安全,本书从能源的供给、需求与环境三方面的安全程度选取指标来度量能源安全。

(1)能源供给安全。人类社会发展离不开能源,而经济社会要可持续发展就要保证能源供给的可持续。可再生能源与不可再生能源的联合开发利用已经是现代社会的特征,在核能、地热、风能、太阳能等新能源的开发利用存在限制和技术瓶颈的前提下,传统不可再生能源如煤炭、天然气、石油仍然是能源利用的主要部分,对一国的政治安全、经济安全乃至人们的生活安全都有十分重要的作用。

能源储采比是能源供应安全的重要指标。能源储采比用能源年末剩余储量与能源当年产量的比值来表示一国能源可供持续开采的年限。储采比越高，能源保障程度越强。通常情况下，储采比大于50年为非常安全，30年为能源安全与否的临界值，储采比低于五年则为非常危险。能源储采比主要包括煤炭储采比、石油储采比及天然气储采比。

煤炭、石油、天然气为不可再生能源，同时，电力的供应量也间接反映了能源供给的可持续程度，因此选取发电量作为能源安全程度的指标之一。

经济区的能源供给对当地经济发展起着关键作用，所以本书选取了GDP增速作为能源供给安全的指标之一。

能源产量是最直接的能源供应指标，本书统计了经济区煤炭、石油及天然气的历史产量，并将其转化为标准煤当量来统计经济区能源产量。

能源生产弹性系数表示能源增长速度与GDP年平均增长速度之间的关系。能源生产弹性系数=能源产量年平均增长速度/经济年平均增长速度。

（2）能源需求安全。经济区经济的增长需要能源消耗支撑，经济增长快对能源的需求也大，但能源的消耗速度必须符合经济发展的要求，与能源储量相匹配，在不可再生能源储量有限的情况下，需要提高能源的利用率。

人均能源消费量是能源需求指标，反映了人们日常生活中的能源利用水平，该指标虽然表面上看是能源指标，但其综合反映了一国或一地区的能源与经济、社会、环境协调发展的程度。

能源强度，即单位GDP能耗，反映出一国社会生产中对能源的利用效率，是一国技术创新能力与经济发展水平的标志。单位GDP能耗=能源消费总量/单位国内生产总值。该数值越高，反映经济增长对能源消耗的依赖性越大。

能源消费弹性系数是能源消费增长速度与经济增长速度之比，反映了能源消费水平与经济增长的协调程度。能源消费弹性系数=能源消费量年平均增长速度/经济年平均增长速度。

电力消费弹性系数是电力消费增长速度与经济发展速度之比，体现电力消费水平与经济发展的协调程度。电力消费弹性系数=电力消费增长率/GDP增长率。

由于不可再生能源储量一定，人口增长速度体现了能源的可持续利用程度。

（3）能源环境安全。能源环境安全是指在开采利用能源的过程中要保护生态环境，确保环境对能源开采利用的良好承载能力。能源的供需过程都对环境有着较大影响，需要将这种影响降到最小。能源供给应保护好生态环境，能源需求应力求能源使用更加高效。长期以来，粗放式的经济发展方式已经对我国的生态环境造成严重的破坏，不仅使我国的可持续发展受到制约，也严重威胁着人们的生命安全，同时也难以保证能源的可持续供应。

可以用"三废"的排放衡量能源供需过程中对环境的破坏。例如硫化物及烟尘、废水、废气、固体废弃物的排放。本书统计了经济区内废水、废气的排放强度。用工业排放强度衡量单位 GDP 的环境承载量，也就是单位排放量与万元 GDP 之比。

二氧化硫多产生于煤、石油等天然矿物燃料的燃烧，造成了空气污染，空气中二氧化硫达到一定含量又形成酸雨，对环境造成更大的破坏。

固体废弃物综合利用率体现的是能源的综合利用效率，侧面反映固体废弃物的污染程度。

9.4.1.3 建立呼包银榆经济区能源安全指标体系

呼包银榆经济区能源安全指标如表 9.9 所示。

**表 9.9 能源安全评价指标**

| 评价目标 | 要素指标 | 评价指标 |
|---|---|---|
| 能源安全 | 能源供给安全 | 煤炭储采比（正）$U_1$ |
| | | 石油储采比（正）$U_2$ |
| | | 天然气储采比（正）$U_3$ |
| | | 发电量（正）$U_4$ |
| | | GDP 增长率（正）$U_5$ |
| | | 能源产量（正）$U_6$ |
| | | 能源生产弹性系数（正）$U_7$ |
| | | 人均能耗（正）$U_8$ |
| | 能源需求安全 | 能源强度（逆）$U_9$ |
| | | 能源消费弹性系数（逆）$U_{10}$ |
| | | 电力消费弹性系数（正）$U_{11}$ |
| | | 人口增长速度（逆）$U_{12}$ |
| | 能源环境安全 | 工业废水排放强度（逆）$U_{13}$ |
| | | 工业废气排放强度（逆）$U_{14}$ |
| | | 工业二氧化硫排量（逆）$U_{15}$ |
| | | 工业烟尘排放量（逆）$U_{16}$ |
| | | 固体废弃物综合利用率（正）$U_{17}$ |

## 9.4.2 能源安全综合评价模型

（1）模糊综合分析法相关原理。生活中许多事物都有清晰确定的概念，在充分了解事物概念内涵与外延的基础上，我们可以很明确地判断事物的优劣，并对其进行等级排序。然而，还存在一些事物，我们无法对其进行清晰界定，在不同场合、不同背景下，对事物会有不同的认识，定义模糊，充满不确定性。这种"模糊"，是无法界定事物的内涵与外延，事物的质与量都存在不确定性，这是该事物无法改变的特征。为了研究此类事物，就要有一定的方法将模糊程度量化，模糊综合评价法应运而生。该方法将对某个事物的评价分为不同的方面，对事物的各个方面做出不同等级的排序，并对每个等级赋予一定的分数或权重，最后综合得出事物的整体得分，进而对不同的事物进行比较，从而将模糊概念定量化。

（2）综合评价模型的构建。1965 年，美国加州大学伯里克分校计算机系教授 L. A. Zadeli 首次提出了模糊集合（Fuzzy Set）的概念。用来表示那些无法明确确定内涵和外延的事物。本书认为能源安全即属于此类概念。应用模糊综合评价法评价的原理如下：

1）确定对象因素集 $U = \{u_1, u_2, \cdots, u_n\}$，其中，$u_i(i = 1, 2, \cdots, n)$ 表示影响失误评价值的第 i 个因素，即评价指标。

2）确定等级因素评价集 $V = \{v_1, v_2, \cdots, v_n\}$，其中，$v_j(j = 1, 2, \cdots, m)$ 表示影响失误评价值的第 i 个等级，即评价等级。

3）建立模糊关系矩阵 R，进行单因素评价时，需要求出每个因素对于各评价等级的隶属度 $r_{ij}$，求出对 $u_i$ 的一个模糊评判子集合，进一步求出单因素评判矩阵 R：

$$R = (R_1, R_2, \cdots, R_n)^T = (r_{ij})_{n \times m} = \begin{pmatrix} r_{11} & r_{12} & \cdots & r_{1m} \\ r_{21} & r_{22} & \cdots & r_{2m} \\ \vdots & \vdots & \cdots & \vdots \\ r_{n1} & r_{n2} & \cdots & r_{nm} \end{pmatrix}$$

4）确定各权重。本书以相似数确定相似权重，从而客观地确定指标权重，使评价结果客观化。避免了其他定性和定量分析法的主观性。尤其适合数据量较小的事物评价。其操作步骤如下：

第一，假定各指标具有相同的重要程度，取 $w_j = \dfrac{1}{n}$，$j = 1, 2, \cdots, n$。

第二，计算单指标测度矩阵，并以此求出综合测度评价矩阵。

第三，由单指标测度评价矩阵和综合测度评价矩阵求出相似数 $r_j$ 和相似权 $w_j$。

第四，以相似权向量 $\omega = (\omega_1, \omega_2, \cdots, \omega_n)$ 作为指标权重向量，由相似权向量 $\omega = (\omega_1, \omega_2, \cdots, \omega_n)$ 及单指标测度评价矩阵，求出综合测度评价矩阵，作为评级和识别依据。

第五，综合评判。利用加权平均算法得到综合评判 $B = A^0 R = (b_1, b_2, \cdots, b_m)$。其中，$b_j = \left(1 \wedge \sum_{i=1}^{p} a_i \cdot r_{ij}\right)$，$(j = 1, 2, \cdots, m)$。利用最大隶属度法对目标进行评价。

（3）实证分析。

1）建立对象因素集为经济区 2003~2012 年的能源体系 $U = \{u_1, u_2, \cdots, u_n\}$，$n = 15$。

2）指标评价等级为 $V = \{v_1, v_2, v_3, v_4, v_5\} = \{$非常危险，危险，一般，安全，非常安全$\}$。

3）整理初始数据（见附录 A）

由于评价指标之间的数值量纲可能不同，相互之间不能进行比较，因此先对初始数据标准化。指标可以分为极性正向、极性逆向。假设指标的理想值为 $C_{ij}^0$，极性逆向指标的 $C_{ij}^0$ 越小越好，极性正向指标则越大越好。则正向指标的理想值为 $C_{ij}^0 = C_{ij}/\max C_{ij}$，axc$_{ij}$，逆向指标的理想值为 $C_{ij}^0 = \min C_i/C_{ij}$，$C_{ij}^0 \in (0, 1)$。标准化后结果见附录 B。

各项数据标准化后，所有数值介于 0 与 1，由此设立相对应评价等级，如表 9.10 所示。

表 9.10　能源安全评价等级

| C | 能源安全等级 |
| --- | --- |
| $C \in (0, 0.1]$ | 非常危险 |
| $C \in (0.1, 0.2]$ | 危险 |
| $C \in (0.2, 0.5]$ | 一般 |
| $C \in (0.5, 0.8]$ | 安全 |
| $C \in (0.8, 1]$ | 非常安全 |

利用客观隶属度处理方法，根据各评价指标的隶属度可求得模糊向量 $R = \{R_1, R_2, \cdots, R_n\}$，$n = 15$，进一步求出单因素评判矩阵见附录 C。

（4）确定权重。假定各指标具有相同重要程度，即 $(\omega_1, \omega_2, \omega_3, \omega_4, \omega_5, \omega_6, \omega_7, \omega_8, \omega_9, \omega_{10}) = \left(\dfrac{1}{10}, \dfrac{1}{10}, \dfrac{1}{10}, \dfrac{1}{10}, \dfrac{1}{10}, \dfrac{1}{10}, \dfrac{1}{10}, \dfrac{1}{10}, \dfrac{1}{10}\right)$，根据综合评判矩阵函数：

$$r_{ik} = \frac{1}{10}\sum_{j-1}^{10} r_{ij}, \quad (i = 1, 2, \cdots, 15; k = 1, 2, \cdots, 5) \qquad \text{式 (9.1)}$$

求得综合测度评价矩阵为：

$$
r_{ik} = \begin{bmatrix}
0.1645 & 0.4056 & 0.1300 & 0.0266 & 0.2734 \\
0 & 0 & 0.1860 & 0.4730 & 0.3464 \\
0 & 0 & 0.1199 & 0.4156 & 0.4645 \\
0 & 0.1938 & 0.3888 & 0.1174 & 0.3 \\
0.1 & 0.0455 & 0.0545 & 0.2781 & 0.5219 \\
0.0722 & 0.2925 & 0.2261 & 0.1093 & 0.3 \\
0.1 & 0.2120 & 0.3964 & 0.0997 & 0.1919 \\
0 & 0.1911 & 0.3425 & 0.1664 & 0.9 \\
0 & 0 & 0 & 0.2023 & 0.7977 \\
0.0385 & 0.0669 & 0.1951 & 0.3127 & 0.3868 \\
0 & 0.1891 & 0.3010 & 0.2655 & 0.2444 \\
0 & 0.0165 & 0.0835 & 0.4986 & 0.4014 \\
0 & 0 & 0.1874 & 0.5154 & 0.2972 \\
0 & 0 & 0 & 0.1075 & 0.7231 \\
0 & 0 & 0.0042 & 0.6254 & 0.3704 \\
0 & 0 & 0.0430 & 0.6309 & 0.3261 \\
0 & 0 & 0.0217 & 0.2104 & 0.7679
\end{bmatrix}
$$

由 $w_j = \dfrac{1}{n} \sum\limits_{i=1}^{m} (r_{ij1}, \ r_{ij2}, \ \cdots, \ r_{ijp})(r_{i1}, \ r_{i2}, \ \cdots, \ r_{ip})^{T} = \dfrac{1}{n} \sum\limits_{i=1}^{n} \sum\limits_{k=1}^{p} r_{ijk}$

$a_j = w_j / \sum\limits_{j=1}^{m} w_j$，得：

$(w_1, \ w_2, \ w_3, \ w_4, \ w_5, \ w_6, \ w_7, \ w_8, \ w_9, \ w_{10}) = (0.6241, \ 0.5343, \ 0.6315, \ 0.7140,$ $0.6588, \ 0.6652, \ 0.6398, \ 0.6136, \ 0.5938, \ 0.6009)$

$(a_1, \ a_2, \ a_3, \ a_4, \ a_5, \ a_6, \ a_7, \ a_8, \ a_9, \ a_{10}) = (0.0994, \ 0.0851, \ 0.1006, \ 0.1138,$ $0.1050, \ 0.1060, \ 0.1019, \ 0.0978, \ 0.0946, \ 0.0957)$

（5）利用加权平均算法进行模糊变换，得到综合评价矩阵 B：

$$
b_{ij} = \begin{array}{ccccc}
C_1 & C_2 & C_3 & C_4 & C_5 \\
\end{array}
\begin{bmatrix}
0.1582 & 0.4135 & 0.1431 & 0.0267 & 0.2585 \\
0 & 0 & 0.1756 & 0.4863 & 0.3381 \\
0 & 0 & 0.1154 & 0.4109 & 0.4737 \\
0 & 0.1836 & 0.4059 & 0.1224 & 0.2881 \\
0.0957 & 0.0431 & 0.0516 & 0.2829 & 0.5267 \\
0.0686 & 0.2892 & 0.2416 & 0.1125 & 0.2881 \\
0.0957 & 0.1957 & 0.4006 & 0.1028 & 0.2052 \\
0 & 0.1783 & 0.3599 & 0.1736 & 0.2881 \\
0 & 0 & 0 & 0.1948 & 0.8052 \\
0.0328 & 0.0578 & 0.1915 & 0.3130 & 0.4049 \\
0 & 0.1880 & 0.2970 & 0.2724 & 0.2426 \\
0 & 0.0164 & 0.0830 & 0.5115 & 0.3891 \\
0 & 0 & 0.1823 & 0.5316 & 0.2861 \\
0 & 0 & 0 & 0.1073 & 0.7231 \\
0 & 0 & 0.0041 & 0.6180 & 0.33780 \\
0 & 0 & 0.0398 & 0.6238 & 0.3364 \\
0 & 0 & 0.0216 & 0.2002 & 0.7783 \\
\end{bmatrix}
\begin{array}{l}
u_1 \\ u_2 \\ u_3 \\ u_4 \\ u_5 \\ u_6 \\ u_7 \\ u_8 \\ u_9 \\ u_{10} \\ u_{11} \\ u_{12} \\ u_{13} \\ u_{14} \\ u_{15} \\ u_{16} \\ u_{17}
\end{array}
$$

为反映我国每年能源安全等级，以年为对象进行上述分析，并去置信度 $\gamma = 0.6$，由体系综合测度评价矩阵 $\mu_{ik}$ 和置信度识别准则可得到结果：$u_2$、$u_1$ 能源安全评价等级均为最差。

### 9.4.3　评价结果及原因分析

为了纵向比较各指标评价结果，利用综合评价排序功能对各指标评价结果进行排序。由于 $U = \{c_1，c_2，c_3，c_4，c_5\}$，按照依次由非常不安全到非常安全逐步提升，可依次设定 $c_1 = 1$，$c_2 = 2$，$c_3 = 3$，$c_4 = 4$，$c_5 = 5$，模糊向量可单位化为：

$$
b_j' = \frac{\sum\limits_{j=1}^{5} b_j \times c_j}{\sum\limits_{j=1}^{5} b_j} \qquad\qquad 式（9.2）
$$

计算得到排序结果如表 9.11 所示。

**表 9.11　各指标评价结果及排序**

| 指标 | $U_1$ | $U_2$ | $U_3$ | $U_4$ | $U_5$ | $U_6$ | $U_7$ | $U_8$ | $U_9$ |
|------|-------|-------|-------|-------|-------|-------|-------|-------|-------|
| 得分 | 4.1626 | 2.8138 | 4.1018 | 4.3739 | 4.3583 | 4.7567 | 3.1259 | 4.8052 | 3.5715 |
| 排序 | 7 | 17 | 9 | 3 | 4 | 2 | 16 | 1 | 12 |
| 指标 | $U_{10}$ | $U_{11}$ | $U_{12}$ | $U_{13}$ | $U_{14}$ | $U_{15}$ | $U_{16}$ | $U_{17}$ | |
| 得分 | 3.9996 | 3.5696 | 4.2732 | 3.5150 | 4.0445 | 4.1038 | 4.2966 | 3.2623 | |
| 排序 | 11 | 13 | 6 | 14 | 10 | 8 | 5 | 15 | |

资料来源：作者整理。

由得分可看出，指标 $U_9$、$U_6$ 处于"非常安全"等级，$U_1$、$U_3$、$U_4$、$U_5$、$U_{12}$、$U_{13}$、$U_{14}$、$U_{16}$ 处于"安全"等级，指标 $U_7$、$U_8$、$U_{10}$、$U_{11}$、$U_{15}$、$U_{17}$ 处于"一般"等级，指标 $U_2$ 则处于"危险"等级。借鉴气象颜色预警系统，将红色定义为"非常危险"，橙色定义为"危险"，黄色定义为"一般"。

#### 9.4.3.1　能源供给安全

从结果得出，衡量能源供给安全的各项指标得分排序差距较大，发电量、能源产量位列前三，但能源生产弹性系数、石油储采比却位居倒数两位。

（1）煤炭采储比得分为 4.1626，属于"安全"级别，排名第 7 位。采储比为能源开采量与储存量的比值，反映能源供给的持续性。经济区煤炭、石油等矿产资源丰富，能源储量明显高于全国其他地区，经济区煤炭采储比排名不具优势的主要原因是开采量明显高于其他省（市、自治区），这是由于经济区过度依赖煤炭资源的单一发展模式与粗放式经济增长方式造成的。同时，经济区煤炭开采量逐年递增，并且没有新的探明储量，煤炭的持续供给能力下降。

（2）石油储采比得分为 2.8138，属于"危险"级别，橙色预警，排名第 17 位，在所有指标中排名最末。这表明经济区内石油资源的可持续供给能力不强，持续发展能力受限。呼包银榆经济区储藏的能源主要为煤炭资源，油、气储量较少，主要产油地位于榆林的定边、靖边、子州、横山四县，是陕甘宁油气田的主体。内蒙古自治区也存在部分油田，如乌拉特后旗的朝格温尔镇油田、鄂尔多斯盆地的长庆油田等，但石油储量有限，石油供应的安全程度低，也是我国石油资源短缺的整体缩影。

（3）天然气储采比得分为 4.1018，属于"安全"级别，排名第 9 位。鄂尔多斯盆地蕴藏有相对丰富的天然气资源，天然气开采也有一定历史。另外，在我国已探明的页岩气储地中，鄂尔多斯也居首位。在鄂尔多斯，煤层气的储量也很可观，但由于存在技术与产权等问题，产量一直未能上升，这是未来要解决的问题。

（4）发电量得分为 4.3739，属于"安全"级别，排名第 3 位。呼包银榆经济区依托其较强的火力发电能力，区内发电量安全程度排名靠前。同时风能、太阳能发电条件优良，是国内较有优势的新能源发展区域。

（5）GDP 增长率得分为 4.3583，属于"安全"级别，排名第 4 位。结果表明，经济区内 GDP 增长率较高，2012 年前均维持在 13%以上的高增长率，保持在全国前列。由于经济区发展主要依靠能源开发利用，因此较高的 GDP 增长与较大的能源供给量有很大关系。

（6）能源产量得分为 4.7567，同样属于"安全"级别，排名第 2 位。能源产量所统计的是经济区内煤炭、石油、天然气的标准煤当量。呼包银榆经济区借助其能源产量的优势，不仅满足了区内工业发展的需要，而且大量产量都销往其他省（市、自治区），弥补了这些地区的能源缺口，为这些区域的经济发展做出了巨大贡献。

（7）能源生产弹性系数得分为 3.1259，属于"一般"级别，黄色预警，排名第 16 位。能源生产弹性系数是能源的生产对于经济发展的敏感程度。众所周知，科学技术创新与应用极大地提高了工业生产效率，在经济区对能源开采利用的技术受限的情况下，尽管能源储量较高，但能源生产弹性系数得分仍然会较低。

综合以上七项指标得分可知，尽管呼包银榆经济区是我国能源储量最为丰富的地区，但能源供给的安全程度却较低。尤其石油的供给处于红色预警等级，危险程度较高。能源供给的可持续性不高，开采效率有限。虽能源富集，却无法保证持续充足的供给。同时，发电的绝对量安全系数较高，电力供应充足。

### 9.4.3.2 能源需求安全

能源需求安全各指标得分及排序差距同样较大，如人均能耗排名靠前，居首位，而电力消费弹性系数排名靠后，结果分析如下：

（1）人均能耗得分为 4.8052，属于"非常安全"级别，排名第 1 位。人均能耗反映的是经济区人们对于能源的需求，进而从侧面体现了区内人们的消费阶段。在某个临界值前，人均能耗越大则人们的消费水平越高，经济的发达程度越高。超过这个临界值，人均能耗则变成了人们对于能源的利用效率，此时，人均能耗越少则能源的利用效率越高。当前在我国，这一临界值还远未达到，因此可以将人均能耗作为正向影响指标。呼包银榆经济区内人均能耗安全级别较高，其一是由于经济区内能源矿产资源丰富，可以获得较多的能源供给，人均能源消费高；其二是由于经济区内能源产量大，而地域范围内人口较少，统计数据就显示为人均能耗高。

（2）能源强度得分为 3.5715，能源安全属于"一般"等级，黄色预警，排名第 12 位。能源强度是指单位 GDP 能耗，即每万元 GDP 所消耗的能源量，它体现了经济的持续发展多大程度上依赖能源的支撑。在经济区内，以能源的开采、冶炼、分离与应用产品开发为主线的产业链是该区域经济发展的主要动力，也是该经济区的发展特色。

但是还应注意到，可再生清洁能源的利用率仍然较低，经济发展仍然依托不可再生能源，一旦资源枯竭，给经济区带来的损失是无法挽回的，大力发展第三产业、减少能源依赖是可行的改革途径。

（3）能源消费弹性系数是衡量能源强度的另一个指标，得分为 3.9996，能源安全属于"一般"级别，黄色预警，排名第 11 位。能源消费弹性系数与能源生产弹性系数类似，体现了能源消费对经济增长的敏感程度。一般条件下，技术创新能够在最少的资源消耗的基础上获得最大的经济产出。结果分析得出，能源消费弹性系数得分排序居后，说明能源消费水平对经济增长不敏感；反之则经济增长对能源消费水平敏感，较少的能源消耗可带来较大的经济增长，反映经济区经济发展的途径仍然是能源消耗，这是不可持续的。

（4）电力消费弹性系数得分为 3.5696，属于"一般"级别，黄色预警，排名第 13 位。电力消费弹性系数反映了电力消费对经济发展的敏感程度。通常情况下，某一地区的电力消费水平也代表着当地的经济发展水平。当该系数较大时，表明电力发展对经济增长的带动作用较强。当发电量安全系数越高，侧面反映当地能源安全程度高，清洁能源使用也较多，当地经济发展越稳定。

（5）与人均能耗相对应，经济区人口增长速度得分为 4.2732，能源安全等级属于"安全"级别，排名第 6 位。人口增长速度快也是人均耗能多的原因。经济区面积 38.53 平方公里，现常住人口约 1700 万，人口密度为 44.12，与此同时，我国平均每平方公里人口为 143 人。尽管经济区人口增速加快，但仍然相对较低，而经济区能源产量高，使得能源安全等级较高。

综上五项指标可以得出，呼包银榆经济区由于人口密度小，人均能耗水平相对较高，而经济的发展依靠能源开发利用的支撑。经济区目前需要大力调整产业结构，改变当前能源开发为主的经济发展模式，大力发展第三产业，才能实现经济的可持续发展。

### 9.4.3.3　能源环境安全

（1）废水排放强度得分为 3.5150，能源安全程度属于"一般"等级，黄色预警，排名第 14 位。废水排放强度是单位工业增加值的废水排放量，经济区内工业主要是高耗能型产业，例如煤炭、石油、天然气的开采、冶炼与加工等，废水排放强度排名中等，表明经济区内能源利用过程中废水的排放对当地生态环境造成了一定的破坏。经济区内气候干旱，水资源相对短缺，水利设施建设落后。应该研发或引进节水技术促进废水的循环利用。

（2）废气排放工业强度得分为 4.0445，属于"安全"级别，排名第 10 位。废水排放强度所衡量的是单位工业增加值废气的排放量。工业废气主要包括二氧化碳、二硫化碳、一氧化碳、硫化氢、氟化物等，这些废气的排放给当地人们的生命健康带来威胁。与此同时，二氧化碳排放的骤增也容易引起温室效应。经济区内废气排放工业强度排名中后，表明对当地空气质量影响较大。

（3）二氧化硫排放量得分 4.1038，属于"安全"级别，排名第 8 位。二氧化硫的产生主要是由于煤炭、石油等硫化物含量较高的化石燃料的燃烧。空气中二氧化硫与水蒸气和固体悬浮颗粒结合后，形成酸雨，对当地的植物、建筑物乃至人们的健康都构成较大威胁。经济区依靠煤炭、石油作为主要能源驱动的产业较多，二氧化硫的排放不可避免，导致其排放量安全程度低。因此，需要企业加强环保投入。

（4）烟尘排放量得分 4.2966，属于"安全"安全等级，排名第 5 位。经济区烟尘排放量的产生容易理解，矿物燃料的开采、冶炼、分离、加工任何一个环节都会产生较大的颗粒悬浮物或微尘，影响空气质量，也是造成雾霾的主要原因。经济区由于特殊的地理位置，风力较大，风能充足，雾霾天气并不明显。但烟尘排放量的得分等级也值得关注，由于冬季西伯利亚季风的影响，整个华北地区都将受呼包银榆经济区空气质量的影响。

（5）固体废弃物综合利用率得分 3.2623，属于"一般"安全等级，黄色预警，排名第 15 位。固体废弃物综合利用率是固体废弃物综合利用量与生产量的比率。一方面，固体废弃物综合利用量较大，表明经济区内固体废弃物产生较多，这与当地生产活动性质有关；另一方面，综合利用率也是经济区能源利用水平的体现，这些废弃物某种程度上也可以转化为新的能源供给来源。经济区固体废弃物的主要来源有能源的开采、冶炼与应用产品加工，包括尾矿、炉渣、煤矸石、放射性废物等。经济区内，鄂尔多斯市经济发展以煤炭与电力为主，根据近年鄂尔多斯市政府所出具的调研报告显示，市内的伊金霍洛旗就因煤炭开采而导致地表塌陷近两万亩，给附近人们的生产、生活带来较大威胁。固体废弃物堆积占用了大量土地，其中的重金属等有害元素深入土层，对当地土壤造成污染。煤矸石是伴随煤炭开采而产生的主要固体废弃物，而炉渣则是电厂脱硫所产生的主要固体废弃物，2010 年鄂尔多斯煤矸石产量就达 2735 万吨，产生炉渣 535 万吨。

### 9.4.4　小结

本节首先借鉴国内外学者对能源安全的理解界定了能源安全的定义，即在合理的可接受的价格范围内，得到充足、持续的能源供给，在环境的承载力范围内保证能源较高的利用率。其次，从科学性、全面性、可获得性三个角度考虑选取数据，基于能源供给、能源需求和能源环境三个方面的安全程度建立了能源安全的评价指标体系。运用相似数确定相似权重与模糊综合评价法相结合的方法对呼包银榆经济区整体能源安全程度进行综合评价，最终得到各指标的安全等级、排名以及预警级别。

从整体看，有两个指标处于"非常安全"等级，八个指标处于"安全等级"，安全程度较高。另外有六个指标处于黄色预警，一个指标处于橙色预警状态，预警等级较低。本书得出结论如下：

第一，经济区能源供给指标的安全级别差异较大。处于安全级别的是经济区的发电量及能源产量，表明经济区在这两个指标上相对于全国具有比较优势。由于区内煤炭属于不可再生能源，在开采技术水平有限的前提下，长期大量无节制地开采会导致煤炭供给的不可持续。区内石油、天然气的储量相对全国其他地区不高，再加之开采的低效率，使得经济区能源资源整体安全程度都较低。

第二，能源需求安全等级居中，各指标排名差异同样较大。经济区人口密度小，从而人均能源消费量较大，安全等级较高。经济区内部分主要城市主要依靠以能源消耗为主的重工业拉动经济增长，包括矿产资源的开采、冶炼、应用产品开发，因此，能源强度安全级别较高。区内电力消费相对不足，电力生产量大，但电力输送渠道少，可再生的新能源利用率低。

第三，经济区能源环境安全级别居中。得益于地理位置优势和季风气候的影响，区内大气污染较轻，二氧化硫与烟尘排放量仍在可控范围内。区内固体废弃物综合利用率安全级别较低。废水排放强度较大，水污染相对严重。

将呼包银榆经济区能源安全问题归纳如下：

（1）能源开采技术不高。能源开采技术影响能源开采效率，进而关系到能源的安全等级。技术创新与应用可以使原本复杂的问题简单化，从而节约成本，减少浪费，提高经济区能源安全级别。经济区煤炭资源安全级别低，原因在于开采缺乏规划性与技术水平不够高。经济区对天然气的开采利用也难以满足区内经济发展的要求。页岩气与煤层气也因技术、产权问题不清晰而导致产量不高。

（2）经济发展过度依赖能源消耗。呼包银榆经济区的经济发展主要依靠以能源消耗为主的重工业拉动经济增长，包括矿产资源的开采、冶炼、应用产品开发等，大量消耗不可再生能源，这样的发展模式不可持续。

（3）水污染严重，固体废弃物综合利用率低。经济区矿产开采冶炼过程中废固废渣随废水排出，重金属离子随废水深入地层，不仅使土质受损，还污染了深层水。同时，经济区内气候原因以及其他自然因素导致的水资源短缺，水利设施也较少，而重化工业耗水量大，致使区内水污染严重。固体废弃物综合利用率低体现了对能源循环利用的不足，是区内技术创新水平较差的外在体现。较低的能源综合利用率导致经济区能源的大量浪费，同时使当地生态环境遭到破坏。

# 9.5　呼包银榆经济区能源安全预警模型

## 9.5.1　构建能源安全预警系统的作用与意义

由前文的分析我们可以发现，虽然呼包银榆经济区有着丰富的能源储备，该地区的能源无论种类还是数量在全国范围内都处于优势地位，但依然存在着能源安全的问题，并且问题很突出，由此我们可以发现能源安全的问题不仅存在于能源匮乏的地方，也存在于能源丰富的地方。本书认为，科学地建立一套能源安全预警系统，有助于能源安全的提升，同时可以合理地规划能源的供给与需求，防范能源危机的发生，这不仅是呼包银榆经济区能源安全问题的保障，也是国家战略能源基地建设中的主要内容。

## 9.5.2　构建能源安全预警模型的思路

能源安全预警系统的建立应包括五个阶段：确立预警目标、制定预警指标体系、建立预警模型库、预报警情、制定预案及采取措施。

（1）确立预警目标。设立预警目标是建立整套系统的前提，通常是指一个地区储量较大的集中能源品种。以呼包银榆经济区为例，该地区主要的能源种类有煤炭、石油天然气、风能和太阳能，其中风能和太阳能归为电力资源。

（2）制定预警指标体系。预警指标体系即预警目标的警源。能源预警系统不是一套理论上的系统，而是一套可以量化的系统，因为其目的在于发现能源基地运行中的不安全因素，因此预警指标的选取要遵循科学性、全面性、可得性、系统性等原则。

每个子系统的指标都从四个层面考虑。

1）总体层旨在反映能源预警子系统的全面情况。

2）时间层顾名思义是从时间角度来划分的，分为短期和长期。短期主要考虑的是短期内能源产量能否满足社会发展的需求，能否为经济的发展提供稳定的保障，为居民生活、社会稳定提供能源保障。长期主要考虑的是能源的可持续发展问题和环境问题，能源的供给不应该以环境为代价。

3）模块层考虑的是能源的充足性和能源使用的效率性。充足性讲的是是否会出现能源短缺，效率性考虑的是能源利用中是否有浪费。

4）要素层是指影响能源预警子系统安全性的少数关键指标。不同的子系统有不同的关键指标。例如，煤炭、天然气、石油、电力子系统的关键指标均不同，煤炭主要考量开采的年限，天然气考量管道运输的安全性，电力考量电力输送的能力。

（3）建立预警模型库。预警系统指标体系的作用在于确立警源，确立警源后建立模型，模型需要有仿真效果。警源也就是影响预警系统的因素，各因素之间是相互独立又相互影响的。根据统计年鉴取得数据，将数据代入模型进行测算，发现各因素之间的关系，并得到各子系统的安全等级。同时，对仿真模型进行验证，如果偏差过于明显，则需要不断对模型进行修改，由此使其能更加准确地反映能源安全状况。

（4）预报警情。完成前期工作后，系统进入运行阶段，当系统所反映的因素超出预期，即产生了能源安全的警兆。对于警兆的等级需要多种方式综合判定，例如，专家会诊分析和参考历史数据。但是有一点需要明确，各子系统都非常复杂，确定警兆等级时要考虑子系统的各种影响因素，因此确定等级并非易事，需要不断测试与分析。

（5）制定预案及采取措施。在确定了警兆等级之后，要按不同等级制定不同的解决方案。能源安全问题不仅是能源的问题，也是涉及经济、社会、国家安全等的问题，设定解决方案时要全局考虑。

### 9.5.3 构建呼包银榆经济区能源安全预警框架模型

#### 9.5.3.1 构成呼包银榆经济区能源安全预警的主要系统

呼包银榆经济区蕴藏着丰富的能源，主要能源有煤炭、天然气、太阳能和风能。构建经济区能源安全预警模型，需将所有因素都考虑在内，建立煤炭、石油、天然气和电力四个子系统。

（1）煤炭子系统。呼包银榆经济区内蕴藏着丰富的煤炭资源，煤炭子系统需要预警的方面主要是煤炭开采的年限，也就是可持续的问题。一个子系统的安全性包含着很多方面，可持续只是其中一个方面，还包括使用安全和环境安全。其中，煤炭供给安全包括煤炭储量、煤炭储采比、煤炭投入产出比和煤炭行业平均利润；煤炭使用安全指标包括煤炭开采效率、煤炭安全生产能力、煤炭价格稳定性、区域煤炭全国贡献率、煤炭资源可替代性；煤炭环境安全主要观测碳排放量、二氧化硫排放量。

（2）石油子系统。呼包银榆经济区内石油资源相对匮乏，不能与煤炭、天然气等资源相比，因此在能源安全方面要特别注意，主要是我国虽然地大物博，但无论石油储量还是石油储备都有短缺的问题，因此石油安全预警非常重要。首先，石油子系统应监测石油开采安全，包括石油储量、石油储采比、油田承载能力及石油开采效率。其次，石油具有重要的战略意义，但我国由于储量的限制，石油资源又很匮乏，石油子系统的第二项监测重点即为石油储备安全，主要包括石油储存能力和石油储备天数。最后，石油预警系统还应包括石油运输网络安全度、石油行业平均利润率、国际石油资源供求度、石油价格变动率、石油替代能力以及石油区域全国贡献率。

（3）天然气子系统。呼包银榆经济区蕴藏着丰富的天然气资源，尤其是鄂尔多斯高原。虽然储量丰富，但是由于技术的限制，存在着开采效率低、燃烧不完全的问题，因此提高天然气资源的开采效率和燃烧效率成为重中之重。此外，由于天然气资源本身的特殊性，如何运输才能更加安全更加高效也是一个重要的问题，所以指标的设计要从以上方面考虑。天然气子系统主要分为天然气开采安全、天然气输送安全、天然气使用安全等，指标包括天然气储采比、天然气开采效率、天然气平均利润率、天然气运输管道安全性、气田承载能力等。

（4）电力子系统。呼包银榆经济区由于其特殊的地理位置，蕴藏着丰富的太阳能资源和风能资源，这为经济区的电力转化提供了强大的基础。太阳能和风能是良好的可再生资源，具有环境污染少、开发利用方便等特点，逐渐成为国家和经济区大力发展的绿色能源。电力子系统的能源安全问题在于电力线路的输送问题和电力转化问题。电力子系统衡量主要是电力输送安全度及新能源的发电率，主要监测指标有电力供需比、电力消费增长率、电力供需平衡度、人均生活电力增长率、工业用电增长率、区域电力全国贡献率、电力产业平均利润率、电力企业投入产出比、电网输送能力、一次能源发电率、风能发电率、太阳能发电率等。

呼包银榆经济区能源安全预警系统的这四个子系统也是相互影响的。系统中各个资源不是封闭的，而是相互影响的。例如，天然气是煤炭资源和石油资源的替代品，所以如果天然气的开采率提高后，会对煤炭和石油的预警子系统带来正效应。当太阳能和风能发点效率提高时，对煤炭发电的依赖性就会减小，从而提高煤炭子系统的安全度。四个子系统是相互独立又相互影响的，某一个安全度提高或者降低，其他子系统也会受到影响。

综上所述，构建呼包银榆经济区预警系统如图9.8所示。

#### 9.5.3.2　构建呼包银榆经济区能源安全预警系统所面临的主要问题

构建呼包银榆经济区能源安全预警系统并非易事，有很多因素需要考虑，有很多后续工作需要完善。

（1）构建责任不明确。构建经济区能源安全预警系统是一个庞大的系统工程，由于经济区地跨三省，由十几个不同的城市组成，无法确定一个明确的牵头负责人，各方利益的平衡需要明确责任。

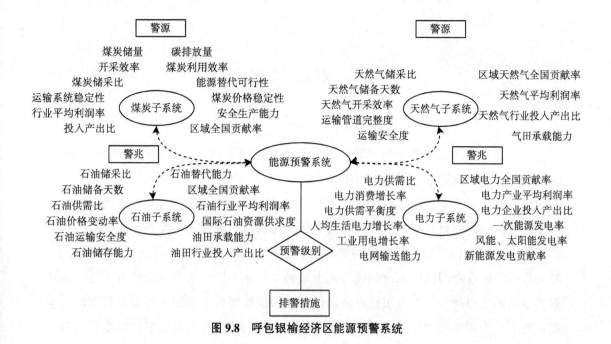

**图 9.8　呼包银榆经济区能源预警系统**

（2）数据资料匮乏。预警系统建立后需要大量原始数据进行测试和验证，但是呼包银榆经济区所含城市较多，数据整理存在很大的困难，个别地方对有些数据并不做统计。

（3）预警系统的可操作性有限。能源安全问题是国家安全的一部分，所以涉及具体问题时要根据具体情况而定。检测周期和公布渠道等具体的操作要有科学的依据，而出现安全问题时，是否对外公布也值得商榷，或者出现问题后如何快速建立应急响应预案也是需要讨论的方面。

### 9.5.4　小结

首先，本节在分析相关理论文献的基础上建立了呼包银榆经济区能源预警系统，从而保证经济区长期的能源安全。其次，本节在分析了经济区能源禀赋与自身特点的基础上，提出构建经济区能源预警系统需要搭建煤炭、石油、天然气及电力四个子系统，并通过确保每个子系统的能源安全来保证经济区整体能源安全。最后，本节还分析了预警系统再构建和投入使用过程中的问题和困难。

# 9.6 对策与建议

综上分析得出，呼包银榆经济区虽为我国能源战略基地，但能源安全程度不高，安全级别较差。我国本身能源供应不足，为了满足国内能源需求要大量依赖进口。从呼包银榆经济区来看，能源供给结构不协调，重工业发展消耗的能源主要来自区内的煤炭，而从能源储量来看，区内常年的大量消耗使得煤炭资源已经不足以支撑经济区的可持续发展，由此带来的环境污染和能源利用效率低下的问题凸显。此种形势下，呼包银榆经济区能源预警系统的建立尤为必要，但鉴于区内能源问题的复杂性，构建该系统的难度也较大。呼包银榆经济区作为我国能源基地，需要在保障自身能源安全的前提下，为国家提供持续能源供给，不仅要实现国家的可持续发展，更要实现自身的可持续发展。本书为提高呼包银榆经济区能源安全水平、完善经济区能源基地功能建设提出以下建议：

（1）推动传统能源企业重组，开发新能源优化能源供给结构。呼包银榆经济区内传统的中小型能源企业众多，长期盲目、重复、无规划的开采导致经济区煤炭产量过剩，中小能源企业恶性竞争，重复建设，同时造成区内环境的严重破坏，影响当地居民的身体健康。亟须国家利用行政手段或大型企业牵头将区内中小型能源企业整合重组，优化企业结构，提高产业集中度，促进能源产业链的协调发展，降低对经济区发展的负面影响。同时，积极开发可再生无污染的新能源，利用经济区独特的地理位置和气候优势，大力发展风能和太阳能，并采取配合措施实现区内火电利用向风电和太阳能电力利用的转化，从而优化能源供给结构，推动经济区能源产业的可持续发展。

（2）提升科研创新能力，提高能源开采效率。呼包银榆经济区内煤炭资源储量丰富，而煤炭安全级别不高的一个主要原因就是煤炭的不科学开采而造成的浪费。另外，由于开采缺乏规划性与技术水平不足，经济区对天然气的开采利用也难以满足区内经济发展的要求。页岩气与煤层气也因技术、产权问题不清晰导致产量不高，这都使得经济区能源不能得到充分合理的利用。

（3）大力发展第三产业，优化经济区产业结构。呼包银榆经济区为我国能源生产的重要区域，经济区内部分主要城市依靠以能源消耗为主的重工业拉动经济增长，包括矿产资源的开采、冶炼、应用产品开发等是可以预见的，但依靠不可再生能源发展的路径是不可持续的，经济区也应大力扶持第三产业的发展，加快与重工业配套协调的服务业的建设。内蒙古自治区的蒙牛、伊利；宁夏回族自治区的宁夏红、贺兰山等，均是各地第三产业的龙头企业，具有明显的发展优势，可依靠其带动其他产业如金融业、网络经济和运输配送等的发展。

（4）加大环境治理力度，保护生态环境。强化对经济区内的环境质量监测，有效监管工业三废的无处理排放。经济区内自然因素和地理位置导致水资源短缺，水利设施不完善，因此，在高耗水量行业和能源的开发利用中，必须加强节水技术的发展。经济区可运用行政命令方式，规范企业用水流程，并奖励污水治理模范企业，刺激整个能源产业控制水污染；而工业废气应在排放前依据国家标准进行处理，减少硫化物及粉尘的排放。应该提高固体废弃物的回收利用，如煤矸石可回收加工用于铺路、制砖及水泥，还可用于制作保温材料等。

（5）加强政府合作，促进各地区协调发展。呼包银榆经济区协调发展目前仍只处于初级阶段，因经济区内各省（区）资源禀赋相近，又主要依托资源发展本地区经济，因此各省（区）产业结构相似。为此，区内各省、自治区政府应统筹协调发展，避免能源产业的重复建设，促进产业集群发展，完善能源产业链条，确保经济区能源安全。经济区两次市长联席会议讨论的议程进展缓慢，无法提出具体发展措施。应通过中央的行政命令手段组建经济区的专门领导机构，为统筹区域经济发展做出统一规划，并建立相应的监督机构，防止地方保护性壁垒阻碍经济区的整体发展。

（6）明确能源预警系统构建主体，确保预警系统运作顺利。能源预警系统涵盖了经济社会的诸多方面，构建的子系统涉及不同省（区）的不同资源，数据收集与处理复杂，同时还要协调不同省（区）的利益。

第一，要确定预警系统构建的领导组织，该领导组织要独立于各省（市、自治区），服从经济区统一领导机构，并由区内的科研院所具体实施。

第二，科研院所成立专家组，研究开发两套以上实施方案，研究预警系统的构建要素及实施细则供领导机构参阅定夺。各省（市、自治区）应协调配合专家组进行数据的收集与有关的调研。

第三，由各省（市、自治区）相关负责机构每年公布一次预警分析结果，并根据预警结果调整经济区能源发展规划。

（7）制定一致的数据统计口径，确保数据的可靠性。呼包银榆经济区地域范围跨越大，涵盖城市较多，加之政府统计指标不一，数据收集较为困难。因此经济区应制定数据统计标准，包括统一数据统计口径、统计科目等，各地区按照统一的规范统计数据，有条件的做成统计年鉴。部分数据各省（市、自治区）不愿公开的，各地区应尽量配合仅供科研院所作为科研依据，不做其他用途。

# 9.7　不足与展望

## 9.7.1　不足

本章在理论构建与数据收集方面尚存在不足之处，主要体现在：

（1）由于各省（区）能源统计数据有限，统计指标以及统计口径存在差别，难以收集所有数据。本书仅以部分重点城市的数据代表整个呼包银榆经济区，数据缺乏整体性。

（2）数据处理的过程中，将所有指标 10 年的数据标准化后进行计算，因此计算结果所反映的是指标 10 年来的变化趋势，是相对量而非绝对量，导致计算结果与实际情况存在差异。

（3）为便于计算，本书对反映不同方面的 17 个指标统一评级，一刀切的结果使得统计标准缺乏合理性。部分指标有相应的国际或国内行业标准，方便计算，对于某些没有国际标准的指标统计起来较为困难。

（4）本书仅构建了能源预警的概念模型，对于如何在经济区内推广应用，还需要实践检验。

## 9.7.2　展望

对于以上不足，呼包银榆经济区研究中心希望在今后的研究中能够进一步完善，从更多渠道获取指标数据及其评价标准，构建更加全面、合理的指标体系，从多角度分析，完善能源预警模型，并投入使用。

# 9.8　本章小结

呼包银榆经济区是继成渝、关中—天水、广西北部湾经济区之后，在新一轮西部大开发中确定的国家重点开发区域之一。呼包银榆能源基地的建设对于解决国家能源安全问题具有战略意义。经济区拥有储量丰富的煤炭、石油及天然气，发展太阳能、风能等新能源的条件也十分优越。本书针对呼包银榆经济区能源安全的现状，运用模糊综合分析法对经济区能源安全现状进行实证分析，得出了以下结论：

（1）在能源供给安全方面，呼包银榆经济区能源储量丰富，与其他省（市、自治区）比较具有相对优势。存在的开采技术问题和新能源开发的产权问题导致能源生产缺乏效率，能源安全级别不高。以煤炭资源为例，经济区煤炭储采比超过全国水平近10倍，但储采比逐年下降。由于经济区对不可再生的煤炭资源的高度依赖，煤炭资源的能源安全得分排名靠后。

（2）在能源需求安全方面，经济区能源安全水平差异较大。由于经济区人口密度较小，因此人均能源消耗与全国相比具有较大的优势，最大为全国平均水平的七倍。但能源强度较大，整体为全国的近两倍。表明呼包银榆经济区的经济增长对能源依赖较大，安全程度较低，属于"一般"等级。

（3）在能源环境安全方面，经济区总体环境水平较高。其中，废气、二氧化硫及烟尘的排放相对于全国具有较高的水平，而废水排放量的安全程度低于全国平均水平。经济区内固体废弃物综合利用率安全程度也低于全国平均水平。能源的综合利用率低下反映出区内存在能源浪费。

依据能源安全等级建立经济区的能源安全预警系统，对影响呼包银榆经济区能源安全问题的指标进行全方位监测，及时解决安全问题，保障经济区的战略能源基地地位。

经济区的预警系统由煤炭、石油、天然气及电力四个子系统组成。各子系统相辅相成又各自独立，某一个子系统的安全等级下降都会影响其他子系统的安全等级。建立预警系统的过程中，应明确构建主体、协调各有关部门增加收集数据的来源。

# 附录 A　能源安全指标体系原始数据

| 年份<br>指标 | 2004 | 2005 | 2006 | 2007 | 2008 |
|---|---|---|---|---|---|
| 煤炭储采比 $U_1$ | 2175.5810 | 1846.1657 | 1567.0295 | 921.1041 | 693.7790 |
| 石油储采比 $U_2$ | 73.1707 | 63.0252 | 55.9701 | 45.8716 | 40.0534 |
| 天然气储采比 $U_3$ | 92.3531 | 70.6586 | 63.1795 | 96.7344 | 77.6246 |
| 发电量（亿千万时）$U_4$ | 710.0085 | 917.8657 | 1190.179 | 1591.3678 | 1772.1650 |
| GDP 增长率 $U_5$ | 30.9508 | 37.7849 | 23.5823 | 30.1823 | 34.5463 |
| 能源产量（万吨标准煤）$U_6$ | 12618.4733 | 14975.4191 | 17628.6390 | 28947.0475 | 38098.4115 |
| 能源生产弹性系数 $U_7$ | 1.6095 | 0.4518 | 0.8197 | 2.0748 | 0.9522 |
| 人均能耗 $U_8$ | 3.0404 | 5.6431 | 6.3198 | 6.9551 | 7.9875 |
| 能源强度 $U_9$ | 1.9841 | 2.6984 | 2.4761 | 2.1165 | 1.8295 |
| 能源消费弹性系数 $U_{10}$ | 2.8235 | 0.3547 | 0.4781 | 0.5401 | 0.3579 |
| 电力消费弹性系数 $U_{11}$ | 0.9108 | 0.4847 | 1.4381 | 0.6762 | 0.3159 |
| 人口增长速度 $U_{12}$ | 3.7835 | 0.9605 | 1.2599 | 1.1113 | 1.2695 |
| 工业废水排放强度 $U_{13}$ | 6.9943 | 9.9392 | 8.3831 | 7.1425 | 6.5189 |
| 工业废气排放强度 $U_{14}$ | 4.0490 | 2.9098 | 3.3357 | 2.8952 | 2.3400 |
| 二氧化硫排放量 $U_{15}$ | 79.8728 | 94.7063 | 103.9431 | 96.2944 | 66.8497 |
| 烟尘排放量 $U_{16}$ | 44.7483 | 51.8269 | 46.6541 | 40.2599 | 24.1711 |
| 固体废弃物综合利用率 $U_{17}$ | 29.7470 | 40.9138 | 51.0074 | 68.3978 | 50.4381 |
| 煤炭储采比 $U_1$ | 538.6236 | 418.6706 | 341.8411 | 312.1293 | 309.7402 |
| 石油储采比 $U_2$ | 35.2113 | 30.5188 | 27.7100 | 25.8398 | 24.3986 |
| 天然气储采比 $U_3$ | 58.9915 | 46.6693 | 39.4098 | 37.5896 | 34.6387 |
| 发电量 $U_4$ | 1806.8040 | 2045.6140 | 2645.6710 | 2796.0550 | 3067.9200 |
| GDP 增长率 $U_5$ | 22.2980 | 20.7038 | 22.8455 | 13.7349 | 7.0297 |
| 能源产量 $U_6$ | 48981.2548 | 62779.4940 | 76547.8279 | 83569.4465 | 84172.6976 |
| 能源生产弹性系数 $U_7$ | 1.2382 | 1.4070 | 0.9277 | 0.7162 | 0.1026 |
| 人均能耗 $U_8$ | 8.8703 | 10.2340 | 12.0146 | 12.7370 | 11.9101 |
| 能源强度 $U_9$ | 1.6809 | 1.6281 | 1.5749 | 1.4810 | 1.5099 |
| 能源消费弹性系数 $U_{10}$ | 0.7584 | 0.9096 | 0.3044 | 0.3500 | 1.2976 |
| 电力消费弹性系数 $U_{11}$ | 0.1767 | 0.5795 | 1.1582 | 0.1657 | 0.2486 |
| 人口增长速度 $U_{12}$ | 1.1806 | 1.3338 | 1.2209 | 0.8883 | 0.6942 |

| 指标＼年份 | 2004 | 2005 | 2006 | 2007 | 2008 |
|---|---|---|---|---|---|
| 废水排放强度 $U_{13}$ | 5.8792 | 5.4123 | 3.9695 | 3.1954 | 2.9526 |
| 废气排放强度 $U_{14}$ | 2.9315 | 4.5548 | 3.3852 | 2.9006 | 2.7722 |
| 二氧化硫排放量 $U_{15}$ | 84.6576 | 90.3531 | 116.6024 | 114.7787 | 105.030 |
| 烟尘排放量 $U_{16}$ | 23.0734 | 42.3224 | 53.5189 | 32.4555 | 43.2645 |
| 固体废弃物综合利用率 $U_{17}$ | 66.7728 | 56.6189 | 51.7918 | 52.5374 | 54.5198 |

资料来源：呼和浩特市、包头市、鄂尔多斯市、宁夏回族自治区、榆林市统计年鉴。

# 附录 B  能源安全指标体系数据标准化结果

| 指标 \ 年份 | 2004 | 2005 | 2006 | 2007 | 2008 |
|---|---|---|---|---|---|
| 煤炭储采比 $U_1$ | 0.6831 | 0.5797 | 0.4920 | 0.2892 | 0.2178 |
| 石油储采比 $U_2$ | 0.2098 | 0.1807 | 0.1604 | 0.1315 | 0.1148 |
| 天然气储采比 $U_3$ | 0.8057 | 0.6164 | 0.5512 | 0.8439 | 0.6772 |
| 发电量 | 0.2539 | 0.3283 | 0.4257 | 0.5691 | 0.6338 |
| GDP 增长率 $U_4$ | 0.8191 | 1.0000 | 0.6241 | 0.7988 | 0.9143 |
| 能源产量 $U_5$ | 0.1510 | 0.1792 | 0.2109 | 0.3464 | 0.4559 |
| 能源生产弹性系数 $U_6$ | 0.7757 | 0.2178 | 0.3951 | 1.0000 | 0.4589 |
| 人均能耗 $U_7$ | 0.3982 | 0.7391 | 0.8278 | 0.9110 | 0.9559 |
| 能源强度 $U_8$ | 0.7464 | 0.5489 | 0.5981 | 0.6997 | 0.8095 |
| 能源消费弹性系数 $U_9$ | 0.1078 | 0.8582 | 0.6367 | 0.5636 | 0.8506 |
| 电力消费弹性系数 | 0.6333 | 0.3370 | 1.0000 | 0.4702 | 0.2196 |
| 人口增长速度 $U_{10}$ | 0.2348 | 0.9249 | 0.7051 | 0.7994 | 0.6998 |
| 废水排放强度 $U_{11}$ | 0.4569 | 0.3215 | 0.3812 | 0.4474 | 0.4902 |
| 废气排放强度 $U_{12}$ | 0.5779 | 0.8042 | 0.7015 | 0.8082 | 1.0000 |
| 二氧化硫排放量 $U_{13}$ | 0.7150 | 0.6031 | 0.5495 | 0.5931 | 0.8543 |
| 烟尘排放量 $U_{14}$ | 0.5156 | 0.4452 | 0.4946 | 0.5731 | 0.9546 |
| 固体废弃物综合利用率 $U_{15}$ | 0.4349 | 0.5982 | 0.7457 | 1.0000 | 0.7374 |
| 煤炭储采比 | 0.1691 | 0.1315 | 0.1073 | 0.0980 | 0.1425 |
| 石油储采比 $U_2$ | 0.1009 | 0.0875 | 0.0794 | 0.0741 | 0.3280 |
| 天然气储采比 $U_3$ | 0.5146 | 0.4071 | 0.3438 | 0.3279 | 0.3790 |
| 发电量 | 0.6462 | 0.7316 | 0.9462 | 1.0000 | 1.0000 |
| GDP 增长率 $U_4$ | 0.5901 | 0.5479 | 0.6046 | 0.3635 | 0.1860 |
| 能源产量 $U_5$ | 0.5861 | 0.7512 | 0.9160 | 1.0000 | 0.5118 |
| 能源生产弹性系数 $U_6$ | 0.5968 | 0.6781 | 0.4471 | 0.3452 | 0.1779 |
| 人均能耗 $U_7$ | 0.8607 | 0.7460 | 0.6355 | 0.5994 | 0.0147 |
| 能源强度 $U_8$ | 0.8811 | 0.9097 | 0.9404 | 1.0000 | 0.9999 |
| 能源消费弹性系数 $U_9$ | 0.4014 | 0.3347 | 0.9404 | 1.0000 | 0.9808 |
| 电力消费弹性系数 | 0.1228 | 0.4030 | 0.8054 | 0.1152 | 0.2225 |
| 人口增长速度 $U_{10}$ | 0.7525 | 0.6660 | 0.7276 | 0.7815 | 1.0000 |

| 指标　　　　　年份 | 2004 | 2005 | 2006 | 2007 | 2008 |
|---|---|---|---|---|---|
| 废水排放强度 $U_{11}$ | 0.5435 | 0.5904 | 0.8050 | 1.0000 | 0.0598 |
| 废气排放强度 $U_{12}$ | 0.7982 | 0.5137 | 0.6912 | 0.8067 | 0.1829 |
| 二氧化硫排放量 $U_{13}$ | 0.6746 | 0.6321 | 0.4898 | 0.4976 | 0.3512 |
| 烟尘排放量 $U_{14}$ | 1.0000 | 0.5452 | 0.4311 | 0.7109 | 0.9558 |
| 固体废弃物综合利用率 $U_{15}$ | 0.9762 | 0.8278 | 0.7572 | 0.7681 | 0.7868 |

资料来源：作者整理。

# 附录 C　能源安全评价指标单因素评价矩阵

$$
r_{1jk}(U_1) = \begin{bmatrix}
0 & 0 & 0 & 0 & 1 \\
0 & 0 & 0 & 0 & 1 \\
0 & 0 & 0 & 0.2657 & 0.7343 \\
0 & 0.2554 & 0.7446 & 0 & 0 \\
0 & 0.5037 & 0.3963 & 0 & 0 \\
0 & 0.8414 & 0.1586 & 0 & 0 \\
0.0756 & 0.9244 & 0 & 0 & 0 \\
0.4287 & 0.5713 & 0 & 0 & 0 \\
0.5653 & 0.4347 & 0 & 0 & 0 \\
0.5751 & 0.4249 & 0 & 0 & 0
\end{bmatrix}
$$

$$
r_{2jk}(U_2) = \begin{bmatrix}
0 & 0 & 0 & 0 & 1 \\
0 & 0 & 0 & 0 & 1 \\
0 & 0 & 0 & 0.1169 & 0.8831 \\
0 & 0 & 0 & 0.5770 & 0.4230 \\
0 & 0 & 0 & 0.8420 & 0.1580 \\
0 & 0 & 0.0626 & 0.9374 & 0 \\
0 & 0 & 0.2764 & 0.7236 & 0 \\
0 & 0 & 0.4043 & 0.5957 & 0 \\
0 & 0 & 0.4893 & 0.5105 & 0 \\
0 & 0 & 0.5733 & 0.4267 & 0
\end{bmatrix}
$$

$$
r_{3jk}(U_3) = \begin{bmatrix}
0 & 0 & 0 & 0 & 1 \\
0 & 0 & 0 & 0.2319 & 0.7681 \\
0 & 0 & 0 & 0.4896 & 0.5104 \\
0 & 0 & 0 & 0 & 1 \\
0 & 0 & 0 & 0 & 1 \\
0 & 0 & 0.0585 & 0.6339 & 0.3661 \\
0 & 0 & 0.0585 & 0.9415 & 0 \\
0 & 0 & 0.3087 & 0.6913 & 0 \\
0 & 0 & 0.3714 & 0.6286 & 0 \\
0 & 0 & 0.4606 & 0.5394 & 0
\end{bmatrix}
$$

$$r_{4jk}(U_4) = \begin{bmatrix} 0 & 0.8952 & 0.1048 & 0 & 0 \\ 0 & 0.6694 & 0.3306 & 0 & 0 \\ 0 & 0.3735 & 0.6265 & 0 & 0 \\ 0 & 0 & 0.9376 & 0.0624 & 0 \\ 0 & 0 & 0.7412 & 0.2588 & 0 \\ 0 & 0 & 0.7036 & 0.2964 & 0 \\ 0 & 0 & 0.4441 & 0.5559 & 0 \\ 0 & 0 & 0 & 0 & 1 \\ 0 & 0 & 0 & 0 & 1 \\ 0 & 0 & 0 & 0 & 1 \end{bmatrix}$$

$$r_{5jk}(U_5) = \begin{bmatrix} 0 & 0 & 0 & 0 & 1 \\ 0 & 0 & 0 & 0 & 1 \\ 0 & 0 & 0 & 0.5863 & 0.4137 \\ 0 & 0 & 0 & 0.0040 & 0.9960 \\ 0 & 0 & 0 & 0 & 1 \\ 0 & 0 & 0 & 0.6996 & 0.3004 \\ 0 & 0 & 0 & 0.8402 & 0.1598 \\ 0 & 0 & 0 & 0.6513 & 0.3487 \\ 0 & 0.4550 & 0.5450 & 0 & 0 \\ 1 & 0 & 0 & 0 & 0 \end{bmatrix}$$

$$r_{6jk}(U_6) = \begin{bmatrix} 0.5009 & 0.4991 & 0 & 0 & 0 \\ 0.2209 & 0.7791 & 0 & 0 & 0 \\ 0 & 0.9686 & 0.0314 & 0 & 0 \\ 0 & 0.5203 & 0.4797 & 0 & 0 \\ 0 & 0.1579 & 0.8421 & 0 & 0 \\ 0 & 0 & 0.7270 & 0.2730 & 0 \\ 0 & 0 & 0.1805 & 0.8195 & 0 \\ 0 & 0 & 0 & 0 & 1 \\ 0 & 0 & 0 & 0 & 1 \\ 0 & 0 & 0 & 0 & 1 \end{bmatrix}$$

$$r_{7jk}(U_7) = \begin{bmatrix} 0 & 0 & 0 & 0.0809 & 0.9191 \\ 0 & 0.9407 & 0.0593 & 0 & 0 \\ 0 & 0.3497 & 0.6503 & 0 & 0 \\ 0 & 0 & 0 & 0 & 1 \\ 0 & 0.1369 & 0.8631 & 0 & 0 \\ 0 & 0 & 0.6773 & 0.3227 & 0 \\ 0 & 0 & 0.4063 & 0.5937 & 0 \\ 0 & 0.1762 & 0.8238 & 0 & 0 \\ 0 & 0.5161 & 0.4839 & 0 & 0 \\ 1 & 0 & 0 & 0 & 0 \end{bmatrix}$$

$$r_{8jk}(U_8) = \begin{bmatrix} 0 & 0.9799 & 0.0201 & 0 & 0 \\ 0 & 0.8238 & 0.1762 & 0 & 0 \\ 0 & 0.1070 & 0.8930 & 0 & 0 \\ 0 & 0 & 0.9174 & 0.0826 & 0 \\ 0 & 0 & 0.7445 & 0.2555 & 0 \\ 0 & 0 & 0.4573 & 0.5427 & 0 \\ 0 & 0 & 0.2168 & 0.7832 & 0 \\ 0 & 0 & 0 & 0 & 1 \\ 0 & 0 & 0 & 0 & 1 \\ 0 & 0 & 0 & 0 & 1 \end{bmatrix} \qquad r_{9jk}(U_9) = \begin{bmatrix} 0 & 0 & 0 & 0.1785 & 0.8811 \\ 0 & 0 & 0 & 0.8372 & 0.8215 \\ 0 & 0 & 0 & 0.6729 & 0.1628 \\ 0 & 0 & 0 & 0.3342 & 0.3271 \\ 0 & 0 & 0 & 0 & 0.6658 \\ 0 & 0 & 0 & 0 & 1 \\ 0 & 0 & 0 & 0 & 1 \\ 0 & 0 & 0 & 0 & 1 \\ 0 & 0 & 0 & 0 & 1 \\ 0 & 0 & 0 & 0 & 1 \end{bmatrix}$$

$$r_{10jk}(U_{10}) = \begin{bmatrix} 0 & 0.0542 & 0.9458 & 0 & 0 \\ 0.3848 & 0.6152 & 0 & 0 & 0 \\ 0 & 0 & 0 & 0.4758 & 0.5242 \\ 0 & 0 & 0 & 0 & 1 \\ 0 & 0 & 0 & 0.0278 & 0.9722 \\ 0 & 0 & 0 & 0.4210 & 0.5790 \\ 0 & 0 & 0.1422 & 0.8578 & 0 \\ 0 & 0 & 0.1561 & 0.8439 & 0 \\ 0 & 0 & 0 & 0.2075 & 0.7925 \\ 0 & 0 & 0.7070 & 0.2930 & 0 \end{bmatrix}$$

$$
r_{11jk}(U_{11}) = \begin{bmatrix}
0 & 0 & 0 & 0.5556 & 0.4444 \\
0 & 0 & 0.5432 & 0.4568 & 0 \\
0 & 0 & 0 & 0 & 1 \\
0 & 0 & 0.0994 & 0.9006 & 0 \\
0 & 0 & 0.9346 & 0.0654 & 0 \\
0 & 0.7715 & 0.2285 & 0 & 0 \\
0 & 0 & 0.3235 & 0.6765 & 0 \\
0 & 0 & 0 & 0 & 1 \\
0 & 0.8481 & 0.1519 & 0 & 0 \\
0 & 0.2714 & 0.7286 & 0 & 0
\end{bmatrix}
$$

$$
r_{12jk}(U_{12}) = \begin{bmatrix}
0 & 0.1650 & 0.8350 & 0 & 0 \\
0 & 0 & 0 & 0.2573 & 0.7427 \\
0 & 0 & 0 & 0.8298 & 0.1702 \\
0 & 0 & 0 & 0.5842 & 0.4158 \\
0 & 0 & 0 & 0.8438 & 0.1562 \\
0 & 0 & 0 & 0.7065 & 0.2935 \\
0 & 0 & 0 & 0.9316 & 0.0684 \\
0 & 0 & 0 & 0.7711 & 0.2289 \\
0 & 0 & 0 & 0.0616 & 0.9384 \\
0 & 0 & 0 & 0 & 1
\end{bmatrix}
$$

$$
r_{13jk}(U_{13}) = \begin{bmatrix}
0 & 0 & 0.2595 & 0.7405 & 0 \\
0 & 0 & 0.6764 & 0.3236 & 0 \\
0 & 0 & 0.4926 & 0.5074 & 0 \\
0 & 0 & 0.2887 & 0.7113 & 0 \\
0 & 0 & 0.1569 & 0.8431 & 0 \\
0 & 0 & 0 & 0.9926 & 0.0074 \\
0 & 0 & 0 & 0.8482 & 0.1518 \\
0 & 0 & 0 & 0.1872 & 0.8128 \\
0 & 0 & 0 & 0 & 1 \\
0 & 0 & 0 & 0 & 1
\end{bmatrix}
$$

$$
r_{14jk}(U_{14}) = \begin{bmatrix}
0 & 0 & 0 & 0.7403 & 0.2597 \\
0 & 0 & 0 & 0 & 1 \\
0 & 0 & 0 & 0.3283 & 0.6717 \\
0 & 0 & 0 & 0 & 1 \\
0 & 0 & 0 & 0 & 1 \\
0 & 0 & 0 & 0.0059 & 0.9941 \\
0 & 0 & 0 & 0 & 0.0458 \\
0 & 0 & 0 & 0 & 0.2597 \\
0 & 0 & 0 & 0 & 1 \\
0 & 0 & 0 & 0 & 1
\end{bmatrix}
$$

$$r_{15jk}(U_{15}) = \begin{bmatrix} 0 & 0 & 0 & 0.2832 & 0.7168 \\ 0 & 0 & 0 & 0.6565 & 0.3435 \\ 0 & 0 & 0 & 0.8351 & 0.1649 \\ 0 & 0 & 0 & 0.6896 & 0.3104 \\ 0 & 0 & 0 & 0 & 1 \\ 0 & 0 & 0 & 0.4179 & 0.5821 \\ 0 & 0 & 0 & 0.5596 & 0.4404 \\ 0 & 0 & 0.0340 & 0.9660 & 0 \\ 0 & 0 & 0.0080 & 0.9920 & 0 \\ 0 & 0 & 0 & 0.8541 & 0.1459 \end{bmatrix}$$

$$r_{16jk}(U_{16}) = \begin{bmatrix} 0 & 0 & 0 & 0.9479 & 0.0521 \\ 0 & 0 & 0.1827 & 0.8173 & 0 \\ 0 & 0 & 0.0181 & 0.9819 & 0 \\ 0 & 0 & 0 & 0.7563 & 0.2437 \\ 0 & 0 & 0 & 0 & 1 \\ 0 & 0 & 0 & 0 & 1 \\ 0 & 0 & 0 & 0.8494 & 0.1506 \\ 0 & 0 & 0.2296 & 0.7704 & 0 \\ 0 & 0 & 0 & 0.2969 & 0.7031 \\ 0 & 0 & 0 & 0.8888 & 0.1112 \end{bmatrix}$$

$$r_{17jk}(U_{17}) = \begin{bmatrix} 0 & 0 & 0.2170 & 0.7830 & 0 \\ 0 & 0 & 0 & 0.6728 & 0.3272 \\ 0 & 0 & 0 & 0.1808 & 0.8192 \\ 0 & 0 & 0 & 0 & 1 \\ 0 & 0 & 0 & 0.2086 & 0.7914 \\ 0 & 0 & 0 & 0 & 1 \\ 0 & 0 & 0 & 0 & 1 \\ 0 & 0 & 0 & 0.1426 & 0.8574 \\ 0 & 0 & 0 & 0.1063 & 0.8937 \\ 0 & 0 & 0 & 0.0097 & 0.9903 \end{bmatrix}$$

# 参考文献

［1］赵宏图. 国际能源安全形势的新特点［J］. 现代国际关系，2005，7（1）.

［2］William Martin. Maintaining Energy Security in a Global Context. A Report to the Trilateral Commission ［EB/OL］. http：//ci.nii.ac.jp/ncid/BA320/5067.

［3］Robert Priddle. Energy Security：A Vital Concept，a Changing Definition ［Z］. Speech at the Energy Security Group of Foreign Relations Council，Washington DC，2013.

［4］李霞. 东北亚区域能源安全与能源合作研究 ［D］. 吉林大学博士学位论文，2012.

［5］R. W. Bentley. Global Oil & Gas Depletion：An Overview ［J］. Energy Policy，2002，30（1）.

［6］Bat-Orshikh Erdenetsogt，Insung Lee. Mongolian Coal-bearing Basins：Geological Settings，Coal Characteristics，Distribution，and Resources ［J］. Coal Gcograpliy，2009，80（8）.

［7］Mikael Hook. Global Coal Production Outlooks Based on a Logistic Model ［J］. Fuel，2010，89（6）.

［8］Nick A. Owen，Oliver R. Inderwildi，David A. King. The Status of Conventional World Oil Reserves—Hype or Cause for Concern ［J］. Energy Policy，2010，38（8）.

［9］迈克尔·米切尔. 现在该为缺油的世界做准备了 ［J］. FT 全球经济报道，2004（1）.

［10］丹尼尔·耶金. 全球能源安全 ［J］. 国际经济评论，2003（5）.

［11］Abraham Statement. US Energy Secretary on Second Anniversary of President's National Energy Policy Announcement ［R］. government of energy news，2005.

［12］Abraham Statement. US Department of Energy Draft Strategic Plan ［R］. The Department of Energy Strategic Plan，2003.

［13］Commission of the European Communities Internal Energy Market ［R］. Commission Proposes Strengthening Security of Oil and Gas Supplies，2002.

[14] Commission of the European Communities [R]. Green Paper——A European Strategy for Sustainable, Competitive and Secure Energy, 2006.

[15] US Shale Gas Weakening Russian, Iranian Petro-power, Baker Institute Study Finds [R]. Mathematics & Economics, 2011.

[16] 张起花, 刘彧. 能源独立的"清洁"版本——美国《2011年战略规划》解读 [J]. 中国石油石化, 2011 (12).

[17] 韩文科. 宏观经济形势与国家能源安全 [J]. 北京石油管理干部学院学报, 2008 (S1).

[18] 崔民选. 中国能源发展报告 [M]. 北京: 社会科学文献出版社, 2010.

[19] 刘书坦. 国际能源新形势下的中国能源安全战略研究 [J]. 黑龙江对外经贸, 2009 (10).

[20] 何文渊, 魏彩云. 中国油气资源发展现状面临的问题和对策 [J]. 中国能源, 2005 (1).

[21] 周志强. 中国能源现状、发展趋势及对策 [J]. 能源与环境, 2008 (6).

[22] 高洪涛, 丁浩, 李亮. 我国石油消费现状及其战略思考 [J]. 中国安全科学学报, 2004, 14 (8).

[23] 何琼. 中国能源安全问题探讨及对策研究 [J]. 中国安全科学学报, 2009, 6 (19).

[24] 张晓平. 20纪90年代以来中国能源消费的时空格局及其影响因素 [J]. 中国人口·资源与环境, 2005, 15 (2).

[25] 管清友. 中国的能源安全与国际能源合作 [J]. 世界经济与政治, 2007 (11).

[26] 唐剑平. 中国能源安全对策及建议 [D]. 吉林大学硕士学位论文, 2003.

[27] 赵庆寺. 科学发展观视域中的中国能源安全新范式 [J]. 探索, 2013 (2).

[28] 王家成. 中国能源政策与中欧合作 [M]. 北京: 社会科学出版社, 2007.

[29] 杨光. 欧盟能源安全战略及其启示 [J]. 欧洲研究, 2007 (5).

[30] 付瑶. 我国能源安全现状与对策 [J]. 合作经济与科技, 2007 (4).

[31] 曹新. 中国能源发展战略与石油安全对策研究 [J]. 经济研究参考, 2005 (57).

[32] 冯路威. 石油博弈 [M]. 北京: 经济管理出版社, 2003.

[33] 余国合. 美国"能源独立"战略对中国能源安全的启示 [J]. 中国矿业, 2013 (1).

[34] 许绍云. 关于中国能源安全问题的研究 [J]. 中国管理信息化, 2013, 8 (16).

［35］张璞，王欢.基于产业视角的呼包银榆经济区合作与发展问题思考［J］.开发研究，2014（5）.

［36］苏飞，张平宇.中国区域能源安全供给脆弱性分析［J］.中国人口·资源与环境，2008，6（18）.

［37］陈兆荣.基于 DPSIR 模型的我国区域能源安全评价［J］.山东工商学院学报，2013，2（27）.

［38］王忠诚，李宁，李春华，施浩.基于因子分析方法的江苏省能源安全系统评价［J］.2011，27（17）.

［39］魏一鸣，焦建玲.高级能源经济学［M］.北京：清华大学出版社，2013.

［40］王慧敏，陈宝书.煤炭行业预警指标体系的基本框架结构［J］.中国煤炭经济学院学报，1996（4）.

［41］郭小哲，段兆芳.我国能源安全多目标多因素监测预警系统［J］.中国国土资源经济，2005（2）.

［42］刘强，姜克隽，胡秀莲.中国能源安全预警指标框架体系设计［J］.中国能源，2007，4（29）.

［43］艾德春.我国煤炭供需平衡的预测预警研究［D］.中国矿业大学博士学位论文，2008.

［44］张强.基于开放复杂巨系统理论的能源安全及预警安全［J］.中国科技论坛，2011（2）.

［45］田时中.我国煤炭供需安全评价及预测预警研究［D］.中国地质大学博士学位论文，2013.

［46］Webb IR，Larson R C Period and Phase of Customer Replenishment：A New Approach to the Strategic Inventory/Routing Problem［J］.European Journal of Operational Research，1995（85）.

［47］Kyong Joo Oh，Tae Yoon Kim，Sohn I.，Changha Hwang. Usefulness of Artificial Neural Networks for Early Warning System of Economic Crisis［J］.Expert Systems with Applications，2004，26（4）.

［48］Liu S.，Lindholm C.K. Assessing Early Warning Signals of Currency Crises：A Fuzzy Clustering Approach［J］.International Journal of Intelligent Systems in Accounting，Finance and Management，2006，14（4）.

［49］Manetsch，T. J. An Approach to Early Warning of Slowly Evolving Crises with Reference to Food Shortage Forecasting［J］.IEEE Transactions on Systems，Man and Cybernetics, 1984, 14 (3).

　　[50] Hafele W. Energy in a Finite World [M]. Ballinger Publishing ComPany, 1981.

　　[51] Andre Jerryhoff, Europe's Energy Defense [N]. The Independent, 2006-12-31.

　　[52] Engel. R.F. Auto-regessive Conditional Hetereskedasticity with Estimates of Varianceod U. K. Inflation [J]. Econometrica, 1982 (50).

　　[53] 王慧敏, 穆青, 杨彦明. 煤炭工业经济预警建模思路 [J]. 中国能源, 1998 (1).

　　[54] Tae Yoon, Kying Joo Oh, Insuk Sohn, Changha Huang. Usefulness of Artificial Nural Networks for Early Warning System of Economic Crisis [J]. Exper System With Applications, 2004 (26).

　　[55] Bollersler Tim. Generalized Autoregessive Conditional Hetereskedasticity [J]. Journal of Economics, 1986 (31).

　　[56] Juliane Yim, Healther Mitichell. Comparision of Country Risk Models: Hybrid Neural Netwoks, Logit Models, Discriminant Analysis and Cluster Techniques [J]. Expert Systems with Applications, 2005, 28 (1).

# 10 呼包银榆经济区产业结构对生态环境的影响研究

首先，本章在分析了呼包银榆经济区（以下简称经济区）产业结构演变与生态环境演变趋势的基础上，构建了产业结构指标与生态环境指标两个指标体系。其次，运用典型相关性法、协整检验、脉冲响应函数以及方差分析法，检验和分析了经济区产业结构变动对生态环境质量的动态效应与影响程度。再次，对经济区各细分产业的生态环境效应进行了定量分析，得出了经济区产业结构的生态环境效应指数。最后，在上述实证分析的基础上，提出了企业与政府应采取怎样的措施来优化产业结构，以降低经济区不同产业类型对生态环境质量的影响，进而对改善经济区生态环境提出一系列对策建议。

## 10.1 引 言

2012 年 10 月国务院批复的《呼包银榆经济区发展规划（2012~2020 年）》明确指出了：中央设立该经济区的目的之一就是探索其可持续发展之道，包括打造经济区成为我国生态文明示范区，成为西部地区重要的经济增长极等。我们已知经济区不仅是我国重要的能源和矿产资源富集区，也是重要的生态功能区。然而，多年来的高投入、高消耗、高污染、低效益的粗放型经济增长模式，已对经济区的生态环境质量造成严重影响，环境承受能力相对较低，产业竞争优势也逐渐受到威胁，致使区域内的经济与环境之间的协调发展能力亟须提高。因此，如何妥善处理好经济区产业发展和生态环境保护之间的关系，成为经济区各地政府关注的核心。

为了使呼包银榆经济区能走上可持续发展的战略道路，能响应生态文明建设、高举生态保护旗帜，能将自身的资源优势转化为经济优势，在分析经济区产业结构对生态环境的影响程度的基础上，应对该区域的重点产业、结构、机制进行调整，实现全区域的产业优化升级，提升经济实力并且改善区域生态环境，进而带动我国中西部地区经济发展与生态文明登上另一个台阶。希望本书的研究成果对于未来我国区域经济的协调可持续发展实践具有一定的理论和实践应用价值。

（1）本章在分析了经济区产业结构对生态环境影响效应及程度的基础上，对呼包银榆产业结构优化调整策略进行探索，同时兼顾了生态环境保护的宗旨，丰富了关于资源型地区经济发展的相关理论研究，对今后区域经济与生态协调发展的研究具有一定的理论意义。

（2）本章以定量分析呼包银榆经济区产业与环境的演变以及产业发展对生态环境的影响为主线，从产业结构调整以及技术创新等方面来阐述区域产业优化以及环境改善的对策问题。

（3）本章在通过定量分析经济区产业结构对生态环境影响的基础上，指出当前产业结构所面临的问题，以探索产业结构的优化发展之道，同时兼顾生态环境保护的理念，有利于该区域经济、环境的共同协调发展，为经济区今后的可持续发展提供了对策依据，也对该区域的实证考察研究注入了新的动力和活力。

# 10.2　国内外相关研究综述

## 10.2.1　产业结构变动及生态环境保护的研究综述

### 10.2.1.1　产业结构变动的研究

产业结构优化变动的过程传统意义上指将产业结构向更加合理化或更加高级化发展的过程。奥地利经济学家 Walt Whitman Rostow（1960）认为，每个经济社会发展到一定阶段，都自然会根据区域现状以及优势条件形成一定的主导产业，以带动其他慢节奏产业的发展。英国经济学家 William Petty（1978）对三次产业结构的收入水平差异进行了研究，结果表明三次产业的收入水平与产业结构的变动存在一定的联系，产业所占比例较大，则其对应的收入水平也相对较高。英国经济学家 Adam Smith（1981）曾在其著作中提出了绝对优势理论，该理论认为，社会与自然生产要素都是以从低效率产业向高效率产业流入为趋势，进而促使区域内的产业结构向更合理的比例进行转变，以保障经济得到快速发展。Halser A. V.（1989）认为，产业结构的合理性评价及由此做出的产业结构变动调整是保持地方经济持续发展的基础。新西兰经济学家费希尔（1990）结合了配第的理论，最先提出了三次产业结构划分，并将产业大致分为农业、畜牧业、工业及服务业四大类。英国经济学家科林·克拉克认为，由于产业之间存在收入差异，将导致社会劳动力从第一产业逐步向第二产业转移或过渡，最终流向第三产业。Rachel Parker（2000）对奥地利、瑞典、挪威以及日本四个国家的产业结构进行了研究，得出前三国最初是由于缺乏促进产业结构变动的政策，导致这些国家的产业转型相对滞后，政府在推动产业向更加新型化、更加技术化发展方面中没有起到力所能及的作用，而日本政府长期以来与产业之间保持密切联系，时刻关注产业结构的变动趋势，在鼓励高新技术产业发展的同时，也制定了相应的政策来扶植落后产业的发展，积极促进产业结构变动，以形成高技术、高效率产业的竞争优势。

我国学者从20世纪90年代开始关注产业结构的研究，且主要集中在分析产业发展所存在的问题。比较有代表性的如刘伟（2002）运用实证分析方法，通过分析了我国不同产业结构对经济规模的影响程度，来研究我国不同的产业结构对国家经济规模的影响程度。刘志彪、安同良（2002）则对我国产业结构变动与国家经济增长之间的联系进行了研究，测算出1978~1999年我国产业结构的变动程度大小，运用灰色关联度模型，得出分析结果，即我国产业结构的快速变动、结构合理化是保障我国经济快速增长的根本原因。李晓嘉、刘鹏（2006）研究了产业结构变化对就业结构的影响，得出就业结构变动滞后于产业结构变化，第三产业发展缓慢。陈斌（2011）研究了广东省产业结构变动与对外贸易之间的关系，他认为，产业结构优化与对外贸易发展是一个相互促进的关系。

### 10.2.1.2　生态环境保护的研究

从人类社会的发展进程来看，生态环境保护是人类社会发展到一定阶段的必然需求。现代工业的快速发展使得人类生产与自然环境之间正以同样惊人的速度进行着物质交换。一方面，人类对土地、森林、能源以及其他自然资源进行过度消耗的现象，尤其是对不可再生资源所采取不合理的开发利用，已使之难以恢复再生；另一方面，随着各产业向环境排放废弃物的增加，生态环境遭到严重的破坏，人类和其他生物的生存受到极度威胁。

在生态环境保护方面，Pigou曾从经济学的角度对英国的环境污染问题做过研究，他认为，环境问题的产生是由于市场在环境资源合理配置方面上的失控所造成的，他的理论让我们看到了市场在生态环境治理上的重要性，也为政府以强制性的手段治理环境提供了依据。

近年来，随着我国经济的快速增长以及环保事业的发展，国外也有学者开始关注着我国的生态环境状况。如Kahrl和David（2000）指出，任何一个大国的经济增长和环境质量以及能源消耗之间的关系都没有中国的这么重要。Arthur P. J.等（2006）在掌握和评定了中国环境治理变革的趋势以及程度的基础上，认为我国在面对空前的经济和工业发展水平下，正在快速地完善着环境治理体系，对过去的控制型环境正进行着措施以及政策方面上的变革。

而在国内，中共十八大明确强调了构建文明生态城市的重要意义，生态文明是一种生态合理和环境友好的绿色文明，是对工业文明的扬弃和超越，而生态环境保护是建设生态文明的重要基础。姬振海（2007）认为，生态保护是指人类对生态进行有意识的保护。它主要以生态科学为指导，是人类建设生态文明不可或缺的重要组成部分。生态保护的要点是通过对生态学理论和方法的应用，以使人类与环境之间的矛盾得到消除，进而促进人类与生物圈之间关系上的协调。

李人达（2010）指出，生态环境保护就是通过相应政策与技术对自然、社会要素进行合理、科学的结合，适应时代，符合现状，以满足生态文明的需要，将实现社会、经济、自然三者科学协调发展作为最终目标。

杨建林、徐君（2015）采用2000~2012年呼包银榆经济区的统计数据，运用典型相关法、协整检验、脉冲响应函数及方差分解法，在分析呼包银榆经济区与生态环境相关性的基础上，检验和分析了经济区产业结构变动对生态环境的动态效应。

### 10.2.2　产业结构演变对环境影响的研究综述

#### 10.2.2.1　产业结构演变对环境影响的国外研究

早期，国外学术界对产业结构变化所造成的环境影响的相关研究并不多，直到20世纪七八十年代，由于全球共同进行的一场关于"经济增长极限论"的学术争论，导致后来大量学者开始将视线转移到产业结构对生态环境的影响上来。

Forrester（1971）首次提出产业环境的概念，并倡导地区政府在促进经济发展的过程中，应充分考虑产业与环境之间的协调性。其内容主要包括两个方面：一是鼓励和促进清洁生产政策，即政府可以通过法律、行政等手段，鼓励各企业提高相应技术，使产业结构向生产效率高、环境污染小的方向转变。二是抑制和治理污染政策，即通过强调环境的末端处理技术的重要性，以提高资源的利用效率，进而控制各企业对生态环境的污染程度。

Kreuger的环境库兹涅茨曲线（Environment Kuzets Curves，EKC）假说认为，在经济发展早期，环境质量是趋于恶化的，但其会随着经济水平的提高而得到相应的改善。他认为经济的不断发展自然会带动产业结构的变化，进而对环境质量造成影响，即经济中心都会从以农业为主的低污染型经济向高污染型经济转变，最终回归到以服务业为主的低污染经济。

Miller 和 Blair（1985）利用投入产出方法，对行业活动中的污染物排放进行定量分析，为产业结构调整升级提供了理论支持。Theo J. N. M. de Brujin 和 Peter S. Hofman（2000）研究了产业结构变化与环境保护之间的关系，他们认为产业结构转变应该建立在加强生态效率的前提下，使污染达到最低，进而提高资源的有效利用率，以使社会产出得到增加。

#### 10.2.2.2　产业结构演变对环境影响的国内研究

在产业结构演变对环境的影响方面，学术界对其的研究仍很薄弱，缺乏系统性。在研究内容上，大多数研究也都是针对单一产业的发展对生态环境所造成的影响，如黄宗楚、郑祥民、曹希强（2004）以第一产业为研究对象，系统分析了第一产业对生态环境的影响。

李文君（2002）通过对唐山市的产业发展历程和环境影响机制进行分析，揭示了唐山市当时的环境水平较为脆弱，得出产业结构对生态环境的影响愈发严重；王丽娟、陈兴鹏（2003）通过采用灰色关联度分析法分析了产业结构对兰州市生态环境的影响，得出了第二产业对其造成的环境影响为最大。刘文兴等（2007）分析了鞍山市产业结构和环境质量的变化特征，运用典型相关分析法得出了鞍山市产业结构的凸显特征是第二产业处于绝对地位，其环境污染也是与第二产业有直接绝对关系。李斌（2001）、王云凤（2011）也是通过对研究区域工业、建筑业的分析，来探讨第二产业结构的变动对当地生态环境的影响。

周宏春（2000）则以交通运输业为研究对象，认为交通运输业对环境的影响主要表现在噪声污染以及交通尾气的排放。

### 10.2.3　小结

综观国内外对产业结构变动和生态环境相互影响的相关文献研究，众多学者从不同角度进行了探讨，各抒己见、各有侧重，尤其是在国外的理论基础上进行的实证研究，形成了各个区域经济研究板块，具体分布在我国的不同省份、不同行业。

近年来，国内外学者们的大部分关于产业结构对生态环境的影响方面的研究成果主要都偏重工业、能源消耗行业等单一产业对生态环境的影响，或者只就某个省（市、自治区）的产业结构的变化调整进行研究，缺乏对一个经济区尤其是跨省（市、自治区）的产业结构对生态环境影响的整体分析。

因此，本章通过借鉴相关学术界研究成果以及运用相关定量分析方法，找出目前经济区产业结构所存在的问题，并对区域经济一体化下的呼包银榆地区产业结构调整提出相对应的政策建议，建立一套适合经济区产业结构调整的运行方案，希望对经济区今后经济、生态的协调发展具有一定的指导性和参考价值。

# 10.3　概念界定与理论基础

## 10.3.1　概念界定

### 10.3.1.1　产业结构的概念及分类

产业结构狭义上指的是一个国家国民经济中，各产业以及产业内部之间的比例关系，而广义上又包括各产业之间的技术流动。产业结构是经济结构中的核心部分，具体包含两个方面的含义：一是量的方面，是指国民经济中各产业、各部门间的比例关系，进而形成了产业关联理论；二是质的方面，是指各产业经济效益和技术水平的分布状况，其揭示了市场经济中起主导作用的产业部门之间不断替换的规律。

产业的分类是一个伴随着科技进步的历史演变过程。按使用时间先后，产业分类法有农轻重分类法、霍夫曼分类法、三次产业分类法、标准产业分类法、"日本产业结构审议会"分类法、生产要素密集分类法等多种方法。这些方法中影响较大的就是霍夫曼分类法和三次产业分类法以及标准产业分类法。

霍夫曼分类法是德国经济学家霍夫曼所提出并创立的分类法，其主要是讲产业大致分为消费资料产业、资本资料产业以及其他产业三大类。其中，消费资料产业主要包括食品工业、纺织工业、家具工业等，而资本资料产业则包括冶金工业、金属材料工业、运输机械工业、化学工业等。

英国经济学家林·克拉克提出了三次产业分类法，即第一产业、第二产业与第三产业。其中，第一产业主要包括种植业、畜牧业、林业和狩猎业等；第二产业包括制造业等工业部门；第三产业是指商业、金融保险业、运输业、服务业和其他各项事业。

标准产业分类法是指联合国颁布的《全部经济活动的国际标准产业结构所以》。其主要是将全部经济活动分为十大项，再依次逐级分为若干小项，十大项包括：

（1）种植业、林业和渔业；

（2）矿业和采石业；

（3）制造业；

（4）电力、煤气、供水业；

（5）批发与零售业、住宿与餐饮业；

（6）建筑业；

（7）运输业、仓储业和邮电业；

（8）金融业、保险业以及商业性服务业；

（9）社会团体、社会及个人服务；

（10）不能分类的其他活动。

此分类方法涵盖了全部经济活动，并且与三次产业分类法保持着较为稳定的联系，统计的准确性较高。本章中的三次产业结构分类都是根据此类方法变化而来的。

### 10.3.1.2　产业结构的演变趋势

产业结构的演变是每个国家经济发展过程中所必须伴随的一种现象，各个国家的产业结构的演变趋势往往也是不同的，但总体上看，第一产业在经济活动中所占比重会趋于下降。第二产业所占比重会随着经济的发展而上升，达到饱和状态，最后趋于平衡。第三产业所占比重会持续增加，最终超过第二产业。

而对于第二产业而言，往往最初以轻纺工业为核心，随着技术的提高以及经济层面的需求，转为以发展重化工业为主，最后再以高新技术工业为主。

第三产业是以高科技创新技术为主导，技术密集型企业覆盖范围越来越广，促使第三产业在国家经济结构中的地位也越来越突出。

### 10.3.1.3　生态环境的概念

生态环境是指影响人类生存和经济发展的自然要素在数量和质量方面上的总称，它可分为两个方面，一是指自然要素之间的相互组合，二是指人与自然要素之间的具体关系的组合。

生态环境的解释多种多样，人们对生态环境的理解也大不相同。在我国，根据实际情况，生态环境大致有三个方面的理解：一是认为生态不是环境的修饰词，这种情况下所谓的生态环境仅即指生态与环境；二是认为只要存在某个问题、某种说法与生态环境都挂钩或者是不能很清晰地分辨出究竟应该归类到生态方面还是环境方面时，就用生态环境来表示；三是认为生态环境指的就是环境，其中的生态是形容符合人类的生存以及经济发展氛围，以此来描述环境，两者应该结合在一起。

### 10.3.1.4　产业结构对生态环境的影响

不同产业结构对生态环境的影响程度是不同的，总体上来说，一般第二产业对生态环境的影响最大，次之是第一产业，最后是第三产业。当然，产业结构对生态环境的影响程度也不是绝对的，并不是合理的产业结构对生态环境的影响就一定是有利的，自然而然，不合理的产业结构也未必会对生态环境造成恶劣影响。生态环境除了会受到产业结构影响外，还存在许多其他影响因素。环境经济理论指出，除了产业结构，地区的经济发展水平、环保产业的实施力度等都是影响生态环境质量的重要因素，但这些影响因素的变化都是以一定的制度因素为前提，因此，与产业、环境相适应的制度因素是促使产业结构有效作用于生态环境的基础保障。

### 10.3.2　基础理论

#### 10.3.2.1　循环经济理论

循环经济理论可持续发展理论引申，它是指在生态先行的思想下，以加强物质循环带动资源利用效率的方式来重构传统意义上粗放型的旧工业发展模式。它是以提高清洁生产技术、废弃物回收技术等为基本技术储备，提高资源的综合利用效率，实现资源消耗的高效性，进而解决自然资源可竭性问题的一种发展模式。循环经济理论旨在要求人们把传统意义上的"资源—产品—废弃物"的生产流程转变成"资源—产品—资源"的反馈式生产方式。

循环经济的基本原则是指所谓的"3R"原则，即减量化原则（Reduce）、再利用原则（Reuse）、再循环原则（Recycle），其中减量化原则是基础。循环经济理论是一种全新的生产理论，也是各国经济发展的生产理念，它可以使各产业、各部门在发展的同时，提高资源的利用效率，以促进自然资源得到最优化、最合理的配置，并且能减少废弃物的排放量。

#### 10.3.2.2　生态经济学理论

生态经济学理论是由 Kenneth Boulding 在 20 世纪 60 年代后期首次正式提出的。它是以研究经济系统与生态系统相结合后所具有的以功能为主的一种新型理论，它是生态学与经济学在多层次上所复合的一种较为系统的理论，不同于传统意义上的经济区或者生态学。战略性与实用性是该理论的主要特点，各国各地的生态经济系统是其研究的主要对象。

#### 10.3.2.3　产业生态学原理

产业生态学是以研究产业系统与自然生态系统之间相互作用关系以及两者协调持续发展为核心的一门交叉学科。产业生态学要求不能只看产业系统或者生态系统，应该将两者结合起来，研究其相互之间的关系。它以促使整个生产周期所涉及的多种资源得到最优化、最合理的配置为主要目的。

产业生态系统是指在一定区域内，具有某种功能的产业实体与其在产品、材料等生产和利用方面有相互作用关系的其他产业或非产业实体形成的综合体，它所涵盖的行业范围较广，不仅包括如农业、林业、采矿等这些可以直接利用天然资源生产初级产品的行业以及再次利用初级产品进行深度加工的装备制造、零件加工等行业，也包括专门回收和利用经各产业活动所残留的物质（"三废"）的环保产业组织。

### 10.3.3 小结

首先，本节介绍了产业结构的内涵、分类和演变趋势以及生态环境的相关概念；其次，简单地介绍了产业结构与生态环之间的相互作用关系；最后，详细介绍了本书所依据的三个基础理论，具体包括循环经济理论、生态经济学理论以及产业生态学原理。

## 10.4 呼包银榆经济区三次产业演变的生态环境效应分析

### 10.4.1 呼包银榆经济区产业结构演变

#### 10.4.1.1 呼包银榆经济区产业间结构变动分析

自 2000 年国家贯彻落实西部大开发战略以来，呼包银榆经济区经济发展迅速，区域内 GDP 从 2000 年的 1 千亿元增长到 2015 年的 1.9 万亿元，翻了 19 倍。通过三个产业产值变化趋势图（见图 10.1），我们可以看出：①2000~2013 年呼包银榆经济区产业结构总体呈现"二三一"的类型，结构比较合理。②研究期间内产业结构可分为五个阶段：第一阶段为 2000~2005 年，这一阶段内，由于刚落实西部大开发战略，第二产业和第三产业比重呈波动式上涨趋势，且上涨幅度较小，第一产业比重持续下降；第二阶段为 2005~2008 年，此时期内经济区工业化进程较快，第二产业比重增加 6%，第三产业比重下降 4.36%；第三阶段为 2008~2009 年，这一期间，第二产业比重下滑而第三产业比重上涨；第四阶段为 2009~2012 年，在这一阶段内，国家力图将经济区打造成新型重点能源基地，致使区域第二产业发展迅速，产值比重达到最高的 55.63%，同时，第三产业比重再次出现与第二产业反向变动的情况；第五阶段为 2012~2013 年，由于相应国家生态文明建设，经济区第二产业比重下降了 2.63 个百分点，与此同时，第三产业比重增加了 2.2 个百分点，第二产业、第三产业之间比值差距得到缩小。③经济区产业结构优化的重点在于在注重发展自身特色产业的同时，加快第三产业的发展速度，在维持"二三一"的产业结构现状的同时，缩小第二产业、第三产业产值之间的差距。从经济区三次产业就业结构变化的趋势（见图 10.2），我们可以看出，2000 年以来，经济区第一产业就业比重从 2000 年的 47.17% 下降到 2013 年的 34.33%，降幅明显，而第二产业、第三产业就业比重持续增加，涨幅都保持在 6% 左右。这些说明经济区自西部大开发建设以来，第二产业、第三产业的迅速发展对劳动力有一定的吸引力，但农村劳动力转移任务仍比较艰巨。

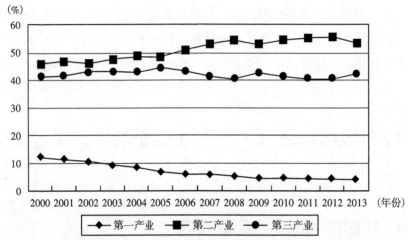

**图 10.1　2000~2013 年呼包银榆经济区三次产业结构变化**

资料来源：呼和浩特、包头、鄂尔多斯、宁夏、榆林 2013 年统计年鉴。

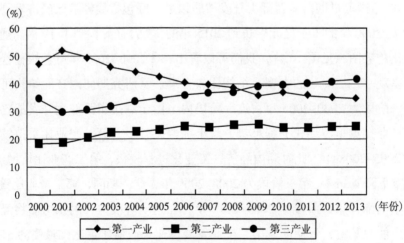

**图 10.2　呼包银榆经济区三次产业就业结构变化**

资料来源：呼和浩特、包头、鄂尔多斯、宁夏、榆林 2013 年统计年鉴。

10.4.1.2　呼包银榆经济区产业结构内部变动演变

在第一产业内部（见图 10.3），2000~2005 年，经济区种植业比率持续下降，下降幅度达到 7%，畜牧业得到较快发展，上涨幅度达到 10%。到 2005 年，两者比率基本持平，而林业比重从 2003 年开始持续走低，其与渔业的比重直至 2013 年始终保持在 2% 左右；2005~2010 年，种植业比重都略高于畜牧业，但两者比重在经济区第一产业结构中始终保持绝对优势，尤其是种植业，比重始终占经济区农业整体的一半；2010~2013 年，畜牧业比重上升，超过种植业后再次下滑，而种植业出现短暂下滑后再次上涨，并且在有逐渐拉大比重差距的趋势。整体而言，自 2000 年以来经济区保持着"种植业 > 畜牧业 > 林业 > 渔业"的农业结构。

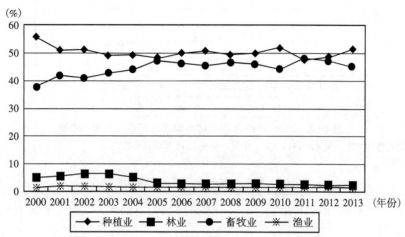

**图 10.3 2000~2013 年呼包银榆经济区第一产业内部结构变化**
资料来源：呼和浩特、包头、鄂尔多斯、宁夏、榆林 2013 年统计年鉴。

在第二产业内部，由于经济区丰富的能源和矿产资源优势，其工业化的主要动力又是以煤炭、矿产资源开发利用为基础的工矿业以及能源重化工基地的发展，因此，经济区工业化道路遵循以重工业发展为主、轻工业发展为辅的发展模式。2000~2005 年，经济区重工业快速发展，期间比重增长近 10%，而在加快重工业发展的同时，轻工业所占比重急剧下降，轻重工业比例差距随着工业的发展逐年拉大；2005~2008 年，重工业比例缓慢上升，在 2008 年突破 80%，而轻工业比例在三年内仍呈下降趋势，轻重比例的差距被扩大到 61%；2008 年至今，轻重工业发展都较为平缓，但两者的比例差距还是有被缓慢拉大的趋势，2013 年经济区重工业所占比例已高达 82.44%，轻重工业比例差距为 64.88%，工业重型化特征非常明显（见图 10.4）。

由表 10.1 可以看出，2000~2005 年，种植业、林业、轻工业比重下降幅度较大，重工业比重持续上升，建筑业比重呈波动式上升；2005~2008 年，第一产业与建筑业所占份额持续下降，轻工业比重基本趋于平缓，而重工业发展迅猛，上升较快；2008~2009 年内，第一产业以及第二产业中的工业比重都有所下降，建筑业与交通运输业有短暂增长趋势；2009~2012 年，重工业、建筑业比重持续大幅度升高，渔业、交通运输业比重基本趋于平缓，而其余产业比重都呈下降趋势；2012~2013 年，轻工业比重上升，建筑业比重下降明显。

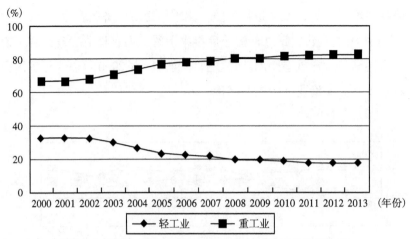

**图 10.4　2000~2013 年呼包银榆经济区轻重工业结构变化**

资料来源：呼和浩特、包头、鄂尔多斯、宁夏、榆林 2013 年统计年鉴。

**表 10.1　呼包银榆经济区产业产值比重构成**

| 产业 ＼ 年份 | 2000 | 2002 | 2005 | 2006 | 2007 | 2008 | 2009 | 2010 | 2011 | 2012 | 2013 |
|---|---|---|---|---|---|---|---|---|---|---|---|
| 种植业（%） | 7.24 | 5.83 | 3.6 | 3.3 | 3.06 | 2.7 | 2.36 | 2.47 | 2.3 | 2.19 | 2.4 |
| 林业（%） | 0.71 | 0.74 | 0.2 | 0.16 | 0.17 | 0.15 | 0.13 | 0.12 | 0.14 | 0.1 | 0.1 |
| 牧业（%） | 4.66 | 4.3 | 3.05 | 2.59 | 2.33 | 2.21 | 1.87 | 1.85 | 1.87 | 1.82 | 2 |
| 渔业（%） | 0.2 | 0.17 | 0.1 | 0.11 | 0.07 | 0.06 | 0.06 | 0.06 | 0.06 | 0.06 | 0.2 |
| 轻工业（%） | 13.56 | 12.83 | 9.5 | 10.65 | 9.85 | 9.54 | 8.77 | 8.85 | 8.91 | 8.2 | 9 |
| 重工业（%） | 28.08 | 25.36 | 32.16 | 33.58 | 34.68 | 39.37 | 37.96 | 38.76 | 40.62 | 40.08 | 40.02 |
| 建筑业（%） | 6.34 | 7.79 | 6.91 | 7.09 | 6.29 | 5.75 | 6.03 | 6.12 | 6.24 | 7.59 | 6.34 |
| 交通运输（%） | 0.08 | 0.08 | 0.09 | 0.07 | 0.08 | 0.08 | 0.09 | 0.08 | 0.08 | 0.08 | 0.12 |

资料来源：呼和浩特市、包头市、鄂尔多斯市、榆林市、宁夏回族自治区 2001~2014 年统计年鉴。

## 10.4.2　呼包银榆经济区生态环境质量演变

随着经济的发展，人类经济活动与自然生态环境之间的关系也越来越密切。在经济发展过程中，产业结构与生态环境之间往往处于一种相互影响的关系，即产业结构的变化会对生态环境质量的变化造成有利或者有弊的影响，与此同时，生态环境质量发生变化也会对产业结构产生反作用。

近年来，经济区以发展"三高"（高消耗、高排放、高污染）产业为主，工业重型化特征极为明显，重工业所占工业总产值比重达到 82.44%，轻重工业结构比例不合理，导致生态较为脆弱，工业"三废"排放量居高不下，环境污染问题严重。对于环境质量的评价，一般选取水环境质量、大气环境质量以及固体环境质量作为评价的主要主体，其中废水、废气、固体废弃物排放量是产业对生态环境造成污染的最具有代表性的指标。但由于数据收集方面的限制性，本章仅选取 2000~2013 年工业废水排放量、工业废气排放量、二氧化硫排放量以及工业固体废弃物排放量来说明经济区生态环境质量的演变情况。

### 10.4.2.1　水环境

如图 10.5 所示，经济区工业废水排放量呈波动变化趋势。从经济区工业废水排放量的变化情况来看，工业废水排放量特征大致分为三个时期：2000~2005 年，经济区工业废水排放量先是保持小幅度的波动，后来大幅度增长，从 2000 年的 21428.59 万吨增加到 2005 年的 33678.66 万吨，增长了 57.16%；2005~2010 年，经济区工业废水排放量保持小幅度的变动，大致保持在 33000 万吨；2010~2013 年，在达到最高的 35720.56 万吨后，工业废水排放量呈逐步下降趋势，降幅明显。

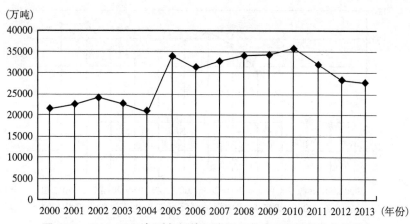

**图 10.5　2000~2013 年呼包银榆经济区工业废水排放量变化趋势**

### 10.4.2.2　大气环境

从图 10.6 可以看出，经济区工业废气排放情况大致分为三个时期：2000~2010 年，工业废气排放量自 2000 年的 4425 亿立方米持续增长到 2010 年的 30012 亿立方米，上涨幅度较大，增长 6.78 倍，2009~2010 年的增长速度最快；2010~2012 年，废气排放量有所下降，达到 2012 年的 24650 亿立方米；2012~2013 年，废气排放量继续增加到 25688.24 亿立方米。

从图 10.7 可以看出，二氧化硫排放量 2000~2006 年呈大幅度增长，从 2000 年的 35.66 万吨增长到 2006 年的 103.94 万吨，增长近三倍；2006~2009 年，二氧化硫排放量持续下降，达到 2009 年的 6.73 万吨；随后，持续增加到 2011 年的 110.14 万吨，达到近 14 年的排放量最大值，随后持续下降。

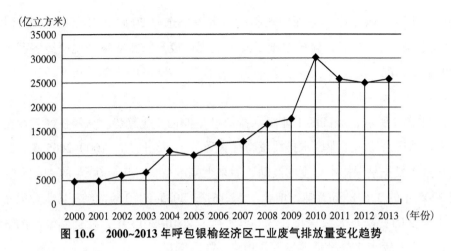

**图 10.6　2000~2013 年呼包银榆经济区工业废气排放量变化趋势**

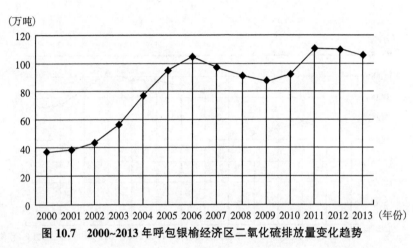

**图 10.7　2000~2013 年呼包银榆经济区二氧化硫排放量变化趋势**

### 10.4.2.3　固体环境

固体环境中的固体废弃物排放量如图 10.8 所示。

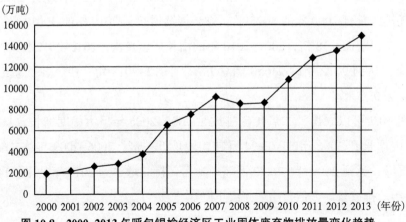

**图 10.8　2000~2013 年呼包银榆经济区工业固体废弃物排放量变化趋势**

从图 10.8 中我们可以看出，在研究时段内，经济区工业固体废弃物排放量情况大致可分为三个时期：2000~2007 年，排放量持续增长，涨幅较大，达到 2007 年的8974.8 万吨；2007~2009 年有较小幅度的减少，2009 年下降到 8397.03 万吨；2009~2013 年，持续保持着继续增长的趋势，达到 2013 年的 14739.94 万吨。研究期间，经济区工业固体废弃物排放量增长近 7.6 倍。

### 10.4.3　三次产业演变的生态环境效应分析

#### 10.4.3.1　三次产业结构与环境效应的相关性分析

典型相关分析是一种通过利用综合变量之间的相关关系来反映两组指标之间整体相关关系的一种多元分析方法。其主要运用主成分分析和因子分析的核心思想，在不摒弃原指标变量组信息的基础上，把研究两组指标变量间的整体关系转化为研究两个新的综合变量间的相关关系。经转化后的两个新的综合变量分别是由第一组指标变量和第二组指标变量的线性组合构成，并且两组指标变量的个数以及所代表的内容都有所不同。

本章设有两组变量，一组是产业结构要素变量，设为控制变量；另一组是生态环境质量要素变量，设为效应变量。根据典型相关分析方法的具体流程要求，先是确定两组变量，即：

$$X = (X_1、X_2、X_3)$$
$$Y = (Y_1、Y_2、Y_3、Y_4)$$　　　　　　　　　　式（10.1）

式（10.1）中，$X_1$ 代表第一产业产值比重，$X_2$ 代表第二产业产值比重，$X_3$ 代表第三产业产值比重；$Y_1$ 代表工业废水排放量，$Y_2$ 代表工业废气排放量，$Y_3$ 代表工业固体废弃物产生量，$Y_4$ 代表二氧化硫排放量。在此根据主成分分析的核心思想，在两组指标变量中分别提取两个综合变量 $U_1$ 和 $V_1$（最大相关性的线性组合），这两个提取出来的综合变量则反映了 X 与 Y 变量组之间的整体相关情况，因此即将两组变量的相关性分析转变成了两个综合变量之间的相关性分析。

本章相关产业结构以及环境质量数据来源于 2001~2014 年呼包银榆经济区各主要城市的统计年鉴，具体包括内蒙古自治区的呼和浩特市、包头市、鄂尔多斯市，宁夏回族自治区，陕西省的榆林市。由于收集的各个数据具有不同的量纲，因此，需要运用 SPSS 19.0 对各数据进行标准化处理，所得结果如表 10.2 所示。

得出典型相关分析的输出结果如表 10.3 所示。

从表 10.3 可以看出，产业比重变量组 $X_i$ 与生态环境质量变量组 $Y_i$ 之间的相关系数均较大，这说明经济区的产业结构与生态环境质量之间确实存在着较强的相关性。由表 10.4 可知，虽然两组典型变量的相关系数均较大，但第一组变量的显著性水平 Sig.

**表 10.2 经过标准化处理后的数据**

| 年份 | $ZX_1$ | $ZX_2$ | $ZX_3$ | $ZY_1$ | $ZY_2$ | $ZY_3$ | $ZY_4$ |
|------|--------|--------|--------|--------|--------|--------|--------|
| 2000 | 1.84 | −1.36 | −0.32 | −1.3 | −1.18 | −1.25 | −1.68 |
| 2001 | 1.51 | −1.12 | −0.26 | −1.13 | −1.17 | −1.21 | −1.6 |
| 2002 | 1.28 | −1.41 | 0.96 | −0.86 | −1.03 | −1.11 | −1.42 |
| 2003 | 0.8 | −0.99 | 0.89 | −1.11 | −0.96 | −1.06 | −0.96 |
| 2004 | 0.5 | −0.61 | 0.55 | −1.45 | −0.43 | −0.86 | −0.2 |
| 2005 | −0.07 | −0.68 | 1.93 | 0.95 | −0.56 | −0.24 | 0.51 |
| 2006 | −0.33 | −0.03 | 0.79 | 0.45 | −0.28 | −0.02 | 0.85 |
| 2007 | −0.38 | 0.54 | −0.62 | 0.77 | −0.24 | 0.36 | 0.57 |
| 2008 | −0.63 | 1.01 | −1.29 | 1 | 0.16 | 0.21 | 0.35 |
| 2009 | −0.88 | 0.52 | 0.51 | 1.04 | 0.3 | 0.23 | 0.21 |
| 2010 | −0.86 | 0.9 | −0.55 | 1.33 | 1.75 | 0.73 | 0.38 |
| 2011 | −0.91 | 1.23 | −1.31 | 0.58 | 1.24 | 1.19 | 1.08 |
| 2012 | −0.96 | 1.33 | −1.46 | −0.07 | 1.14 | 1.35 | 1.03 |
| 2013 | −0.91 | 0.67 | 0.16 | −0.21 | 1.26 | 1.67 | 0.89 |

资料来源：由 2001~2014 年《呼和浩特市统计年鉴》、《包头市统计年鉴》、《鄂尔多斯市统计年鉴》、《榆林市统计年鉴》、《宁夏回族自治区统计年鉴》整理所得。

**表 10.3 产业比重与环境质量指标的相关系数矩阵**

| 相关系数 | $X_1$ | $X_2$ | $X_3$ | $Y_1$ | $Y_2$ | $Y_3$ | $Y_4$ |
|----------|-------|-------|-------|-------|-------|-------|-------|
| $X_1$ | 1 | −0.93 | 0.36 | −0.84 | −0.86 | −0.93 | −0.94 |
| $X_2$ | −0.93 | 1 | −0.68 | 0.73 | 0.9 | 0.96 | 0.85 |
| $X_3$ | 0.36 | −0.68 | 1 | −0.18 | −0.57 | −0.58 | −0.28 |
| $Y_1$ | −0.84 | 0.73 | −0.18 | 1 | 0.67 | 0.74 | 0.76 |
| $Y_2$ | −0.86 | 0.9 | −0.57 | 0.67 | 1 | 0.92 | 0.76 |
| $Y_3$ | −0.93 | 0.96 | −0.58 | 0.74 | 0.92 | 1 | 0.86 |
| $Y_4$ | −0.94 | 0.85 | −0.28 | 0.76 | 0.76 | 0.86 | 1 |

**表 10.4 典型变量的相关系数及其多变量统计**

| 典型变量 | Canonical Correlations | Wilk's | Chi-SQ | DF | Sig. |
|----------|------------------------|--------|--------|----|----|
| 1 | 0.979 | 0.017 | 32.624 | 12.000 | 0.001 |
| 2 | 0.775 | 0.399 | 7.347 | 6.000 | 0.290 |

值小于 0.05，这说明此组典型变量之间相关性显著，能用三次产业产值比重来解释环境质量指标。而第二组显著性水平 Sig.值以及 Wilk's 和 Chi-SQ 值均不符合要求，因此第二组变量应该舍去。

此对典型变量为：

$$U_1 = -2.019X_1 - 1.32X_2 - 0.578X_3$$

$$V_1 = 0.21Y_1 + 0.267Y_2 + 0.150Y_3 + 0.459Y_4 \qquad 式（10.2）$$

呼包银榆经济区三次产业产值比重指标 $X_i$、生态环境质量指标 $Y_i$ 与综合变量 $U_1$、$V_1$ 之间的相关性结果如表 10.5 所示。

**表 10.5　典型相关分析结果**

| 变量 | $U_1$ | $V_1$ | 变量 | $U_1$ | $V_1$ |
|---|---|---|---|---|---|
| $X_1$ | −0.998 | −0.977 | $Y_1$ | 0.83 | 0.848 |
| $X_2$ | 0.951 | 0.931 | $Y_2$ | 0.873 | 0.893 |
| $X_3$ | −0.415 | −0.406 | $Y_3$ | 0.941 | 0.962 |
| | | | $Y_4$ | 0.935 | 0.956 |

由表 10.5 可以看出，$X_1$ 与典型变量中 $V_1$ 成高度负相关，$X_2$ 与其呈高度正相关，$X_3$ 与其呈负相关，并且 $X_1$ 与典型变量间的相关系数均大于 $X_2$ 与 $X_3$；$Y_1$、$Y_2$、$Y_3$、$Y_4$ 与典型变量中的 $U_1$ 均呈高度正相关，并且 $Y_3$ 与其的相关系数依次大于 $Y_4$、$Y_2$、$Y_1$。这说明呼包银榆经济区第一产业和第二产业对生态环境整体质量的影响较大，第三产业所造成的影响最小；固体环境和大气环境受产业结构的影响最大，水环境所受影响相对次之。进一步分析表 10.4，可知，呼包银榆经济区第一产业、第二产业对固体环境的影响最大，对大气环境的影响次之，对水环境的影响最小。

综上所述，呼包银榆经济区产业结构对生态环境的影响可以总结为：第一产业、第二产业对固体环境、大气环境、水环境的影响显著，第三产业对其的影响不显著。

#### 10.4.3.2　单整性检验

一般来说，对变量之间的相互变化关系进行实证分析时，常用的是回归分析方法，但是这种方法具有一定的局限性，对非平稳的序列分析时常会出现"伪回归"现象（Spurious Regression），依此做出的结论很可能是错误的。

因此，需先对各变量进行单位根平稳性检验，若各变量为非平稳，即存在单位根，这时需采用协整检验来分析各变量间的关系，最后对变量之间的关系进行因果分析；若各向量为平稳，即不存在单位根时，将采用格兰杰因果关系检验。

本章选取呼包银榆经济区主要城市 2000~2013 年工业废水、废气和固体废弃物排放量分别代表经济区水、大气和固体环境的整体质量指标，记为 $Y_1$、$Y_2$ 和 $Y_3$；用第一产业、第二产业、第三产业产值比重作为经济区产业结构情况，记为 $X_1$、$X_2$、$X_3$。对这些指标变量分别取自然对数，记为 $LY_1$、$LY_2$、$LY_3$、$LX_1$、$LX_2$、$LX_3$。由于考虑到产业结构对生态环境所造成的影响程度可能会在一定的滞后期内达到最大，取自然对数则是为了在不改变各变量序列特征的同时，不仅能得到相对应的平稳变量，并且能有效反映各变量长期变化的弹性。通过 Eviews 6.0 软件，采用 ADF 单位根检验法来检验这六个变量的平稳性，检验结果如表 10.6 所示。

**表 10.6　呼包银榆经济区产业结构和生态环境各变量的 ADF 检验**

| 序列 | 5%显著性水平 | | | 一阶差分 | | | 二阶差分 | | |
|---|---|---|---|---|---|---|---|---|---|
| | ADF 值 | 临界值 | 结论 | ADF 值 | 临界值 | 结论 | ADF 值 | 临界值 | 结论 |
| $LX_1$ | −1.373 | −3.145 | 非平稳 | −2.632 | −3.175 | 非平稳 | −4.122 | −3.260 | 平稳 |
| $LX_2$ | −0.548 | −3.145 | 非平稳 | −3.771 | −3.175 | 平稳 | −3.802 | −3.260 | 平稳 |
| $LX_3$ | −1.514 | −2.714 | 非平稳 | −3.485 | −3.213 | 平稳 | −3.358 | −3.321 | 平稳 |
| $LY_1$ | −1.734 | −3.145 | 非平稳 | −3.911 | −3.175 | 平稳 | −3.817 | −3.260 | 平稳 |
| $LY_2$ | −1.200 | −3.175 | 非平稳 | −2.803 | −3.260 | 非平稳 | −8.026 | −3.213 | 平稳 |
| $LX_3$ | −0.953 | −3.145 | 非平稳 | −2.532 | −3.175 | 非平稳 | −3.870 | −3.213 | 平稳 |

由表 10.6 可以看出，在 5%显著性水平以及一阶差分后，ADF 原值的绝对值均小于临界值的绝对值，各变量均拒绝原假设，即存在单位根，六个变量的原始序列都是非平稳的，但经过二阶差分后，其 ADF 原值的绝对值均大于临界值的绝对值，说明二阶变量都是平稳的。因此可以在此基础上进行协整检验。

### 10.4.3.3　协整检验

协整检验包括两类，一种是适用于两两变量间的 E-G 检验，另一种是适用于多元变量间的 JJ 检验，其是由 Johansen 和 Juselius 提出基于向量自回归的协整关系检验，本章采用 JJ 检验方法。因此，为了判断几个变量之间是否存在协整关系，本章运用 Eviews 6.0 软件进行协整关系检验，先构建变量间向量自回归的 VaR 模型，并确定模型的滞后阶数。

本章进一步分析发现，似然比 LR、FPE 最终预测误差、AIC、SC 信息准则均指向滞后 1 阶，本书采用滞后 1 阶来建立 VaR(1) 模型，然后以建立的 VaR(1) 模型对 $X_i$、$Y_1$、$Y_2$、$Y_3$ 进行 JJ 协整检验，并采取迹统计量检验法和最大特征根检验法。

（1）经济区水环境与产业结构的协整检验。在 2000~2013 年的样本空间内，通过检验发现经济区水环境质量与产业结构之间存在着一致协整的向量或长期均衡关系，检验结果如表 10.7 所示。

**表 10.7　经济区水环境与产业结构的协整检验**

| Hypothesized No. of CE（s） | Eigenvalue | Trace Statistic | 0.05 Critical Value | Prob.** |
|---|---|---|---|---|
| None* | 0.940657 | 59.85390 | 47.85613 | 0.0025 |
| At most1 | 0.640844 | 25.96091 | 29.79707 | 0.1299 |
| At most2 | 0.553831 | 13.67293 | 15.49471 | 0.0924 |
| At most3 | 0.282766 | 3.988245 | 3.841466 | 0.0458 |

注：Trace test indicates 1 cointegrating eqn（s）at the 0.05 level.

通过水环境与产业结构的协整检验结果可知，该向量的协整关系式可以表示为：$LY_1 = 0.407106LX_1 + 0.606992LX_2 - 1.736722LX_3$，从协整关系式上可以看出，三次产业的发展和水环境质量存在着长期均衡的关系，其中第二产业的发展与水环境质量呈正的协整关系，第一产业与第三产业的发展与水环境呈负的协整关系。

（2）经济区大气环境与产业结构的协整检验。在 2000~2013 年的样本空间内，通过检验发现经济区大气环境质量与产业结构之间存在着一致协整的向量或长期均衡关系，检验结果如表 10.8 所示。

**表 10.8　经济区大气环境与产业结构的协整检验**

| Hypothesized No. of CE（s） | Eigenvalue | Trace Statistic | 0.05 Critical Value | Prob.** |
|---|---|---|---|---|
| None* | 0.908853 | 60.41865 | 47.85613 | 0.0022 |
| At most1* | 0.706001 | 31.67527 | 29.79707 | 0.0300 |
| At most2* | 0.605814 | 16.98511 | 15.49471 | 0.0296 |
| At most3* | 0.383990 | 5.813913 | 3.841466 | 0.0159 |

注：Trace test indicates 4 cointegrating eqn（s）at the 0.05 level.

通过大气环境与产业结构的协整检验结果可知，该向量的协整关系式可以表示为：$LY_2 = -1.436314LX_1 + 0.9944736LX_2 - 0.796420LX_3$，从协整关系式上可以看出，三次产业的发展和大气环境存在长期均衡关系，第一产业、第三产业与大气环境呈负的协整关系。

（3）经济区固体环境与产业结构的协整检验。在 2000~2013 年的样本空间内，通过检验发现经济区大气环境质量与产业结构之间存在着一致协整的向量或长期均衡关系，检验结果如表 10.9 所示。

**表 10.9　经济区固体环境与产业结构的协整检验**

| Hypothesized No. of CE（s） | Eigenvalue | Trace Statistic | 0.05 Critical Value | Prob.** |
|---|---|---|---|---|
| None* | 0.927595 | 65.82625 | 47.85613 | 0.0004 |
| At most1* | 0.752196 | 34.32048 | 29.79707 | 0.0141 |
| At most2* | 0.556807 | 17.57909 | 15.49471 | 0.0239 |
| At most3* | 0.478567 | 7.814087 | 3.841466 | 0.0052 |

注：Trace test indicates 4 cointegrating eqn（s）at the 0.05 level.

通过固体环境与产业结构的协整检验结果可知，该向量的协整关系式可以表示为：$LY_3 = -0.548702LX_1 + 8.007963LX_2 - 4.790034LX_3$，从协整关系式上可以看出，三次产业的发展和固体环境质量同样存在着长期均衡的关系，其中，第二产业的发展与固体环境质量呈正的协整关系，第一产业和第三产业的发展与固体环境呈负的协整关系。

由表 10.7、表 10.8、表 10.9 可知，在 5% 的显著性水平下，特征根迹统计量检验与最大特征根检验都验证了 $X_i$ 与 $Y_1$、$Y_2$、$Y_3$ 间各具有一个协整向量，变量之间确实存在长期稳定的关系。

**10.4.3.4　产业结构变动对生态环境动态效应的脉冲响应及方差分解**

（1）脉冲响应函数。由前文分析可知，产业结构变量与生态环境变量之间具有协整关系。同时，运用 AR 多项式根法对前文已建立的 VaR（1）模型进行稳定性检验和判断，结果发现 AR 根的倒数都在单位圆范围内，可见 VaR（1）模型是收敛的，稳定性较好。因此，可以在建立的向量自回归 VaR 模型基础上展开脉冲响应函数分析和方差分析。脉冲响应函数能够动态地体现出模型中扰动项的一次冲击对其他内生变量当前和未来的影响，以及这些影响所持续的时间。

本章采用广义脉冲响应函数（GIRF）来分析，在 VaR 模型的基础上建立产业结构变动对生态环境冲击的脉冲响应模型，其函数表示为：

$$\begin{cases} LnY_t = \sum_{i=1}^{k} \alpha_{11} LnY_{t-i} + \sum_{i=1}^{k} \alpha_{12} LnX_{t-i} + \varepsilon_{1t} \\ LnX_t = \sum_{i=1}^{k} \alpha_{21} LnY_{t-i} + \sum_{i=1}^{k} \alpha_{22} LnX_{t-i} + \varepsilon_{2t} \end{cases} \quad 式（10.3）$$

式（10.3）中，k 表示滞后阶数，随机扰动项 $\varepsilon$ 即信息（Innovation）。

给定产业结构两个标准冲击，得出的脉冲响应如图 10.9、图 10.10、图 10.11 所示。其中，纵轴代表冲击响应的程度，横轴代表冲击的滞后时期数（年），实线代表冲击响应函数，虚线代表 ±2 倍标准差范围。

1）第一产业 $X_1$ 对生态环境的冲击效应。由图 10.9 可知，从第一产业比重 $X_1$ 对工业废水排放量 $Y_1$ 一个单位冲击的响应看，第一期 $Y_1$ 的当期反应为由微弱负值转为正直，并持续上升至第三期，第四期后则持续下降，但响应依然为正。总体而言，其累积响应为正；从第一产业比重 $X_1$ 对工业废气排放量 $Y_2$ 一个单位冲击的响应看，$Y_2$ 的

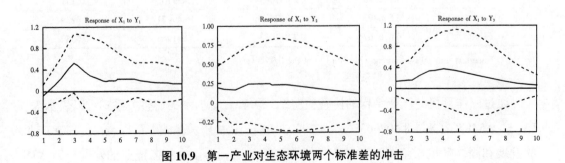

**图 10.9　第一产业对生态环境两个标准差的冲击**

反应在第二期达到最低值, 随后在第三期达到最高值, 然后逐步缓慢下降, 累积响应总体为正; 从第一产业比重 $X_1$ 对工业固体废弃物产生量 $Y_3$ 一个单位冲击的响应看, $Y_1$ 的反应在第一期和第二期较为平稳, 由第二期突然上升到第四期的最大值, 随后逐步下降在期末减弱到最小, 累积响应总体为正。

表明第一产业比重的增加会引起工业废水排放量、工业废气排放量、工业固体废弃物排放量的较小幅度增加。其中, 第一产业比重的增加对工业废水排放量所造成的影响最大, 对工业废气排放量造成的影响相对次之, 对工业固体废弃物排放量造成的影响最小, 且第一产业比重的增加对三者的影响随着时间的推移而逐步减弱。

这主要是经济区第一产业内部的结构特征是 "种植业>畜牧业>林业>渔业", 不合理的开垦和利用土地会造成水土流失和沙漠化等; 过度放牧会导致草场退化、土地沙化; 残留农药、杀虫剂、化肥等污染物也常会对水资源及大气造成不利影响。但总体而言, 呼包银榆经济区第一产业对环境影响的程度非常有限。

2) 第二产业 $X_2$ 对生态环境的冲击效应。由图 10.10 可知, 从第二产业比重 $X_2$ 对工业废水排放量 $Y_1$ 一个单位冲击的响应看, $Y_1$ 的反应由第一期快速上升到第三期的峰值, 随后逐步下降到第五期的较低值, 经历缓慢的上升后又稳定下降, 累积响应总体为正; 从第二产业比重 $X_2$ 对工业废气排放量 $Y_2$ 一个单位冲击的响应看, $Y_2$ 的反应在整个期间保持较为平稳的态势, 累积响应总体为正; 从第二产业比重 $X_2$ 对工业固体废弃物产生量 $Y_3$ 一个单位冲击的响应看, $Y_3$ 的反应由第一期快速上升到第三期的峰值, 随后缓慢下降到第五期的较低值, 在经历缓慢上升后又稳定下降, 累积响应总体为正。这表明, 第二产业比重的增加会同时引起经济区工业废水排放量、工业废气排放量、工业固体废弃物排放量的较大幅度增加。对三者都会造成不同程度的影响, 其中, 第二产业比重的增加对工业固体废弃物排放量造成的影响最大, 对工业废气排放量造成的影响相对次之, 对工业废水排放量造成的影响则最小。长期来看, 第二产业比重的增加对三者的影响会随着时间的推移保持相对稳定的态势。

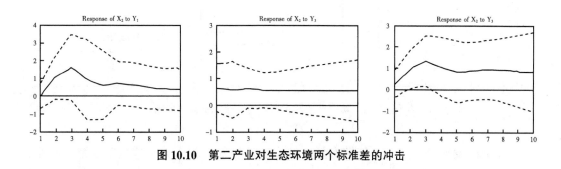

**图 10.10 第二产业对生态环境两个标准差的冲击**

这主要是呼包银榆经济区以重工业发展为主，冶金、煤炭开采、加工等以工矿业为主的产业均属于"高消耗、高排放、高污染"产业，对生态环境造成了严重的不良影响。目前，经济区工业重型化特征较为明显，这种工业结构引起的工业"三废"对生态环境造成了非常大的不良影响，2000~2005 年，工业废水排放量增长幅度较大，工业废气、工业固体废弃物排放量增长速度比较平缓；2005~2008 年，工业废气增长速度大幅度加快，而工业废水、工业固体废弃物产生量呈小幅度上升趋势；2008~2009 年，工业"三废"排放量都有小额度的减少；2009~2013 年，工业固体废弃物排放量持续增加，工业废水排放量则比较平缓，而工业废气排放量大幅度增长后有小幅度下降的趋势，并且"三废"排放量居高不下，且有继续增长的趋势，单位增加值工业"三废"排放量指标也都远远高于全国水平。

3) 第三产业 $X_3$ 对生态环境的冲击效应。由图 10.11 可知，从第三产业比重 $X_3$ 对工业废水排放量 $Y_1$ 一个单位冲击的响应看，$Y_1$ 的反应由第一期正值直线下降到第三期的最低负值，然后逐步回升到第七期接近 0 的响应程度，此后基本保持不变，累积响应总体为负；从第三产业比重 $X_3$ 对工业废气排放量 $Y_2$ 一个单位冲击的响应看，$Y_2$ 的反应在第一期就是负值，先上升到第二期的最大值后又下降，从第三期开始保持平稳态势，累积响应总体为负；从第三产业比重 $X_3$ 对工业固体废弃物产生量 $Y_3$ 一个单位冲击的响应看，$Y_3$ 的反应由第一期正值逐渐下降到第三期的最低负值，然后逐步回升到第五期的较低水平，此后基本保持不变，累积响应总体为负。这表明，第三产业比重的增加会改善"三废"排放量的污染程度。其中，第三产业比重的增加对工业废水排放量的改善程度最大，对工业固体废弃物排放量的改善程度相对次之，对工业废气排放量的改善程度最小。长期来看，第三产业比重的增加对三者的改善作用也会随着时间的推移保持相对稳定的态势。

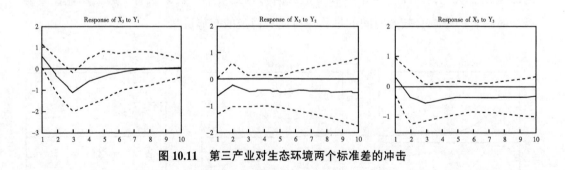

图 10.11　第三产业对生态环境两个标准差的冲击

经济区发展第三产业，能够有效缓解生态环境保护的压力，这主要是第三产业属于劳动密集型产业，对资源的消耗量较低，且如发展生态旅游等项目能够提高植被的覆盖率，改善生态环境状况。

（2）方差分解分析。前文脉冲响应函数动态描述了模型某一内生变量的变化给其他内生变量带来的冲击效应，方差分解（Variance Decomposition）则是用方差来衡量每一次冲击对内生变量变动的贡献度，以此评价每一次结构冲击的重要程度。运用方差分解理论模型，对产业结构综合指数和生态环境综合指数的均方误差进行分解，结果如表 10.10 所示。

表 10.10　产业结构综合指数和生态环境综合指数均方误差分解结果

| 时期 | 产业结构综合指数的方差分解 | | | 生态环境综合指数的方差分解 | | |
|---|---|---|---|---|---|---|
| | 均方误差<br>（S.E） | 产业结构指数 X<br>占比（%） | 生态环境指数 Y<br>占比（%） | 均方误差<br>（S.E） | 产业结构指数<br>X 占比（%） | 生态环境指数<br>Y 占比（%） |
| 1 | 0.272657 | 92.89005 | 7.109953 | 0.346248 | 69.65388 | 30.34612 |
| 2 | 0.313568 | 92.52794 | 7.472061 | 0.764784 | 70.51088 | 29.48912 |
| 3 | 0.852518 | 93.02936 | 6.970643 | 0.462713 | 71.34191 | 28.65809 |
| 4 | 0.894663 | 93.83273 | 6.167271 | 0.851438 | 73.50182 | 26.49818 |
| 5 | 0.904202 | 93.53272 | 6.467285 | 0.892960 | 73.70004 | 26.29996 |
| 6 | 0.931829 | 93.44116 | 6.558844 | 0.933890 | 74.53890 | 25.46110 |
| 7 | 0.962129 | 93.40884 | 6.591162 | 0.968965 | 75.36948 | 24.63052 |
| 8 | 0.977374 | 93.34685 | 6.653153 | 0.992853 | 75.78871 | 24.21129 |
| 9 | 0.987857 | 93.29305 | 6.706949 | 1.010229 | 76.04260 | 23.95740 |
| 10 | 0.997465 | 93.25908 | 6.740921 | 1.024026 | 76.25723 | 23.74277 |

由表 10.11 可知，在产业结构综合指数的波动中，产业结构自身冲击影响从第 1 期的 92.89%平稳持续上升到第 10 期的 93.25%，从第 6 期开始基本稳定在 93%~94%；而生态环境指数对产业结构的冲击影响从第 1 期的 7.11%逐步减至第 10 期的 6.74%，从第 6 期开始基本稳定在 6%~7%，表明产业结构主要是受自身波动影响，而生态环境对产业结构的冲击较小。在生态环境综合指数的波动中，产业结构对生态环境的波动影响从第 1 期的 69.65%逐步上升到第 10 期的 76.26%，从第 6 期开始基本稳定在 75%~76%；而生态环境指数自身的冲击影响从第 1 期的 30.35%逐步减弱至第 10 期的 23.74%，从第 6 期开始基本稳定在 24%~25%，表明产业结构是对生态环境的冲击影响较大，这就论证了产业结构变动对呼包银榆经济区生态环境产生越来越重要的影响，随着呼包银榆经济区工业化进程的加快和转型，产业结构变动这一因素对生态环境质量的改善至关重要。

#### 10.4.3.5　生态环境效应指数测算

不同类型的产业在发展过程中消耗不同的物质与资源，除了生产出的产品不同，所排放的废弃物也不相同，所以，各产业对生态环境也会造成不同程度的影响和干扰。因此，本章为了衡量呼包银榆经济区不同类型产业发展的生态环境影响强度，建立产业结构变化与生态环境质量之间的关系，一般以各产业产值在 GDP 中所占比重或者各产业就业人数的比重来进行定量评价（本章以产业产值比重来进行定量计算，见表 10.1），并在评价时对产业结构进行细分，大致分为种植业、林业、畜牧业、渔业、轻工业、重工业、建筑业、交通运输业及其他产业九种产业。然后采用彭建、王仰麟、叶敏婷（2005）的研究成果，根据上述各产业类型对生态环境影响方式与程度的不同，对影响程度在［1，5］进行赋值，定义为不同产业类型的生态环境影响系数（见表 10.11），以表示各产业单位产值与其所造成的生态环境影响之间的比例关系，系数越大，则说明该产业对环境造成的负面影响就越大。

**表 10.11　不同类型产业的生态环境影响系数**

| 产业名称 | 种植业 | 林业 | 畜牧业 | 渔业 | 轻工业 | 重工业 | 建筑业 | 交通运输业 | 其他产业 |
|---|---|---|---|---|---|---|---|---|---|
| 影响系数 | 3 | 2 | 2 | 2 | 4 | 5 | 3 | 4 | 1 |

根据不同产业类型相对应的生态环境影响系数，并与其具体的产业产值比重进行加权求和，计算出经济区产业结构的总体生态环境影响指数 IIISNE，以表明一定产业结构对经济区生态环境的总体影响程度（见表 10.12）。其公式为：

$$\text{IIISNE} = \sum_{i=1}^{9} \text{IS}_i \cdot \text{E}_i \qquad\qquad 式（10.4）$$

式（10.4）中，IIISNE 表示为产业结构的生态环境影响指数，$\text{IS}_i$ 指 i 产业的产值在 GDP 中所占比重大小，$\text{E}_i$ 则为 i 产业的生态环境影响系数，如表 10.13 所示。

**表 10.12　产业结构生态环境影响指数分级**

| 生态环境影响指数 | 1.0~1.5 | 1.5~2.5 | 2.5~3.5 | 3.5~4.5 | 4.5~5.0 |
|---|---|---|---|---|---|
| 级别程度 | 弱 | 较弱 | 中等 | 较严重 | 严重 |

公式为：

$$\text{SE} = \frac{\text{IIISNE}(t_1) - \text{IIISNE}(t_0)}{\text{IIISNE}(t_0)} \times 100\% \qquad\qquad 式（10.5）$$

式（10.5），SE 为某一时间段内产业结构变化的生态环境效应值，IIISNE（$t_0$）和 IIISNE（$t_1$）分别表示 $t_0$、$t_1$ 时期产业结构的生态环境影响指数，根据不同时期内的生态环境影响指数的差异性，定量分析两个时期之间经济区产业结构变化所引起的生态环境效应，即表示为两个时期内，产业结构对生态环境的影响程度大小。

根据 IIISNE 指数计算方法，利用 2000~2013 年宁夏回族自治区、内蒙古呼和浩特市、包头市、鄂尔多斯市，陕西省榆林市产业经济和环境保护等相关数据，本章计算得出自 2000 年以来呼包银榆经济区的 IIISNE（见图 10.12）整体上属于中等水平，但有发展到较重程度的趋势，演变轨迹大致呈"W"形，共出现了两次明显的先降再升波动过程，分别是 2000~2008 年和 2008~2011 年；出现了三个波峰和两个波谷，三个波峰分别为 2000 年、2008 年、2011 年，IIISNE 值分别是 3.12、3.35、3.44，两个波谷分别为 2002 年和 2009 年，IIISNE 值分别是 2.99 和 3.29。2000~2002 年、2002~2008 年、2008~2009 年、2009~2011 年的生态环境效应值 SE 分别为 4%、12%、1.8%、4.56%。总体结论如下：

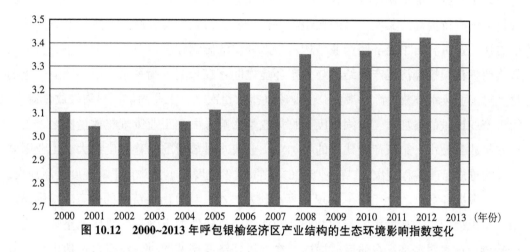

**图 10.12　2000~2013 年呼包银榆经济区产业结构的生态环境影响指数变化**

（1）目前经济区 IIISNE 值高于西部大开发初期，产业结构对生态环境的影响程度整体上有所加大，表明随着经济区经济的快速发展以及重工业所占比重的快速提高，经济区产业结构的不合理性越来越大，研究时域内的产业结构变动对生态环境所造成的影响也越来越大，环保力度亟须提高。

（2）由于西部大开发战略的实施以及经济区力图打造新型能源基地，经济区第二产业得到快速发展，尤其是重工业比重迅速增加，经济区 IIISNE 值 2002~2013 年整体保持持续升高的态势。

（3）对比产业结构变化与产业结构生态环境影响指数的变化，可以看出，经济区产业结构演变影响的生态环境变化要滞后于产业结构的变化，但滞后期较短，说明重工业比重的变化所产生的环境质量变化较为明显。

（4）研究期间，2000~2012 年，产业结构变化对生态环境的影响程度呈波浪式提高，说明经济区经济的快速发展是以牺牲生态环境质量为代价的，以重工业作为产业，在产业产值所占的比重如此之高，也导致了产业结构对生态环境的负面影响越来越大，表明了经济区经济发展的不可持续性，这说明当前基于生态环境保护的产业结构优化、升级任务迫在眉睫。

### 10.4.4　小结

本节在选取呼包银榆经济区主要城市（内蒙古呼和浩特市、包头市、鄂尔多斯市，陕西省榆林市，宁夏回族自治区）的产业结构和生态环境质量相关数据作为指标的基础上，首先，分析了经济区 2000~2013 年三次产业结构、产业结构内部以及生态环境的演变情况，结果表明经济区第二产业比重相对较高、增长速度较快，并且轻重工业比例差距悬殊，生态环境污染情况在研究期间大体呈恶化的趋势，环境质量相对脆弱，环保力度有待提高。其次，采用典型相关性分析、协整检验和脉冲响应以及方差分解的方法，定量分析了经济区产业结构对生态环境的影响程度以及效应的大小，实证结果表明呼包银榆经济区产业结构与生态环境之间存在长期均衡关系，第一产业比重的增加对工业废水排放量影响最大，工业废气排放量次之，工业固体废弃物排放量最小；第二产业比重的增加对工业固体废弃物排放量影响最大，工业废气排放量次之，工业废水排放量最小；第三产业比重的增加对工业废水排放量的改善程度最大，工业固体废弃物排放量改善程度次之，工业废气排放量改善程度最小，并且影响程度逐渐加大。最后，根据各细分产业产值在 GDP 中所占比重大小，计算出经济区的生态环境影响指数，结果表明生态环境影响指数 2000~2002 年经过短暂的下降后，总体上呈波动型上升趋势，这表明经济区在研究时段内，在促进经济发展的同时，没有合理地进行产业结构优化调整，导致经济区产业结构对生态环境质量的影响也越发严重。

## 10.5　经济区产业结构与生态环境优化发展的对策及保障

### 10.5.1　产业结构和生态环境优化发展的对策建议

#### 10.5.1.1　优化产业结构，发展高效生态经济

对产业结构进行合理化调整是加快转变经济发展方式的根本，也是当前形势下减少环境污染问题的主要方式。近年来，呼包银榆经济区生态环境面临着严峻的考验，污染越来越严重，这也阻碍了经济区的可持续发展道路，因此，在以后的经济发展道路上，经济区既要保障经济的增长，又要对区域内的生态环境起到一定的改善作用，当务之急就是必须形成高效的生态产业体系。

（1）加快发展高效生态农业。经济区虽说地处黄河流域经济带，但作为西北部地

区，水资源仍然十分匮乏。因此，首先，经济区农业应以绿色、生态为主要定位，大力发展高效生态农业，尤其是高效节水生态农业，要改变之前传统意义上以扩大生产为出的发展模式，这样不仅使经济区的水资源得以节约，也对经济区的环境起到一定的改善作用。其次，要努力发展绿色种植业、生态林果业、生态畜牧业及生态渔业，推广种植、养殖、能源、销售四位一体的生态农业发展模式。最后，要大力发展经济区农产品深加工产业，尽可能完善产业链条，以带动经济区的特色农业往更加规模化、产业化的标准发展。

（2）加大发展环境友好型工业。长期以来，经济区经济的增长都是利用区域内自然资源丰富的先天优势，即从自然界直接获取是经济区经济快速增长的主要方式。但有利的同时也存在着明显的不利因素。经济区丰富的煤炭、矿产等能源资源促使经济区的工业化进程较快，"三高"的工业发展模式也导致工业企业在生产过程中产生的大部分废弃物直接往外界排放，经济增长速度得到大幅度提高的同时，也大幅加快了这种排放方式，导致工业废弃物对经济区生态环境造成的影响也越发严重，超过了自然环境所能承担的范围，直接阻碍了经济区可持续发展的道路。因此，当前经济区的首要任务是在利用自身先天资源优势来发展经济的同时，坚决抑制那些能耗高、污染问题严重的企业，通过运用高新信息技术对经济区传统重工业进行改造，加强各工业企业的自主研发能力，通过掌握企业核心技术，提高生产效率以减少生产过程中废弃物的排放量，进而实现清洁高效的生产方式；改变区域不合理的工业体系，结合经济区实际情况，努力优化经济区产业各行业的分工布局。对于经济区工业发展的主导企业，要试图将其迁移到远离城区、居民区的区域。

加强经济区生态工业园区的建设，增进企业之间的相互依存关系，一家企业排放的废弃物可以作为另一家企业可回收利用的原材料，不仅提高了资源的综合利用效率，也减少了废弃物的排放，促进了工业废弃物在生产过程中的再循环，使经济区生态系统生产力和生态经济效益得以显著提高。要想使经济区本已脆弱的环境得到恢复，各工业企业还应减少对自然资源的过度消耗与浪费，为创造良好的经济区工业发展效益奠定基础，真正实现区域内环境友好型的工业发展模式。

（3）积极发展现代服务产业。主要以资金、技术等要素作为投入以获得产出的第三产业，不仅能在减少对自然资源依赖的基础上实现经济的高速增长，同时还能依据其污染物排放少的特点实现对生态环境质量的改善。并且通过培育与发展具有高市场竞争力、高技术水平的现代服务企业，可以有效促进金融服务业、计算机信息产业的快速发展，在满足经济区经济增长需要的同时，也减少了对生态环境所造成的污染问题，不仅为今后经济区的生态、经济共同协调发展提供了保障，也为人们追寻高质量的生活环境提供了扎实的基础。

呼包银榆经济区在努力打造国家重点能源基地的过程中，应当及时抓住这次机遇，通过参与区域乃至全国信息产业的合理分工合作，既能实现经济区的充分就业，也能获得较高的社会效益。此外，现代服务产业不仅对环境污染小，还能对环境保护起到一定的改善作用，应该大力扶持和发展，使其成为经济区未来的主力产业。

### 10.5.1.2　构建循环经济体系

呼包银榆经济区现阶段应该以发展循环经济作为经济发展的重点。在当前形势下，经济区产业结构以重工业为主，而正是重工业带动经济区经济的快速发展，要想在不损害环境的前提下提高经济区的竞争力，使经济区的产业结构趋于合理化，就应该将过度依赖自然资源的发展方式转变为依靠生态资源的循环利用的发展模式。构建循环经济体系就是指发展循环型农业、循环型工业、循环型服务业以及各产业之间的有效循环，并将"3R"原则运用到产业体系的构建，做好废弃物的循环利用工作；同时，还要注重三次产业之间的联动关系，以核心产业发展速度快的特点来带动弱势产业。

这就需要形成呼包银榆经济区区域内部的大循环，即依靠各地方政府宏观政策的指引以及各企业之间的协调性，形成经济区产业内部及各产业之间的循环链，其基本构架如图 10.13 所示。

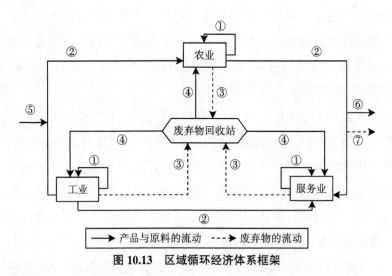

**图 10.13　区域循环经济体系框架**

图 10.13 中，①表示产品与原料在产业内部中的循环流动，包括各产业企业内部之间以及企业与企业之间；②表示产品与原料在各产业之间流动；③表示三次产业所产生的废弃物进入废弃物回收中转站；④表示废弃物经回收处理后能继续进入各产业中当作原料的循环过程；⑤循环经济体系是一个开放的经济体系，即需要从外界注入原料与能源；⑥表示各产业所生产的产品往外界输出；⑦循环经济不是零排放，不能完

全处理掉所有的废弃物，因此必然有一部分废弃物会排放到自然环境中。循环经济就是为了使排放到自然环境中的这部分废弃物的排放量达到最小。

经济区要根据自身工业内部各产业以及工业与农业、第三产业之间的关系构建生态工业产业链，充分利用经济区工业发达的优势，提升工业废弃物的利用效率，以发达的工业经济来带动农业、服务业，尤其是服务业的快速发展。循环型工业系统就是要在化工业、装备制造业等这些经济区生产废弃物过多的产业形成产业循环体系。循环型服务业则着重构建旅游业、金融业的循环系统，将其与生态农业、生态工业相结合。

### 10.5.1.3 大力发展高科技产业

经济区要以技术创新为主要驱动力，依靠先进的技术来完成对传统工业的改造，将传统意义上的粗放式工业转变成高技术、高效率的工业发展模式。要充分利用现有的工业先进技术，以推动经济区工业的高级化发展。在加强企业环保意识的同时，应带动企业积极进行高新绿色技术的创新研发。采取一定的奖励、激励措施，鼓励经济实力强的企业加大深入研究废弃物回收技术以及污染物治理技术，以促进有先进技术的企业去帮助、带动其他企业的技术进步，进而实现整个经济区的高技术发展水平。

大力推动信息化和工业化的融合，通过推动工业化与信息化的融合来带动新兴产业，培育经济区新的经济增长点，做"长"、做"宽"战略性新兴产业。

要充分利用高校的人才资源，在以产业快速发展带动高端人才集聚的基础上引导各高校为企业提供技术支持以完成各产业技术方法上的创新；加强科研机构与企业的联合力度，努力将先进的科研成果与企业技术相结合，以解决当前大量科研成果与企业生产发展相脱节的现状。

## 10.5.2 产业结构和生态环境优化发展的政策保障

### 10.5.2.1 制定与生态环境相协调的产业政策

经济区的主导产业以煤矿开采加工、石油化工、装备制造等资源型产业为主，在今后的发展中，应当在以发展这些核心产业为主导的基础上，带动其他产业的发展，始终坚持以生态化标准为主要基本原则。政府在制定相对应的产业的政策时，应充分考虑所制定的产业政策将对生态环境所造成的影响，不仅要注重经济区经济的发展，还应兼顾产业发展所带来的生态环境效应影响。

在加强优势产业发展的基础上，政府应大力支持那些能源消耗少、环境污染小的企业，以保障经济区未来的可持续发展。应按照经济区总体工业的发展方向，提出鼓励、限制以及退出的产业类别，对环境污染带来严重后果的产业企业，政府应合理调配资源，以便此类企业通过发展副业来提高资源的综合利用效率，以减少对环境所带来的损害。在废弃物回收利用方面对环境有较大正面影响的企业，政府应鼓励其同其他企业进行技术交流及指导。

#### 10.5.2.2　大力建立技术开发体系

政府部门要坚持以政策为手段，以市场为导向，以信息化为动力，以鼓励企业对新技术开发的资金投入，构建以各企业为主体的技术开发体系，加强企业之间的联合互动关系；在产业发展方面可以通过主导产业来带动其他产业的发展，在企业技术创新方面，可以高技术、高创新企业为储备力量来带动其他技术相对落后企业的发展，对于那些资金储备丰富、经济实力雄厚的企业，政府应采取奖励机制以促进此类企业建立技术开发中心，加强核心技术的创新能力，对于经济实力相对较弱的中小型企业，应提高自身对新技术的引进能力；加快各产业之间以及产业内部之间的信息化建设，提高各企业与行业的快速反应能力，使经济区产业体系走上科技含量高、经济效益好、资源消耗低、环境污染少的新型产业化道路。

#### 10.5.2.3　加强经济区环保监督

经济区要想在以后的发展中坚持经济与环境同步进行，在制定相应产业政策以完善产业结构的同时，还应当加强经济区各环保部门对各产业企业节能减排方面的监督。经济区长期以来，一直以发展第二产业中的重工业为主，并且装备制造、石油化工等此类传统产业在其所发展的重工业中占据主导地位，然而正是这些高耗能、高排放的传统工业，在节能减排方面的潜力也是最大的，政府要加强对此类企业在节能减排方面的监控力度，采取相应的奖罚机制，可根据企业在节能减排方面所做的贡献或所犯的错误给予一定的资金奖励或处罚，以此来实现经济区工业重点行业排放总量控制下的经济增长。

经济区应加大环保方面的宣传力度，相应部门应在各企业举行有针对性的有关环境保护方面的知识讲座，让企业负责人及员工切实感受到所面临环境问题的严重性，进而带动各企业工作者共同参与经济区的环保事业，提高各企业的环保意识；对于经济区新开办的大、中、小型企业，环保部门应对其进行相应的环境测评，将对环境所造成损害程度也作为企业准入的参考因素之一，这样既可以通过相应的环境测评以对比今后企业发展的真实情况，也可以通过提高各产业企业准入条件的严格性，以积极带动那些耗能少、污染小、节能高的高新产业的发展。在各企业未来的发展过程中，环保部门应对其进行相应且不定期的环境质量检测，并将检测报告及时公布在相应的宣传媒介中，这样在提高就业率的同时，也能使企业自觉遵守"3R"原则。

#### 10.5.2.4　健全经济区生态经济发展合作机制

呼包银榆经济区共涵盖三省13个市59个县区，但从目前的经济发展模式来看，经济区仍以各地市为主要单位，地市之间以及各地市企业之间的联系、合作关系仍不够紧密。因此，在今后的发展中，经济区各级政府要开展定期互动会议，不仅要促进经济区下属地市在经济发展中要以一体化为条件，还应当在生态环境保护方面、资源有效配置方面以及产业之间的协调发展方面加强各市、县、区之间的合作，以健全经济区内部紧密的发展合作机制。

### 10.5.3  小结

从之前的环境效应分析可以看出，经济区产业结构不够合理，重工业化严重，对生态环境质量的负面影响也越来越大。本章主要针对存在的问题提出相关对策及政策保障，对策主要包括优化产业结构，发展高效生态经济；构建循环经济体系；大力发展高科技产业。相关政策保障包括制定与生态环境相协调的产业政策；大力建立技术开发体系；加强经济区环保监督；健全经济区生态经济发展合作机制。

# 10.6  本章小结

本章主要研究了呼包银榆经济区产业结构及其生态环境效应，经济区的生态环境较为脆弱，产业结构是以重工业为主，第三产业所占比重保持在 40%，第一产业所占比重极低，产业结构不够合理，对生态环境的影响较大。构建呼包银榆经济区的首要目标是实现区域一体化下的高效、生态、循环的发展模式，以带动中西部地区经济与生态的协调发展。因此，只有通过对经济区产业结构对生态环境的影响程度以及产业结构的生态环境效应进行研究，并以此作为参考依据来对经济区的产业结构进行合理调整，才能真正实现呼包银榆区域可持续发展。

呼包银榆经济区产业结构的演变趋势在时间上主要可分为五个阶段。第一阶段为 2000~2005 年，第二产业和第三产业比重呈波动式上涨趋势，第一产业比重持续下降；第二阶段为 2005~2008 年，此时期内经济区工业化进程较快，第二产业比重增加，第三产业比重下降；第三阶段为 2008~2009 年，第二产业比重下滑而第三产业比重上涨；第四阶段为 2009~2012 年，在这一阶段内，国家力图将经济区打造成新型重点能源基地，致使区域第二产业发展迅速，产值比重达到最高；第五阶段为 2012~2013 年，由于相应国家生态文明建设，经济区第二产业比重下降，与此同时第三产业比重增加，第二产业、第三产业之间比值差距得到缩小。在这五个阶段，经济区都是"二三一"

的产业结构类型。

针对产业结构对生态环境的影响，运用经济区各地市 2000~2013 年的统计数据，结合定性和定量两种分析方法，分析了经济区三次产业结构的生态环境效应。呼包银榆经济区三次产业结构的生态环境效应演变特点如下：

（1）对于水环境而言，影响较大的是第二产业和第三产业，第二产业、第三产业的发展都会造成水环境的污染；对于大气环境而言，影响程度较大的是第一产业和第二产业，尤其是第二产业，这主要是由于第二产业在其生产过程中，会向外界排放过多的污染气体；对于固体环境而言，影响较大的是第二产业和第三产业，第二产业、第三产业在发展过程中都会产生较多的固体废弃物。

（2）经济区三次产业对环境的动态影响。通过对生态环境动态效应的脉冲响应及方差分解得出：产业结构对生态环境的冲击影响较大，其变动对经济区生态环境产生越来越重要的影响。第一产业会对水环境、大气环境、固体环境产生小幅度的影响；第二产业会对水环境、大气环境、固体环境产生较大的影响，其中对固体环境的影响最大；第三产业对水环境、大气环境、固体环境都有一定的改善作用。经济区"二三一"的产业类型，对生态环境影响程度最大的是大气环境和固体环境，对水环境所造成的影响相对较小。

目前经济区第二产业仍占较大比重，尤其是重工业所占比重，在经济区整体经济结构中，分量较大。因此，在未来经济区调整优化产业结构的核心任务应是加大发展循环经济的力度，制定并实施涉及生态环境保护、符合经济区发展实情的产业政策；在加强改进工业生产技术的同时，还应加大第三产业的发展力度，以工业经济的绝对优势来带动第三产业的进步。

此外，还有以下几点不足及展望：

（1）本章对于反映生态环境质量方面，仅选择了水环境、大气环境、固体环境，并且由于数据收集的限制性，在反映其影响程度的指标选取上也仅以反映第二产业污染程度的工业废水排放量、工业废气排放量、工业固体废弃物排放量以及二氧化硫排放量作为主要参考指标，并没有收集到能反映产业整体的废弃物排放量相关数据。在以后的研究中，可以找出能反映生态环境更全面的多种指标，以获得更加准确的分析结果。

（2）本章在研究过程中，虽然把呼包银榆经济区产业结构的生态环境效应以及产业结构变化对生态环境质量的影响结果加以分析，但没有对经济区下各地市的产业结构演变的特征进行具体评价分析，只是在整体上掌握了经济区产业演变情况及环境质量情况。在今后的研究中，需在整体分析的基础上，对各地市的产业结构及环境质量特征进行更为具体的分析。

## 附录 A　呼包银榆产业结构与生态环境指标原始数据

| 指标体系 | 指标 | 2000 年 | 2001 年 | 2002 年 | 2003 年 | 2004 年 | 2005 年 | 2006 年 | 2007 年 | 2008 年 | 2009 年 | 2010 年 | 2011 年 | 2012 年 | 2013 年 |
|---|---|---|---|---|---|---|---|---|---|---|---|---|---|---|---|
| 产业结构指标体系 | 第一产业生产总值（亿元） | 123.03 | 128.50 | 150.18 | 168.45 | 200.13 | 222.94 | 245.21 | 300.47 | 370.01 | 391.33 | 480.06 | 568.89 | 626.45 | 694.78 |
| | 第二产业生产总值（亿元） | 462.63 | 532.33 | 644.85 | 857.05 | 1153.79 | 1581.30 | 2047.01 | 2665.06 | 3843.27 | 4552.05 | 5635.58 | 7074.60 | 8088.02 | 8315.29 |
| | 第三产业生产总值（亿元） | 417.14 | 472.35 | 607.70 | 781.14 | 1011.90 | 1455.48 | 1736.21 | 2076.69 | 2842.71 | 3686.03 | 4300.39 | 5152.13 | 5823.96 | 6591.03 |
| | 第一产业就业人口量（万人） | 366.90 | 372.29 | 373.91 | 353.53 | 347.59 | 342.26 | 332.00 | 333.50 | 327.99 | 322.41 | 339.51 | 339.28 | 337.11 | 335.40 |
| | 第二产业就业人口量（万人） | 133.18 | 135.07 | 156.09 | 173.53 | 178.16 | 187.54 | 202.73 | 202.17 | 212.27 | 228.23 | 220.54 | 230.15 | 234.06 | 237.69 |
| | 第三产业就业人口量（万人） | 21407.00 | 213.76 | 231.71 | 246.19 | 263.53 | 280.34 | 295.85 | 308.75 | 317.99 | 357.00 | 364.19 | 381.78 | 392.89 | 403.76 |
| | 经济区工业总产值（亿元） | 2660.34 | 2985.69 | 3299.60 | 4169.80 | 5397.61 | 6759.15 | 8886.36 | 10961.18 | 14545.49 | 16679.06 | 21119.07 | 27058.21 | 30792.21 | 31825.42 |
| | 经济区重工业总产值（亿元） | 1778.91 | 1994.45 | 2231.52 | 2920.28 | 3976.47 | 5182.11 | 6909.03 | 8603.75 | 11701.41 | 13373.44 | 17163.86 | 22245.89 | 25331.70 | 26236.88 |
| | 经济区轻工业总产值（亿元） | 881.43 | 991.24 | 1068.08 | 1249.52 | 1421.14 | 1577.04 | 1977.33 | 2357.43 | 2844.08 | 3305.62 | 3955.21 | 4812.32 | 5460.51 | 5588.54 |
| | 呼包银榆种植业增加值（亿元） | 69.97 | 68.50 | 78.73 | 89.80 | 105.34 | 112.78 | 128.26 | 160.58 | 189.82 | 203.58 | 257.23 | 294.78 | 320.89 | 322.14 |
| | 呼包银榆林业增加值（亿元） | 6.89 | 8.18 | 10.04 | 11.85 | 10.63 | 6.24 | 6.15 | 8.94 | 10.69 | 11.51 | 12.55 | 18.48 | 15.16 | 16.23 |
| | 呼包银榆牧业增加值（亿元） | 45.04 | 52.34 | 58.06 | 63.91 | 78.67 | 95.60 | 100.28 | 122.26 | 156.04 | 161.19 | 192.88 | 239.17 | 266.46 | 279.53 |
| | 呼包银榆渔业增加值（亿元） | 1.96 | 2.24 | 2.33 | 2.30 | 2.94 | 3.05 | 4.33 | 3.81 | 4.00 | 4.84 | 5.75 | 7.52 | 9.14 | 8.32 |
| 环境质量指标体系 | 轻工业增加值（亿元） | 130.97 | 148.25 | 173.38 | 207.03 | 226.76 | 297.57 | 412.71 | 516.72 | 673.37 | 756.45 | 921.29 | 1139.69 | 1201.4 | 1315.56 |
| | 重工业增加值（亿元） | 271.25 | 295.03 | 342.64 | 455.07 | 662.08 | 1007.01 | 1301.14 | 1818.47 | 2777.46 | 3275.77 | 4037.06 | 5196.95 | 5870.24 | 6459.52 |
| | 建筑业增加值（亿元） | 61.21 | 73.55 | 105.32 | 160.35 | 208.84 | 216.49 | 274.76 | 329.84 | 405.62 | 519.9 | 637.17 | 798.02 | 1111.51 | 1459.23 |
| | 工业废气排放量（万吨） | 21428.59 | 22381.12 | 23836.26 | 22501.35 | 20636.37 | 33678.66 | 30974.75 | 32709.86 | 33947.54 | 34142.12 | 35720.56 | 31647.94 | 28107.68 | 27359.23 |
| | 工业废水排放量（亿立方米） | 4425.52 | 4479.96 | 5703.99 | 6295.67 | 10918.06 | 9799.85 | 12262.73 | 12571.57 | 16132.96 | 17332.97 | 30012.39 | 25562.84 | 24650.12 | 25688.24 |
| | 工业固体废弃物排放量（万吨） | 1940.16 | 2101.45 | 2522.63 | 2750.42 | 3650.85 | 6360.27 | 7341.84 | 8974.8 | 8343.52 | 8397.03 | 10610.74 | 12633.19 | 13342.5 | 14739.94 |
| | 工业二氧化硫排放量（万吨） | 35.66 | 37.90 | 42.86 | 55.07 | 75.67 | 94.71 | 103.94 | 96.29 | 90.58 | 86.73 | 91.18 | 110.14 | 108.79 | 105.03 |

资料来源：呼和浩特市、包头市、鄂尔多斯市、榆林市、宁夏回族自治区 2000~2013 年统计年鉴。

# 参考文献

［1］Walt Whitman Rostow.The Stages of Economic Growth ［M］. England：Cambridge University Press，1960.

［2］威廉·配第. 政治算术 ［M］. 北京：中国社会科学出版社，2010.

［3］亚当·斯密. 国民财富的性质和原因的研究 ［M］. 北京：中国商务出版社，2003.

［4］Halser A. V. Strategies for the Protection of the Environment in Urban Areas ［M］. Modern Approach to the Protection of the Environment.Oxford，New York：1989.

［5］史忠良. 新编产业经济学 ［M］. 北京：中国社会科学出版社，2007.

［6］杨公朴，夏大慰. 产业经济学教程 ［M］. 上海：上海财经大学出版社，2002.

［7］Rachel Parker. Industrial Transformation in Austria，Sweden，Norway and Japan ［J］. Industry & Innovation，2000，7（2）.

［8］刘伟，李昭荣. 产业结构与经济增长 ［J］. 中国工业经济，2002（5）.

［9］刘志彪，安同良. 中国产业结构演变与经济增长 ［J］. 南京社会科学，2002（1）.

［10］李晓嘉，刘鹏. 我国产业结构调整对就业增长的影响 ［J］. 山西财经大学学报，2006，28（1）.

［11］陈斌. 产业结构升级与对外贸易的关系——以广东省的数据为例 ［J］. 现代商业，2011（26）.

［12］Kahrl Fredrich and David Roland-Holst. Growth and Sturctural Change in China's Energy Economy［J］. Energy，2009（7）.

［13］Mol Arthur P. J. and Carter Neil T. China's Environment Governance in Transition［J］. Environmental Political，2006，2（15）.

［14］孔繁德，王连龙，谭海霞等. 生态保护是建设生态文明的重要基础 ［J］. 中国环境管理干部学院学报，2008（3）.

［15］姬振海. 生态文明建设的四个层次 ［J］. 绿叶，2007（10）.

［16］李人达. 海岛生态保护法律制度研究 ［D］. 中国地质大学硕士学位论文，2010.

［17］杨建林，徐君. 经济区产业结构变动对生态环境的动态效应分析——以呼包银榆经济区为例［J］. 经济地理，2015（8）.

［18］Forrester J. W. World Dynamics. Cambridge ［M］. Pegasus Communications，1971.

［19］Grossman G., Kreuger A. Environmental Impacts of the North American Free Trade Agreement ［Z］. NBER Working Paper，1991.

［20］Miller R. E., Blair P. D. Input-output Analysis: Foundations and Extensions Englewood Cliffs ［M］. Prentice-Hall，1985.

［21］Theo J. N. M. de Brujin, Peter S. Hofman. Pollution Prevention and Industrial Transformation Evoking Structure Changes with Companies ［J］. Journal of Cleaner Production，2000，8（3）.

［22］黄宗楚，郑祥民，曹希强. 常州市农业产业对生态环境的影响及治理对策［J］. 云南地理环境研究，2004，16（3）.

［23］李文君，杨明川，史培军. 唐山市资源型产业结构及其环境影响分析 ［J］. 地理研究，2002，21（4）.

［24］王丽娟，陈兴鹏. 产业结构对城市生态环境影响的实证分析［J］. 甘肃省经济管理干部学院学报，2003，16（4）.

［25］刘文新，张平宇，马延吉. 资源型城市产业结构演变的环境效应研究——以鞍山市为例［J］. 干旱区域资源与环境，2007，21（2）.

［26］李斌. 重庆城市建设与生态环境——论重庆建筑业对环境的影响与保护［J］. 重庆建筑大学学报，2001，2（1）.

［27］王云凤. 构建呼包鄂地区生态工业大系统问题研究［J］. 前沿，2011（2）.

［28］周宏春. 我国交通运输对资源环境的影响评价［J］. 经济研究参考，2000（4）.

［29］马强，林文. 基于 DEA 的江苏省产业结构优化分析［J］. 资源与产业，2010（1）.

［30］Canova F. and Gambetti L. Structural Changes in the US Economy: Is There a Role for Structural Policy? ［J］. Journal of Economic Dynamics and Control，33（2）.

［31］袁杭松. 巢湖流域产业结构演化及其生态环境效应［J］. 中国人口·资源与环境，2010（S1）.

［32］杨公朴，夏大慰. 产业经济学教程 ［M］. 上海：上海财经大学出版社，2002.

［33］Doyle T. and Mceachern D. Environment and Politics ［M］. London and New York: Routledge，2001.

[34] 鲍健强，黄海凤. 循环经济概论［M］. 北京：科学出版社，2009.

[35] 郝建成，王成彪. 循环经济视角下的煤炭工业可持续发展研究［J］. 煤炭工程，2012（6）.

[36] 赵桂慎. 生态经济学［M］. 北京：化学工业出版社，2008.

[37] 邓伟根，王贵明. 产业生态学导论［M］. 北京：中国社会科学出版社，2006.

[38] 彭建，王仰麟，叶敏婷. 区域产业结构变化及其生态环境效应——以云南省丽江市为例［J］. 地理学报，2005，60（5）.

[39] 顾朝林，杨焕彩. 黄河三角洲发展规划研究［M］. 沈阳：东北大学出版社，2011.

[40] 汤进华，钟濡刚. 武汉市产业结构变动的生态环境效应研究［J］. 水土保持研究，2010，4（17）.

# 11 呼包银榆经济区经济—资源—环境系统协调性分析

《呼包银榆经济区发展规划（2012~2020年）》明确了经济区的重要发展目标之一就是"生态环境明显改善，可持续发展能力明显增强"。

本章在对经济—资源—环境系统协调发展的国内外研究综述的了解以及对相关理论学习的基础上，对经济区发展现状进行了分析。通过前人的研究构建了适合研究经济区协调度分析的指标体系，并通过各市的统计年鉴收集整理了2003~2012年呼包银榆经济区经济—资源—环境的部分数据。运用灰色系统方法对经济区所选的研究对象进行各指标的预测，将预测值相加使用熵值法确定各指标的权重，运用耦合协调度评价模型对呼包银榆经济区的经济—资源—环境三者间的协调度进行分析，剖析其主要影响因素。最后根据结果提出对策建议。

## 11.1 引　言

可持续发展是人类文明进程的必然。随着工业经济的发展，社会的经济与文明有了巨大的进步，因而人类社会的需求也不断地得到满足，同样，正是由于人们需求的增加进一步推动了社会的变革和生产力的提高。可是，在我们充分地享受社会发展带来的好处的时候，也绝不能忽视工业化进程中所带来的负面问题。发展经济以满足人类需求和欲望的同时，也消耗了大量的资源，并且伴随着的是自然生态环境的破坏，虽然这并非人类本意，但是由于观念之故，已然造成了诸多全球性的资源和环境问题，例如我国频发的沙尘暴、雾霾、土地荒漠化、水源污染等一系列问题，已越来越成为减少民众生活幸福感和阻碍经济发展的"杀手"。经济、资源、环境如同经济学中的"不可能三角形"，如何使三者协调发展成为我国乃至世界所关注的问题。

实现中共十八大以来制定的生态文明建设目标，离不开经济、资源、环境的协调发展。人类生活在地球上，共同构成了地球这个复杂的大系统，人类的发展、生产力的提高离不开对资源的开发，对资源的开发又进一步促进了经济的发展，形成了必要的经济活动，资源、环境与人类三者是相辅相成、相互制约的关系，不能将其割裂开来。我们的发展既要金山银山，又要绿水青山，因此本章将经济、资源、环境的协调发展以及整个社会的可持续发展进行系统的、定量的分析，寻找其中的规律，进而对现实的政策制定提供一定决策依据。

本章将经济社会发展中众多因素中的经济、资源、环境这三个因素放到一个系统中，以一种系统化、全面化、整体化的思维进行分析与把控，以实现三者运行的最优化。经济、资源、环境系统的构建是以经济的有序发展、资源的合理利用、环境的健康发展为目的，以经济、资源、环境之间协调可持续发展为目标。它体现了科学发展观和中共十八大以来对生态文明建设的思想。本章的研究成果希望进一步丰富经济资源环境系统理论，对呼包银榆地区的可持续政策的制定提供了一些理论依据，同时，将定性与定量方法的结合运用到呼包银榆经济资源环境协调性研究中也具有一定的方法论意义。

呼包银榆经济区具有丰富的煤炭、天然气等资源储备，以往煤炭领域在黄金十年，在这片神奇的土地上不断上演一夜暴富的神话，如鄂尔多斯、榆林、银川等城市在煤炭资源价格不断上涨的年度里经济实现了跨越式的发展，可谓受益匪浅。但是，经济迅速发展的同时给资源环境造成了巨大的破坏，形成了"一业成功环境差"的不良局面。西部地区干旱、缺水等自然环境具有先天不足的缺点，加之煤炭等矿产资源开采使土地表面的破坏情况更加恶化，同时还引发了一系列收入不均的社会问题。随着近年来煤炭价格的回落，"一煤独大"产业结构的弊端便显露了出来，地方财政收入和税收收入大幅回落，促使呼包银榆经济区的经济、资源、环境系统之间协调发展成为重中之重。经济区调整产业结构，促进产业升级，减少经济发展对资源的依赖和对环境的破坏成为日后长期的经济发展重点。经济区作为国家能源储备基地，蕴藏着丰富的资源，因此，如何协调好经济、资源、环境这三者之间的发展问题，将关系到整个经济区能源基地的建设，这不仅是地方发展的问题，也是国家的战略考虑。本章通过对经济、资源、环境三者之间关系的定性与定量分析，探寻实现三者协调发展的路径，同时为其他经济区或者其他资源型城市的发展提供一定的借鉴。

# 11.2 研究综述

长期以来，人类为了发展经济，大量透支了其赖以生存的资源，伴随的是环境破坏，即今天的发展已经影响到了明天和后天的发展，影响到了下一代的发展，所以，今天全世界都在呼吁可持续发展，这是对发展中产生的副作用的反思。人类社会从农业文明到工业文明绝不仅是生产方式的变革，更是物质资料需求带来的新的欲望和冲动，这种欲望和冲动将使经济、资源、环境的矛盾更加突出。1972 年，联合国在斯德哥尔摩召开了人类环境研讨会，即"联合国人类环境会议"。会议通过广泛的讨论发布了《人类环境宣言》，它是人类首次把行动、环境、我们和我们的后代放在一起考虑发展问题。1987 年，以挪威前首相布伦特夫人为首的世界环境与发展委员会的成员们，把经过四年研究和充分论证的报告《我们共同的未来》提交给联合国，正式提出了"可持续发展"这一概念和模式。1992 年，联合国环境与发展大会在巴西里约热内卢召开，这次会议是基于当时的环境与发展形势要求，特别是为了纪念联合国人类环境会议 20 周年而召开的，它通过了《21 世纪议程》等重要文件，该文件的重要意义在于把全球性的可持续发展的理论共识变成了全球性的可持续发展的实际行动。今天我们研究的经济、资源、环境协调发展的问题正是建立在可持续发展的基础上，地区经济、资源、环境的协调发展目的就是地区可以实现可持续发展。

经济、资源、环境协调发展研究是一个理论性和实用性都很强的课题，国内外的研究者从不同的角度对其进行了深入的研究，并建立了环境经济学、生态经济学等学科，以解决社会发展中存在的资源浪费、环境污染等与经济有关的问题。1972 年以德内拉·梅多斯为首的罗马俱乐部在《增长的极限》中指出"人口的增长、粮食的生产、投资的增加、环境的污染和资源的消耗都具有一种指数增长的性质"，引发了人们对过往发展模式的思考，随之经济、资源、环境间相互作用的关系引起了越来越多的经济学家的关注。1987 年随着《我们共同的未来》的问世，系统协调发展研究也开始从可持续发展方面进行探索。1990 年，Norgaard 提出了协调发展理论。之后，国际上许多资源研究和环保机构开始联手经济学家，通过构建资源经济环境系统研究框架以分析三者之间的发展规律和内在联系，展开一系列对经济—资源—环境协调发展的研究。

### 11.2.1　国外相关研究

#### 11.2.1.1　经济—资源—环境系统协调发展的理论研究

20 世纪 90 年代著名的经济学家 Grossman 和 Krueger 在分析北美自由贸易区协议（NAFTA）的环境效应时，对经济活动与自然资源消耗和污染物排放之间的关系进行了分析。研究发现，在收入较低的时候，资源消耗和环境污染与收入成正比，当收入达到一定水平时，两者成反比，又称环境库兹涅茨曲线或 EKC 假设。这一研究揭示了环境质量与经济发展之间相互影响、相互促进的关系。

Mishan（1967）认为，经济发展提高人们生活水平的同时，也带来了大量的环境污染，破坏了人们的生存环境，从而使人们的福利水平下降，呈现出负效应。Georgescu-Rogen（1971）和 Daly（1977）从热力学角度出发，引进熵的概念，认为经济发展中使用物质资源进行能量转换必然会带来熵的损耗，一部分物质资源的转化促进了经济的发展，另一部分转化成了废弃物，消费和产出的增加会引起熵的增加，环境会遭到污染与破坏，最终导致经济的停滞。Bakerman（1992）认为，单纯降低经济增长速度是无法改善环境质量的，只要处理好环境的外部性问题，那么经济的发展和环境的可持续是可以同时实现的，两者可以处在一个正向的影响中。Carla 和 Carlos（2004）在构建多目标线性规划模型时，考虑了资源消费、经济增长、社会福利以及环境保护等多个因素。Lazzaretto 和 Toffolo（2004）运用系统动力学方法构建了多目标优化模型，同时探讨了单一子系统以及各子系统耦合情况下优化模型的区别，并提出了核算环境成本的一种方法。Nick D. Hanley 等（2006）以苏格兰为背景，研究了资源效率对社会经济的影响，发现政府的政策如果只是促进资源效率的提高，则可能会造成单位资源产品成本的下降，而促进生产和消费的增加，导致更多环境污染。John Byrme（1998）以可持续发展理论为基础，构建了资源环境经济综合评价模型，选择碳排量、资源消费量、国内生产总值以及人口等为主要参数，定量分析并描述了三者之间的关系。Dan Ciuriak（2010）研究了亚太地区未来十几年人口增长和经济进步后，粮食、资源、环境承受能力以及粮食与环境的关系，未来粮食和资源的供应趋势。LaurAcas Raslavicius（2012）研究了白俄罗斯在经济转型的道路上，新资源的出现与经济发展和经济转型的关系。Morgan Bazilian（2014）研究了不同地区由于资源储备不同，而导致当地经济、教育、环境的不同，并集中考察了资源管理系统如何解决贫困地区穷人的需求。Qing-song Wang（2014）通过研究发现资源浪费、经济快速发展、环境污染会同时发生，为了实现可持续发展，应该优化资源和产业结构，提高资源使用效率，加强环境保护。

国外对经济—资源—环境系统协调发展理论的主要研究包括经济、资源和环境三者之间的相互作用；其他因素对资源、经济和环境的影响；通过构建评价指标体系进行综合研究；通过构建模型来分析资源、经济和环境三者之间的关系。

**11.2.1.2 经济—资源—环境系统协调发展的应用研究**

国外对经济—资源—环境协调发展进行了很多实证研究，一种是通过建立模型对某一地区的经济—资源—环境之间的关系进行分析和评价，找出存在的问题并提出相关的建议；另一种是围绕环境库兹涅茨假设进行的研究。

20世纪70年代，经济学家里昂惕夫从环境与经济关系的角度扩展了投入产出表，他将消除污染的投入也加入了标准，将因经济发展造成的污染也归为发展经济的产出，这一模型的建立，更加说明了经济发展的一部分成果会被环境污染替代。Carter（1974）利用动态投入产出模型评估了美国相对重要的行业在未来15年污染治理和新资源技术影响经济增长的速度，研究表明，减轻污染和资源成本上升带来的影响可能会抵消适度减少资源消耗的增长或增加消费者储蓄的利率。David J. Rosen（1981）研究了资源的充分性和环境质量的关系，认为廉价的资源与经济发展不利于环境质量，政府参与决策有利于资源供应和环境保护之间的平衡。David Hawdon 和 Peter Pearson（1995）利用投入产出模型，分析了英国经济—资源—环境的复杂关系，对资源消耗和环境质量、就业和经济福利提出了一些政策。Yong-Seok Moon（1996）研究了资源消费与经济的关系，利用内生增长模型描述了三者的关系。

Tiefel Sdorf M.（2000）运用全局空间自相关和回归分析对区域经济发展进行了空间分析和预测。Johan（2002）分析了二氧化碳排放量的相关问题，通过构建数学模型得出，资源、经济产出是影响排放量的主要因素，并提出了相关对策。Lenzen 和 Dey（2002）研究了澳大利亚经济、环境之间的关系，通过设定参数、构建模型，发现保护环境和促进经济发展要协调发展。A. Lazzaretto 和 A. Toffolo（2004）优化设计了热力系统，将资源、经济、环境作为单独的目标进行分析，对比分析了经济单目标最优化的热力系统和资源、经济两个目标最优化的热力系统，同时对资源消费过程中所排放的工业废气所要付出的环境治理成本进行了估算。Joseph A. Clarke 和 Cameron M. Johnstone（2008）论证了建筑环境的资源效率对英国可持续资源经济的影响并且提出针对长期和短期的改善方案。Masanori Tashimo 和 Kazuaki Matsuib（2008）利用 Grape Code 代码分析亚洲资源消费增加条件下，核能对资源经济环境系统的影响。Mustafa Tiris（2011）引入线性最优化模型和多属性价值模型来评估土耳其资源、经济、环境的交互作用。Arshad Mahmood（2014）以巴基斯坦为例研究了碳定价和资源效率对经济的影响。Yang Ding（2014）实证研究了经济—社会—环境的协调可持续发展。M. Ahanical Agineering DepartmAt（2014）以尼日利亚为例研究了资源可持续发展问题以及资源与经济环境的关系。Yvonne Rydin（2015）对资源项目的经济纠葛问题进行了研究，提出资源经济环境系统协调发展的必要性。

国外的研究者从不同的角度、运用不同的模型揭示了经济—资源、经济—环境、经济—资源—环境的关系，通过研究经济—资源—环境协调发展的内在机理，为政策制定和地区发展提供了一些可借鉴的建议或意见。

11.2.1.3　经济—资源—环境系统协调发展研究的模型选择

经济—资源—环境协调发展的模型主要包括内生增长理论模型、投入产出模型、多目标决策模型、系统动力学模型。

内生增长理论模型的主旨是经济增长可以不依靠外力实现持续性的增长，内生的科技进步是实现经济增长的决定因素。伴随着这一理论的发展，Groth 和 Schou（2002）提出了"增长的发动机"决定于不可再生资源的内生增长模型，并分析了加入不可再生资源且无外生技术进步的 CD 单部门最优增长模型，说明了在不可再生资源作为增长发动机的必要投入下可以获得增长结果。以 Robson 等为代表的经济学家将环境、资源、污染等因素作为内生要素引入生产函数，以研究三者对长期增长的影响，从而使内生增长模型成为研究经济—资源—环境可持续协调发展的分析工具。

投入产出模型将国民经济各部门间的相互依存关系通过投入产出表和投入产出核算有机地加以联系，投入产出表反映了各部门生产中的投入来源和产品或服务的分配之间的平衡关系，充分揭示了国民经济各部门间相互依赖的技术经济联系，体现了社会再生产的全过程。Salma 等（1992）研究了澳大利亚温室气体和经济参数，通过对1986~1987 年的温室气体强度和支付最终需求的水平，得出了产业政策对环境污染的影响。Mc Nicoll 和 Blackmore（1993）计算了 1989 年苏格兰 12 种污染物在 29 个部门的投入产出表中的排放系数。并将模型应用于污染排放影响的评价模拟分析。David Hawdon 和 Peter Pearson（1995）利用多部门投入产出模型，分析了英国经济—资源—环境的复杂关系，对资源消耗和环境质量、就业和经济福利提出了一些政策。

在解决问题的时候，如果只考虑单一目标，我们称之为单目标最优化问题，如果考虑多个目标，我们称之为多目标最优化问题。多目标决策模型最早由著名经济学家帕累托 1986 年提出，他从政治经济学角度，将很多不可比较的目标转化为一个单一目标。近几十年，多目标最优化决策开始运用到经济方面，可选择经济、资源、环境三个目标的优化模型，再根据最终目的确定总目标函数。C. R. Cocklin（1989）提出，在解决经济、社会、资源等不同系统之间的冲突时，最重要的是意识到他们之间是可持续的，在建立可持续的发展目标后，可能会让其他目标妥协，如果各种潜在的冲突可以辨别，那么就有可能确定可持续发展战略，减少冲突，并实现可持续发展。

20 世纪 50 年代，麻省理工学院教授弗雷斯特教授创立了系统动力学。系统动力学是以反馈控制理论为基础，以计算机仿真技术手段为辅助手段来研究复杂社会经济系统的定量分析方法。它是以现实中存在的系统为基础，建立系统中各个因素的动力学模型，并进行各个因素变化对系统影响的模拟，可以极大地节省人力、物力的一种有效的方法。20 世纪 70 年代，罗马俱乐部的教授通过研究探讨，决定将弗雷斯特提出的系统动力学作为主攻方向，用于解决人口、环境、资源的问题。在经济—资源—环境协调发展领域，通常是研究经济社会与资源环境系统结构和相互关系的，并进一步分析系统间的协调性问题或者可持续发展问题，进而建立相应的系统动力学模型。

### 11.2.2 国内相关研究

在国外研究的基础上，我国 20 世纪 70 年代注意到了多因素与目标协调发展的问题。由于环境问题的日益突出，1984 年，我国国务院通过了《中国 21 世纪议程》，并且首次组织相关领域的专家与学者就经济、资源、环境三者之间如何协调发展进行了探讨，其后相关研究逐渐增多，包括理论、应用、模型等角度。

#### 11.2.2.1 经济—资源—环境系统协调发展的理论研究

在理论研究方面，吴传钧院士对中国 PRED 的协调发展进行了全面的论述，为这一理论在中国的发展奠定了一定的基础。冯玉光、王华东（1997）分析了区域人口—资源—环境—经济之间的相互关系，建立了区域 PRED 系统可持续发展的判别模型，运用综合集成的方法构建了可持续的计算公式，对区域 PRED 系统发展做了定量分析，并结合辽宁省盘锦市的现状，进行了剖析。中山大学的涂新军、徐贤国（1998）从区域 PREE 系统分析着手，借助了协调度（H）综合型模式，结合区域 PREE 系统的特点，对区域可持续发展进行协调判识和评估。白化、韩文秀（1999）对经济—资源—环境复合系统协调发展的内涵做了深入研究，从静态和动态两种角度对系统协调度做了定量说明，从复合系统的多重关联与协调方面做了分析，但是仅局限于系统结构协调的主要内容，没有涉及功能协调及协调管理机制的问题。北京师范大学环境科学研究所的王红瑞、王华东（1993）在前人工作的基础上从容量、阈值、能力三个角度解释了环境承载力的概念，通过建立指标体系构建评价模型预测未来趋势，对可持续发展具有重要的意义。不足的是没有运用实际值进行分析评价，仅对理论进行梳理。宋耀辉、马慧兰（2013）对塔吉克斯坦的经济与资源环境协调发展进行了探析，其对生态环境脆弱或者敏感地区的可持续发展具有一定的借鉴意义，如作者运用变异系数和协调度模型，发现尽管塔吉克斯坦经济与资源的协调性非常好，但是由于生态环境和经济基础各方面都比较薄弱，资源环境对经济发展的承载能力较弱等，得出了对策建议。苏素、韦泓（2014）在总结前人文献的基础上发现对经济、环境、能源的系统评价指标的构建研究较少，认为系统间的界限和关系是模糊的而非绝对的，因此用灰色系统的相关理论是比较合适的。

国内研究发现资源、经济与环境之间存在着相互作用、相互影响的复杂关系，要想实现可持续发展必须协调好资源、经济、环境三者之间的关系。

### 11.2.2.2　经济—资源—环境系统协调发展的应用研究

崔和瑞、王娣（2010）利用向量自回归（VaR）模型研究了能源—资源—经济在可持续发展空间中的各系统的相互关系，并建立了我国能源、环境、经济三者之间的关系，还利用脉冲响应函数和方差分解对我国能源、经济、环境三者的动态关系进行了分析。但是鉴于向量自回归模型的共线性的问题，所含变量不会太多，虽然预测误差很小，但研究可能存在片面性。这也是研究方法上没有选择 VaR 的原因。王辉、郭玲玲（2011）利用杨士弘提出的协调度计算公式分析了辽宁省 14 个地级市的经济与环境的协调度，该研究是从时空演变的角度，对 14 个市协调度所进行的分析，得出这 14 个市的经济与环境的协调发展度逐年提高且经济综合实力和环境承载力差距较小，在环境可承载的范围内，经济实力有进一步提高的空间。谢志中、黄初升（2012）应用协同理论和复合系统原理，构建了福建省经济、资源、人口、环境的系统协调发展模型，从四元的角度分析了福建省复合系统的协调度，研究发现区域的复合系统总体协调度 10 多年来呈上升趋势，波动的幅度比较稳定。伍音茜（2014）以遵义市为例，构建了经济发展水平评价模型和系统协同发展度模型，对该市 2001~2010 年的区域经济和生态环境协调进行了评价，得出虽然该市的经济与生态协调度有了较大的改善，但是仍存在很大的提升空间，该文揭示了西部地区经济发展存在的普遍问题，并提出了对策建议。苏素、韦泓（2014）构建了能源—经济—环境系统协调度评价指标，利用主成分分析法确定权重和灰色系统相关理论进行预测并对预测结果进行了评价，将 30 个省级地区分为两类，同时发现在经济发展过程中对能源的需求使得经济子系统与能源子系统的协调性较好。胡志强、段德忠（2014）对武汉城市圈经济—社会—资源环境系统脆弱性进行了研究，并以武汉城市圈为例，构建了经济—社会—环境系统脆弱性评价指标体系，使用三角图法构建复合系统的脆弱性指数，利用熵值法确定权重引入脆弱性评价模型，最后将武汉城市圈按脆弱性分为五类。赵文亮、丁志伟（2014）对中原地区的经济—社会—资源环境的耦合协调度进行评价，从时序特征方面和空间分异方面分别做了分析，在时序特征方面，结果显示 1995 年以来中原经济区的经济—社会—环境的耦合协调度在逐步上升，空间分异方面形成了西北—东南的分布格局，耦合协调度的差异较大，个别呈现出倒置的特征。

国内研究学者主要通过构建资源经济环境系统协调度评价指标体系，以一个地区为例研究其资源经济环境协调发展情况，进而针对存在的问题提出解决措施。

### 11.2.2.3 经济—资源—环境系统协调发展研究的模型选择

黄贤风（2005）利用系统动力学模型研究了江苏省经济—资源—环境的协调发展，构建了三个子系统间相互影响的反馈关系，模型通过检验后，对各子系统的指标进行了预测，然后通过改变模型的参数，对各种方案进行了选择和分析。薛乃川、贡璐（2009）利用耦合协调度模型和层次分析法对新疆能源、经济、环境复合系统协调性进行了分析，研究发现新疆三个子系统的耦合度总体发展趋势较为乐观。于渤（2006）以内生增长模型为基础，在模型中考虑了环境治理费用，将环境治理成本纳入协调发展模型，使用最优控制法讨论其平衡增长解，并在此基础上讨论经济增长与资源耗竭速度、污染治理投入之间满足的动态关系。陈文颖等（2004）建立了符合中国实际情况的 MARKAL-MACRO 模型，这是一种经济、资源、环境耦合的非线性动态规划工具，它分析了碳减排对中国经济的影响。魏涛远（2002）分析了如何减少中国温室气体排放，通过建立可计算的一般均衡模型，分析了自征收碳税的情况下中国温室气体排放和经济发展的实情，结果表明征收碳税使中国的经济状态恶化，但有助于碳减排政策的实现。

## 11.2.3 综述小结

通过对上述前人研究成果的学习、归纳与总结，可以得出以下三点认识：

（1）国内外学者研究发现经济、资源、环境之间存在着相互影响、相互制约的关系，从不同的角度说明了协调发展的重要性。国外学者的研究多集中于两者或者三者之间的相互作用，国内学者的多数研究集中于耦合协调度的研究，个别研究加入了时空的演变。

（2）目前对于经济、资源、环境三者关系研究的模型已经比较成熟，国内学者在引进相关理论和模型后，结合我国实际情况对三者的关系展开了研究，并取得了一定的成就。从文献的总结来看，对于指标的权重选择更多的是用层次分析法和主成分分析法，这样的赋权方法具有很大的主观性，所以本章选取了更为客观的熵值法进行赋权。从文献看，预测的模型有很多，包括系统动力学模型、回归分析模型、向量自回归模型等。系统动力学模型的参数设定或者速率变化设定有很大的人为性；回归分析对样本的要求较高，需要较大的样本，如分析样本较小时会产生很大的误差，向量自回归模型适用于变量较少时的研究，一般变量不超过五个，而当变量超过五个时，就会出现共线性的问题。所以本章选取灰色预测模型，该模型所需的数据量较少，预测比较准确，精度较高，样本分布不需要规律性，计算简便，检验方便。

（3）我国学者在研究经济、资源、环境的协调度时，在指标体系设定和权重确定方面有所欠缺。传统计量的方法下指标体系不够全面，在确定权重时多采用主观的设定方法，影响了模型的精度。很多研究范围较广，对于范围的选择缺少必要的说明。呼包银榆经济区作为国家层面新的经济区，学者们对其经济、资源、环境系统协调度的研究尚少，很难找到针对呼包银榆资源经济环境系统协调发展的研究成果。

本书根据相关理论和研究，构建了呼包银榆经济—资源—环境系统协调发展评价指标体系，收集整理了 2003~2012 年的相关数据，运用熵值法和耦合协调度模型等方法，综合评价系统的协调发展水平，找出存在的问题和不足，并提出一些针对性的建议，希望供今后政府决策时参考。

# 11.3 呼包银榆经济区经济—资源—环境系统协调发展理论基础

## 11.3.1 经济—资源—环境系统理论

任何事物都不是单一存在的，都是由其他因素共同影响、相互促进、相互制约而存在的，系统理论是指系统由两个或两个以上子系统通过要素间的耦合而形成的大系统。

### 11.3.1.1 系统的内涵

系统是由众多元素构成的，这些元素不是杂乱无章的，每个元素都处在合理位置上并有序地构成复杂的整体。系统是一个整体，而各个要素是部分，系统是由相互影响的部分有机地组合而成，但是这个整体不是最终的整体，它同时从属于更大的整体。这其中的逻辑概念在于系统与元素是从属与被从属的关系，从这个逻辑中我们可以发现系统具有多元性，系统中包含着多种相关的元素，每种元素相互联系却又各有不同，这就造就了整体的多元化；系统具有相关性，系统无论内部还是外部都与其他事物相联系，事物之间是有交流的，所有的元素都是相互合作、相互制约、相互联系的；系统具有整体性，它是一个有机的整体，是由多种元素构成的统一的整体。由此我们可以通过系统的这些特征来判定系统的存在。

很多科学家认为系统是一种复杂的整体，它有其显示自身特征的结构，基于各个元素的不同作用和不同功能，有序排列后使得整体具有了一些新的作用和功能。系统不是一成不变的，而是动态变化的，整体中的元素随着时间的推移也是不断变化的，这是由于元素的互动交流使得整体也在不断改变。系统也不是独立存在的，而是存在于更大的系统中。

结合以上对系统的理解，我们可以将系统定义为：系统是由相互联系、相互制约的元素构成的动态有机整体。从中我们亦可看出系统的一些特征。

根据上述对系统的界定，我们可以延伸系统的概念：

第一，系统是由部分构成。系统是由元素构成，这些元素可能是个体，也可能是一个小的系统。

第二，系统有一定的稳定性。系统是由元素有序地构成的，如果可以保证每一个元素或者元素之间有序地运行，那么系统会有稳定性，我们研究的目的也在于减少系统的波动。

第三，系统具有一定的功能。这意味着系统可以为人类生存和生活带来一定的帮助，在系统运行过程中，会与内部或者外部环境发生反应，从而体现系统的功能。

第四，系统处于运动当中，元素也处于变化当中，当部分合理地结合时，就具有了更大的能量，即系统协调为何重要。

#### 11.3.1.2 经济—资源—环境系统的内涵

整个自然界和人类社会本身就是一个复杂的大系统，但这并不是系统的终点，系统是永无止境的，许许多多相关事物的普遍联系构成了各式各样的系统，我们不可能逐一进行分析。一般情况下，我们会选取与人类经济社会发展息息相关的某个系统进行研究。通常情况下，构成系统的元素可以是具体的物质，也可以是抽象的组织，当这些元素发生变化时，系统也会随之发生变化，反之亦然。

基于以上认识，本章将着重分析经济—资源—环境系统。经济—资源—环境是处于人类社会发展中的较为重要的系统，在这一大背景下，由不同的子系统和子系统中不同的元素结合而成的复合系统。这一系统包含着三个子系统，分别是经济子系统、资源子系统、环境子系统，这些子系统分工明确，各有特点，但是又相互联系、相互制约。

经济—资源—环境系统各子系统之间的联系是非常密切的。首先，资源子系统为经济发展提供了资源保障，解决了经济发展过程中消耗资源的问题。其次，经济发展一定程度上会改善环境状况，会为资源开发提供更好的设备和装备，但是经济发展和资源开发对环境子系统存在一定的破坏，这些破坏是由于经济发展过快或者科技水平较低造成的。最后，环境子系统的破坏制约了经济发展和资源开采，使得经济发展速度放缓，资源开发效率降低。由此我们认识到经济—资源—环境之间相互促进、相互制约的关系，同时本章也将研究放在整个国民经济的大系统中，不脱离实际。

本章所研究的这一系统不仅包括上述提到的三个子系统，在这些子系统项下还包含着各种因素，同时也要研究子系统间的关系和反馈。系统本身是开放的，即使是面对整个经济—资源—环境系统也不能孤立地来分析，要将它放入整个国民经济社会的大背景中分析。在当前的社会环境中，经济发展与环境污染的问题越来越凸显，一方面，要发展经济，提高人民生活水平；另一方面，要保护环境、保护资源，如何能使三者协调有序地进行，最终实现经济发展与环境保护同步进行，不走"先污染、后治理"的老路，已成为中国经济新常态下的必然选择。因此，在研究该系统时，要同时考虑三者，不可偏废其一，在运动与变化中进行整个系统的研究。

## 11.3.2　协调发展理论

在系统的发展中，由于人类思想、认识、科学水平的局限性，造成个别子系统的破坏，从而使整个系统的发展受到阻碍。很长一段时间我国甚至全球的经济发展都是在破坏生态环境，大量的资源被浪费，这种发展是一种不协调的发展，是不可持续的。无论从系统的角度还是从元素的角度，都要通过系统间或元素间的关系建立协调发展的途径。系统是不断运动变化的，只有协调有序的发展，才会使系统向着更好的方向发展，元素之间才会更加和谐，最终实现整个系统的良性循环，即环境为经济发展带来更多的正外部性，经济发展为环境保护、资源开发提供更多的资金和技术支持，形成渐进式、螺旋式的上升，实现协调发展。

协调发展理论强调的是整体性和综合性。考虑的是将系统的运行放到协调条件下进行综合研究，不是单单考虑某一子系统或者某一元素。协调发展要实现的是各个子系统和各元素之间的和谐发展，不是靠牺牲某一子系统或者某一元素得到的发展，面向全局、统筹兼顾、共同发展是协调发展的目标，也是实现系统可持续发展的途径。

### 11.3.2.1　协调的内涵

协调的概念由来已久，其强调的是一种均衡的状态，各方利益得到平衡，类似于经济学上的帕累托最优状态。在内部，各种要素之间的状态处于最理想的状态；在外部，可以与外部其他事物和谐共处，内外部的同时平衡才是真正的协调。在经济学与管理学方面，协调理论的使用非常广泛，在经济学理论和管理学理论中经常可以看到相关的应用。在系统论中，协调是指系统中各个子系统以及各个元素之间相互协调、相互影响的均衡发展，使得局部有序发展，从而使整个系统发挥更大的作用。将协调理论应用于系统中时，主要强调的是系统之间或者系统的子系统之间相互合作，共同发展。首先，我们之所以要实现系统的协调发展是为了推动系统整体的向前发展，只有推动系统整体向前发展我们的研究才有意义，如果不能实现这一点，那么子系统之间的相互合作、相互配合就毫无意义。其次，整个系统的协调发展是以系统的内部因素和外部因素为前提条件的，这一发展是以子系统之间或者各个元素之间存在某些联系为基础的，子系统之间的变化比例或者影响程度是实现系统协调发展必不可少的条件。最后，在研究系统协调时，要分清各个子系统所包含的元素，分清这些元素的本质含义，否则就无法使他们有序合理地组成系统结构。协调发展的实现不是一蹴而就的，是循序渐进的，是分阶段分目标实现的。

### 11.3.2.2  协调发展的内涵

"协调"指两个或两个以上系统或要素之间的理想状态。"发展"指系统或要素由小至大、由低到高、由简入繁以及由无序到有序的过程。"协调发展"是对"协调"与"发展"的综合，即系统或要素的和谐共生、良好循环，由低级至高级，由简单至复杂，由无序至有序的总体变化过程。

协调发展是可持续发展的一种途径，它强调的是多种系统或者多种元素共同促进、共同发展。在现实经济社会中，单个子系统或者元素的快速发展可能会带来表面上的繁荣，但这种发展不会长久，同时会破坏其他系统。协调发展是为了实现可持续发展，是可持续发展的一个阶段和途径。因此，协调发展是一项长期的任务，需要战略的眼光。

## 11.3.3  经济—资源—环境系统协调发展内涵

我们所研究的经济—资源—环境系统是实现可持续发展的一种途径，是为了不断提高人民生活水平。通常人们往往更注重经济的发展，从而忽视了环境的破坏和资源的浪费，而经济—资源—环境系统的协调发展可以保护环境，高效利用资源，通过子系统间相互配合、相互包容，最终实现经济—资源—环境系统的整体向前发展，实现经济效益、环境效益、资源效益的统一。

经济、资源、环境是三个相互作用、相互影响的系统，三者之间通过物质循环、能量流动和信息传递等作用方式形成复合系统。协调度是指系统之间或系统要素之间在发展过程中彼此和谐一致的程度，体现系统由无序走向有序的趋势。

综上分析，经济—资源—环境协调度对经济—资源—环境系统协调发展状况的定量反映，有利于找出经济—资源—环境系统协调发展过程中存在的主要问题，从而为地区经济、资源、环境协调发展机制的建立以及社会经济宏观发展目标的制定提供数据支持与决策依据。

### 11.3.4　小结

本节主要介绍了研究所需的理论基础、基本方法和模型。

首先，阐述了系统内涵、经济—资源—环境系统内涵。其次，介绍了协调发展理论，包括协调的内涵和协调发展的内涵。最后，引出经济—资源—环境系统协调发展内涵：经济、资源、环境单个系统在国民经济大背景下相互协调、相互配合、螺旋式上升的可持续发展。

本节还介绍了熵值法、耦合协调度模型、灰色预测模型 GM（1，1）。熵值法是一种客观赋权法，其根据各项指标观测值所提供信息的大小来确定指标权重，避免了人为因素带来的偏差。经济—资源—环境系统的耦合协调发展是指系统内部要素间相互配合以及系统相互作用，保持互惠共生的关系，三者相互促进、共同发展，从而使区域整体的利益不断提高的发展状态。灰色系统中最常用的是 GM（1，1）预测模型，模型对于处理小样本数据的效果很好，把 GM（1，1）模型作为经典数学模型来考虑，或用一般的数学概念来描述，等同于一般的微分方程，灰色模型从微分方程中逐渐分离出来，建立 GM（1，1）的白化方程。

# 11.4　区域选择及协调发展评价体系

### 11.4.1　区域选择

呼包银榆经济区（以下简称经济区）地处我国鄂尔多斯盆地腹地，是我国重要的资源矿产富集区，也是沟通华北和西部地区，连接"新丝绸之路经济带"、"京津冀"和"俄蒙"的重要枢纽区域。包括内蒙古自治区的呼和浩特市、包头市、鄂尔多斯市、巴彦淖尔市、乌海市，锡林郭勒盟的二连浩特市，乌兰察布市的集宁区、卓资县、凉城县、丰镇市、察哈尔右翼前旗，阿拉善盟的阿拉善左旗，宁夏回族自治区的银川市、石嘴山市、吴忠市、中卫市的沙坡头区和中宁县，陕西省的榆林市。研究范围内地区2013 年末共有人口 1905 万，2015 年末实现经济总量 1.9 万亿元，约占全国的 2.8%，是国家未来的资源基地和西部地区重要的经济增长极。考虑到经济体量和数据的可取性问题，以及通过城市竞争力的实证分析后，我们确定的研究范围只包括呼和浩特市、包头市、鄂尔多斯市、银川市、榆林市这五个城市，以这五个极具代表性的城市来说明整个经济区的情况。

随着区域经济一体化和经济全球化的快速发展，经济区逐渐成为国际生产力分布体系和劳动地域分工的重要的空间组织形式。城市作为经济区的主体，其地位越来越高，作用越来越大，城市竞争力的强弱制约着区域和国家的竞争力。城市本身是一个复杂的系统，而城市竞争力是一个具有明确直观含义却又不易精确把握的概念。不同的城市在不同的发展阶段，影响其城市竞争力的主导因素是不同的。城市竞争力是指一个城市在经济、社会、制度、人力、环境等多个因素的综合作用下，通过创造和维持更好的城市环境，与其他城市相比所具有的更强的集聚、吸引、控制各种资源要素，并且利用这些资源要素创造价值、为居民提供福利，最终获得城市可持续发展的能力。在全球经济危机后，我国的经济由高速发展进入了新常态。为了适应新常态下区域经济发展的要求，国家实施了"一带一路"、京津冀协同发展、长江经济带三大区域战略，为呼包银榆经济区带来新的发展契机和挑战。

构建城市竞争力指标体系时，一定要针对呼包银榆经济区的特点，根据城市竞争力的本质内涵、基本特征及主要内容，以综合性、科学性、可操作性为原则，构建一个层次分明、结构完整、可比性强的指标体系。根据前人的研究成果，建立呼包银榆经济区城市竞争力指标体系，如表 11.1 所示。该体系包括基础竞争力、综合竞争力、开放竞争力、人才科技竞争力、环境竞争力五个系统层指标，以及 10 个要素层指标和

**表 11.1　城市竞争力评价指标体系**

| 系统层 | 要素层 | 基本变量层 |
|---|---|---|
| 城市竞争力 | | |
| 基础竞争力 | 城市规模 | 城市建成区面积（$X_1$）；年末总人口（$X_2$）；年末实有城市道路面积（$X_3$）；人均居住面积（$X_4$） |
| | 城市基础设施 | 年底综合供水能力（$X_5$）；工业用电量（$X_6$）；邮电业务总量（$X_7$）；移动电话数量（$X_8$）；每万人拥有公共汽车数（$X_9$） |
| | 经济能力 | 地区生产总值（$X_{10}$）；人均地区生产总值（$X_{11}$）；第二产业、第三产业占 GDP 比重（$X_{12}$）；GDP 增长率（$X_{13}$）；规模以上工业企业数（$X_{14}$）；年末金融机构存款余额（$X_{15}$） |
| 综合竞争力 | 金融能力 | 年末金融机构贷款余额（$X_{16}$）；城乡居民储蓄年末余额（$X_{17}$）；全社会固定资产投资额（$X_{18}$） |
| | 市场规模 | 全社会固定资产投资额（$X_{18}$）；社会消费品零售总额（$X_{19}$）；人均可支配收入（$X_{20}$） |
| 开放竞争力 | 外资利用 | 实际利用外资总额（$X_{21}$）；进出口总额（$X_{22}$） |
| | 对外联系 | 客运总量（$X_{23}$）；货运总量（$X_{24}$） |
| 人才科技竞争力 | 科教能力 | 每万人在校生人数（$X_{25}$）；教育支出（$X_{26}$）；专利申请数（$X_{27}$） |
| 环境竞争力 | 硬环境 | 生活垃圾无害化处理率（$X_{28}$）；生活污水处理率（$X_{29}$）；建成区绿化面积（$X_{30}$）；人均绿地面积（$X_{31}$）；工业固体废弃物利用率（$X_{32}$） |
| | 软环境 | 人均居民生活用水量（$X_{33}$）；每百人图书馆藏书（$X_{34}$）；每万人拥有医生数（$X_{35}$）；居民消费价格指数（$X_{36}$） |

36 个基本变量层指标。

通过 SPSS 19.0 软件对原始数据进行标准化处理,系统自动选取特征值大于 1 的前七个因子,这些因子可以解释全部信息量的 97%,具有较强的说服力。进一步利用正交旋转法,得到旋转后的因子载荷矩阵,根据因子载荷表反映的主成分与原始指标的相关程度,界定呼包银榆城市群城市竞争力的主成分:

(1) 主成分 $F_1$ 主要集中在地区生产总值、人均生产总值、人均居住面积、邮电业务总量、全社会固定资产投资额、人均可支配收入、实际利用外资总量、货运总量、教育支出、人均绿地面积、每百人图书馆藏书、每万人拥有医生数、居民消费价格指数等指标,主要反映了城市的综合经济和居民生活水平。

(2) 主成分 $F_2$ 主要集中在城市建成区面积、年末实有城市道路面积、每万人拥有公共汽车数、年末金融机构存款余额、年末金融机构贷款余额、城乡居民年末储蓄余额、社会消费品零售总额、每万人在校生人数、专利申请数、建成区绿化面积等指标,主要反映了城市的金融能力和科教水平。

(3) 主成分 $F_3$ 主要集中在年末总人口、移动电话数、GDP 增长率、规模以上工业企业数等指标,主要反映了信息化程度和规模以上工业水平。

(4) 主成分 $F_4$ 主要集中在年底综合供水能力、工业用电量、居民生活用水量等指标,主要反映了城市基础设施水平。

(5) 主成分 $F_5$、$F_6$、$F_7$ 主要集中在生活污水处理率、生活垃圾无害化处理率、工业固体废弃物综合利用率等指标,主要反映了城市环境改善能力。

表 11.2　主成分得分与城市竞争力综合得分

| 城市 | $F_1$ | 排名 | $F_2$ | 排名 | $F_3$ | 排名 | $F_4$ | 排名 | $F_5$ | 排名 | F 综合 | 排名 |
|---|---|---|---|---|---|---|---|---|---|---|---|---|
| 呼和浩特市 | −0.3358 | 5 | 2.5780 | 1 | −0.2243 | 7 | −0.7690 | 8 | −0.4920 | 6 | 0.1234 | 4 |
| 包头市 | 0.7083 | 2 | 0.1434 | 3 | 0.8849 | 2 | 1.8979 | 1 | −1.6176 | 9 | 0.5745 | 2 |
| 鄂尔多斯市 | 2.6300 | 1 | −0.1935 | 5 | −0.2033 | 8 | −0.9010 | 9 | 0.4034 | 4 | 1.2107 | 1 |
| 乌海市 | 0.4215 | 7 | −0.4621 | 6 | −1.5194 | 10 | 0.0945 | 4 | 2.8386 | 1 | −0.3131 | 7 |
| 巴彦淖尔市 | −0.2674 | 4 | −0.7895 | 10 | 0.1153 | 4 | −0.3705 | 5 | −0.5029 | 7 | −0.2839 | 6 |
| 乌兰察布市 | −0.6038 | 9 | −0.1583 | 4 | 0.4658 | 3 | −1.0266 | 10 | −0.2298 | 5 | −0.3506 | 8 |
| 榆林市 | −0.5638 | 8 | −0.4682 | 7 | 2.0976 | 1 | −0.4590 | 7 | 1.8293 | 2 | −0.0200 | 5 |
| 银川市 | −0.1755 | 3 | 0.6296 | 2 | −0.1429 | 6 | 1.4963 | 2 | 1.5064 | 3 | 0.1284 | 3 |
| 石嘴山市 | −0.3526 | 6 | −0.6497 | 9 | −0.09373 | 9 | 0.4335 | 3 | −0.6382 | 8 | −0.4048 | 9 |
| 吴忠市 | −0.6178 | 10 | −0.6297 | 8 | −0.5363 | 8 | −0.3962 | 6 | −3.0972 | 10 | −0.6646 | 10 |

资料来源:作者整理。

计算出表 11.2 中 2013 年呼包银榆经济区各城市的城市竞争力的综合排名,可以概括出如下特点:

（1）从总体上看。F综合>0，说明其综合竞争力在呼包银榆经济区平均水平之上，F综合<0，说明其综合竞争力在呼包银榆经济区平均水平之下。目前来看，经济区内10个城市中只有四个城市处于平均水平之上，其他六个城市均处于平均水平之下，由此可以看出，呼包银榆经济区的主要城市辐射和扩散能力还不是很强。

在贡献率最高的经济规模和居民生活质量因子上只有鄂尔多斯市和包头市的得分值大于0，综合排名第一的鄂尔多斯市在这一因子上的得分更是达到了2.6300，这也奠定了鄂尔多斯市在综合排名中第一的位置。因此，从这一角度来看，大部分城市的经济规模和居民生活质量得分在很大程度上决定了该城市具有较强的城市竞争力。

（2）综合竞争力排名前四位的城市分别是鄂尔多斯市、包头市、银川市和呼和浩特市，分析这些城市的特点可以发现，呼和浩特市和银川市是省会城市，在资源配置、人才科技、政策扶持等方面都占有优势，在经济发展速度和效率方面快于其他城市。鄂尔多斯市和包头市在工业规模和矿产资源储藏方面具有很大优势，鄂尔多斯市在西部大开发下迅速崛起，经济增长速度多年位于内蒙古自治区第一位，虽然2013年增速明显放缓，但地区生产总值依旧是内蒙古自治区首位。包头市作为西部重要的钢铁城市，具有丰富的钢铁资源和深厚的工业基础，多年来的经济积累使其成为内蒙古自治区重要的经济增长极。

（3）综合竞争力排名最后三位的是乌兰察布市、石嘴山市、吴忠市，最后一名吴忠市与第一位的鄂尔多斯市的竞争力得分差距较大，吴忠市的地区生产总值和人均GDP均位于10个城市的末位，虽然吴忠市近年来经济发展取得了显著的成效，但存在经济总量小、地方财力弱、人均水平低、资源利用效益低、县域经济发展不平衡、"四化"水平总体落后、产业结构层次较低的问题，这些都是阻碍吴忠市发展的因素。

（4）从经济区内各个城市的综合得分来看，呼包银榆经济区存在"整体偏低"的状态，整个地区还属于欠发达地区，和其他三大经济区相比存在很大差距，经济区内主要城市的辐射扩散能力不足，经济发展的带动能力不强。

表11.2分别对综合经济和居民生活水平、金融能力和科教水平、信息化程度和工业水平、城市基础设施水平、城市环境改善能力五大方面进行了排名。

（1）在综合经济和居民生活水平方面，鄂尔多斯市处于第一位。值得注意的是，2013年对于鄂尔多斯市来说是不同寻常的一年，经济增速从多年来的高速增长回落到个位数，财政收入增速大幅回落，财政收支矛盾加剧，以煤炭为主导产业的产业单一化问题凸显。但就是在经济面临如此多问题的情况下，鄂尔多斯市的生产总值仍处于内蒙古自治区首位，这得益于十多年的快速发展所奠定的经济基础。吴忠市在这一因子排名处于最后一名，这主要是因为吴忠市经济总量较小、经济基础薄弱、矿产资源不够丰富等。

（2）在金融能力和科教水平方面，呼和浩特市和银川市处于前两名，这两座城市都是各自省会城市，拥有数量众多的金融机构和科研院校，所以在金融和科教方面有着得天独厚的优势。

（3）在信息化程度和工业水平方面，榆林市稳居第一位，这主要得益于榆林市拥有数量较多的规模以上工业企业和移动电话使用量。乌海市在这一成分中处于最后一位，在 10 个城市中乌海市的人口、规模以上工业企业和移动电话使用量都是较少的，使得乌海在这一成分上的排名不理想。

（4）在城市基础设施方面，包头市和银川市处于第一位、第二位，这两个城市在年底综合供水能力、工业用电量和人均居民生活用水量等指标中均位于 10 个城市前列，包头市和银川市分别作为老牌工业城市和省会城市，在基础设施建设和规划上投入了很大的资金和精力。在这一因子中最为特殊的是鄂尔多斯市，处于第九位，这主要是因为鄂尔多斯市在工业用电量上表现不佳，由于经济危机和煤炭价格下降的压力，不少企业出现停工的现象。

（5）通过以上实证分析，我们可以看出，呼和浩特市、包头市、鄂尔多斯市、银川市、榆林市在整个经济区的城市竞争力分析中处于前五名，且与第五名以后的城市得分差较大，从竞争力水平、经济总量、资源储备、环境质量等方面考量，我们只选取这五个城市作为我们研究的样本城市。呼包银榆经济区整体东西跨度很大，如果将经济区内的城市都纳入整个协调系统的评价，无论整体的可比性还是从数据的可获得性都是很困难的，且意义不大。

### 11.4.2　呼包银榆经济区经济—资源—环境系统协调发展评价指标体系构建

构建协调性评价指标体系时，一定要针对呼包银榆经济区的特点，根据协调性发展的本质内涵、基本特征及主要内容，以综合性、科学性、可操作性等为原则，构建一个层次分明、结构完整、可比性强的指标体系。将理论与实际相结合、动态过程与静态过程相结合、定量与定性相结合、科学性与可行性相结合。

#### 11.4.2.1　指标体系构建原则

中共十八届三中全会对生态领域做出了一系列部署，提出"紧紧围绕建设美丽中国深化生态文明体制改革，加快建立生态文明制度，健全国土空间开发、资源节约利用、生态环境保护的体制机制，推动形成人与自然和谐发展现代化建设新格局"的重要指导思想，还进一步提出建立系统完整的生态文明制度体系，实行最严格的源头保护制度、损害赔偿制度、责任追究制度，完善环境治理和生态修复制度，用制度保护生态环境。不仅如此，建立经济—资源—环境指标体系考虑国家方针政策的同时要考虑地区的特殊情况。

建立呼包银榆经济区协调发展水平评价体系，要遵循客观、学科的设计指标的原则。提到客观，建立经济—资源—环境协调发展综合评价的首要任务是对地区基本情况和所含特点的认识，根据实际情况建立符合当地发展要求的指标体系。经济—资源—环境系统协调发展，是一个整体由个体组成和个体离不开整体的问题，整个系统是否协调发展取决于各个子系统的发展状况，经济、资源、环境的组成要素各不相同。因此，将这些具有不同特征属性的要素聚集起来，就可以构成经济—资源—环境协调发展水平的评价指标体系。

（1）科学性原则。建立指标体系要遵循科学性的原则，即指标的选取应该遵循经济学原理，满足经济学意义的同时符合现实意义。经过统计学方法的数据运算，才能保证运算结果科学合理。指标选取的内容要符合当地经济发展的特定，不仅具有理论意义，也要有实际意义，尽可能地反映实际情况。

（2）全面性原则。本书涉及三个子系统，每个子系统项下包含着多种元素，指标体系的设计要尽可能全面地反映系统的真实情况，三个子系统之间是相互促进、相互制约的关系，我们的指标体系也要反映出这层关系，尤其是要反映出经济快速发展对环境和资源造成的破坏的情况。选取指标时，要从不同方面、不同角度选取指标体系，使指标体系涵盖系统的各个方面。

（3）层次性原则。为了更加清晰地说明指标体系之间的逻辑关系，我们选取指标体系时要具有一定的层次性，层次的递进或者分解使得指标体系更加具有合理性，这种递进关系使得指标体系更加有序和清晰。

（4）可行性原则。呼包银榆经济区所跨越的地域范围较大，城市较多，一些指标部分城市做了统计而另外一些城市未做统计，或部分城市今年指标数据存在而明年数据不存在，这会导致数据搜集的困难。指标体系虽然建立得很完善，但数据必须可以获得。在研究范围的确定上要有可比性，这也是可行性的一部分。

### 11.4.2.2 指标体系构建过程

一个指标体系的构建，离不开前人对相关经济研究的铺垫和探索，我们所做的讨论也是建立在前人研究的基础上的，经济—资源—环境评价指标体系是一个多层次、多结构、多功能的复杂大系统，建立的指标体系要充分体现系统动态的变化过程，将不同的属性、不同的层次有序地组合在一起。

根据以上分析的经济—资源—环境系统协调发展评价体系的设计方法，结合呼包银榆经济区资源、经济、环境实际情况，构建了适合呼包鄂银榆经济—资源—环境系统协调发展的评价体系，指标体系由系统层、准则层、具体指标组成，形成递阶层次结构。系统层是体现呼包银榆经济区经济—资源—环境系统协调发展水平的综合指标，用于衡量经济—资源—环境系统的协调性，在不同的维度反映出系统整体的发展状况，从发展速度和变化趋势来研究整个系统，系统的变化有其自身的规律，我们的指标体系要尽可能地探究这种规律。指标体系共计 29 个具体指标（见表 11.3），评价体系中每一个指标对于评价系统协调度都起着十分重要的作用。

**表 11.3　呼包鄂银榆经济—资源—环境系统协调度评价指标体系**

| 系统层 | 子系统层 | 准则层 | 指标层 |
|---|---|---|---|
| 经济—资源—环境协调发展评价指标体系 | 经济子系统 A | 总量指标 $A_1$ | $A_{11}$ 地区生产总值（万元） |
| | | | $A_{12}$ 工业总产值（万元） |
| | | | $A_{13}$ 进出口贸易总额（万美元） |
| | | | $A_{14}$ 社会消费品零售总额（万元） |
| | | 结构指标 $A_2$ | $A_{21}$ 全社会固定资产投资总额占 GDP 比重（%） |
| | | | $A_{22}$ 第一产业增加值占 GDP 比重（%） |
| | | | $A_{23}$ 第二产业增加值占 GDP 比重（%） |
| | | | $A_{24}$ 第三产业增加值占 GDP 比重（%） |
| | | 效益指标 $A_3$ | $A_{31}$ 财政收入占 GDP 比重（%） |
| | | | $A_{32}$ 全社会劳动生产率（万元/人） |
| | | | $A_{33}$ 城镇居民人均可支配收入（元） |
| | | | $A_{34}$ 城镇居民恩格尔系数（%） |
| | 资源子系统 B | 总量指标 $B_1$ | $B_{11}$ 资源消费总量（万吨标准煤） |
| | | | $B_{12}$ 原煤消费总量（吨） |
| | | | $B_{13}$ 电力消费总量（万千瓦时） |
| | | 结构指标 $B_2$ | $B_{21}$ 采矿业固定资产投资额（万元） |
| | | | $B_{22}$ 制造业固定资产投资额（万元） |
| | | | $B_{23}$ 电力、热力、燃气及水的生产和供应固定资产投资额（万元） |
| | | 效益指标 $B_3$ | $B_{31}$ 万元 GDP 能耗（吨标准煤/万元） |
| | | | $B_{32}$ 工业万元产值能耗（吨标准煤/万元） |
| | 环境子系统 C | 环境污染 $C_1$ | $C_{11}$ 工业废水排放总量（万吨） |
| | | | $C_{12}$ 工业废气排放量（亿标立方米） |
| | | | $C_{13}$ 工业二氧化硫排放总量（吨） |
| | | | $C_{14}$ 烟尘排放总量（吨） |
| | | | $C_{15}$ 工业固体废物产生量（万吨） |
| | | 环境控制 $C_2$ | $C_{21}$ 工业废水排放达标率（%） |
| | | | $C_{22}$ 工业固体废物综合利用率（%） |
| | | 环境质量 $C_3$ | $C_{31}$ 人均公园绿地面积（平方米） |
| | | | $C_{32}$ 建成区绿化覆盖率（%） |

### 11.4.3 呼包银榆经济区经济—资源—环境系统协调发展评价指标体系子系统

呼包银榆经济区经济—资源—环境系统协调发展评价指标体系包括三个子系统，分别是经济子系统 A、资源子系统 B、环境子系统 C。

经济子系统 A 中，$A_{11}$~$A_{14}$ 代表总量指标，$A_{21}$~$A_{24}$ 代表结构指标，$A_{31}$~$A_{34}$ 代表效益指标。资源子系统中，$B_{11}$~$B_{13}$ 代表总量指标，$B_{21}$~$B_{23}$ 代表结构指标，$B_{31}$ 和 $B_{32}$ 代表效益指标。环境子系统中，$C_{11}$~$C_{15}$ 代表环境污染指标，$C_{21}$ 和 $C_{22}$ 代表环境控制指标，$C_{31}$ 和 $C_{32}$ 代表环境质量指标。

#### 11.4.3.1 经济子系统

经济子系统是整个系统中较为重要的一个系统，在整体系统中具有重要地位。在整个国民经济大背景下，经济发展带来的生产力变革推动着整个社会向前发展，经济的发展对人民生活水平的改善和资源环境的保护起着重要的作用，如果经济停止发展，那么我们所研究的系统协调发展也就没有任何意义，这里说的经济发展不是盲目的过度发展，是有序合理的发展。

从经济总量、经济结构和经济效益三个方面考虑，分别选取了有区域代表性的指标加以反映。用地区生产总值、工业总产值、进出口贸易总额和社会消费品零售总额来表示经济子系统的总量指标；全社会固定资产投资总额占 GDP 比重、第一产业增加值占 GDP 比重、第二产业增加值占 GDP 比重和第三产业增加值占 GDP 比重反映了该地区的经济结构状况，所以选取这四项作为经济结构指标；我们把财政收入占 GDP 比重、全社会劳动生产率、城镇居民人均可支配收入和城镇居民恩格尔系数作为经济子系统的效益指标。

经济子系统 A 包括三个准则层：$A_1$（总量指标层）、$A_2$（结构指标层）和 $A_3$（效益指标层），一共包含 12 个指标。

总量指标层 $A_1$ 包括 $A_{11}$（地区生产总值）、$A_{12}$（工业总产值）、$A_{13}$（进出口贸易总额）和 $A_{14}$（社会消费品零售总额）。

结构指标层 $A_2$ 包括 $A_{21}$（全社会固定资产投资总额占 GDP 比重）、$A_{22}$（第一产业增加值占 GDP 比重）、$A_{23}$（第二产业增加值占 GDP 比重）和 $A_{24}$（第三产业增加值占 GDP 比重）。

效益指标层 $A_3$ 包括 $A_{31}$（财政收入占 GDP 比重）、$A_{32}$（全社会劳动生产率）、$A_{33}$（城镇居民人均可支配收入）和 $A_{34}$（城镇居民恩格尔系数）。

11.4.3.2 资源子系统

资源子系统是包括资源的开发、转换、供应、储备、调控、管理及使用等环节的大系统。资源是经济发展的基础，是资源—经济—环境系统的重要子系统。资源子系统为经济发展提供了必备的原料和条件，研究区域资源储备丰富，我们要从宏观的角度去分析研究，随着新能源技术的推广，呼包银榆经济区也要加强对现有资源的二次深加工，提高附加值。

在资源子系统的选取上，我们在综合考虑区域资源类型的前提下，有针对性地从总量指标、结构指标、效益指标三个方面下手。

资源子系统 B 包括三个准则层：$B_1$（总量指标层）、$B_2$（结构指标层）和 $B_3$（效益指标层），一共包含八个指标。

总量指标层 $B_1$ 包括 $B_{11}$（资源消费总量）、$B_{12}$（原煤消费总量）和 $B_{13}$（电力消费总量）。

结构指标层 $B_2$ 包括 $B_{21}$（采矿业固定资产投资额）、$B_{22}$（制造业固定资产投资额）和 $B_{23}$（电力、热力、燃气及水的生产和供应固定资产投资额）。

效益指标层 $B_3$ 包括 $B_{31}$（万元 GDP 能耗）和 $B_{32}$（工业万元产值能耗）。

11.4.3.3 环境子系统

经济发展和资源开采的过程中不可避免地会带来环境的污染，因为经济子系统和资源子系统的不合理发展，对环境造成了污染，所以从经济和资源系统中选取对环境造成污染的指标进行研究。其中环境污染指标包括工业废水排放总量、工业废气排放量、工业二氧化硫排放总量、烟尘排放总量和工业固体废物产生量。环境控制指标由工业废水排放达标率和工业固体废物综合利用率为代表。人均公园绿地面积和建成区绿化覆盖率构成了环境质量指标。

环境子系统 C 包括三个准则层：$C_1$（环境污染层）、$C_2$（环境控制层）和 $C_3$（环境质量层），一共包含九个指标。

环境污染层 $C_1$ 包括 $C_{11}$（工业废水排放总量）、$C_{12}$（工业废气排放量）、$C_{13}$（工业二氧化硫排放总量）、$C_{14}$（烟尘排放总量）和 $C_{15}$（工业固体废物产生量）。

环境控制层 $C_2$ 包括 $C_{21}$（工业废水排放达标率）和 $C_{22}$（工业固体废物综合利用率）。

环境质量层 $C_3$ 包括 $C_{31}$（人均公园绿地面积）和 $C_{32}$（建成区绿化覆盖率）。

## 11.4.4 本节小结

本节遵循指标体系设计原则：科学性原则、全面性原则、层次性原则、可行性原则，通过理论准备以及对前辈指标体系的整理，构建了呼包银榆经济区经济—资源—

环境协调发展评价指标体系。指标体系最终是由经济、资源、环境三个子系统构成，各子系统层又划分不同的准则层，准则层再由具体的单项评价指标层构成。本书所构建的多层次评价指标体系中，有八个资源子系统协调度评价指标，12 个经济子系统协调度评价指标，九个环境子系统协调度评级指标，共有 29 个具体指标，评价体系中每一个指标对于评价经济—资源—环境系统协调度，都起着十分重要的作用。

# 11.5　呼包银榆经济区系统协调发展综合评价

对呼包银榆经济区经济—资源—环境系统协调发展进行综合评价包括以下内容：在构建好系统协调发展评价指标体系后，收集整理 2005~2013 年研究区域的经济、资源、环境各指标原始数据，运用灰色系统预测模型 GM（1，1）得到 2014~2020 年呼包银榆经济区经济、资源、环境各指标的预测值。通过熵值法赋予权重得到 2005~2020 年资源、经济、环境各子系统的综合评价值，再利用耦合协调度评价模型分别对资源—经济、资源—环境、经济—资源系统的协调度进行综合评价。最后，对资源—经济—环境系统进行耦合协调度综合分析。

研究以呼包银榆经济区中呼和浩特市、包头市、鄂尔多斯市、银川市和榆林市五个重要城市为对象，分别对这五个城市的资源经济环境系统协调发展水平进行评价。评价指标所需数据均来自各市 2006~2014 年统计年鉴。

## 11.5.1　预测 2014~2020 年经济区经济、资源、环境各指标值

灰色系统理论是邓聚龙教授创立的，该模型所需的数据量较少，预测比较准确，精度较高，样本分布不需要规律性，计算简便，检验方便。它广泛应用于各个领域，在国内外的研究中运用广泛。

### 11.5.1.1　灰色预测模型 GM（1，1）理论介绍

灰色系统理论是一种基于数学理论的应用学科，用于研究既包含已知信息也包含未知信息的现象。信息完全已知可称为白色信息，信息完全未知可称为黑色信息，既有已知信息又有未知信息可称为灰色系统，灰色系统在预测的过程中将数据看作随时间变化的灰色量。灰色系统最常用的是 GM（1，1）预测模型，模型对于处理小样本数据的效果很好，把 GM（1，1）模型作为经典数学模型来考虑，或用一般的数学概念来描述，等同于一般的微分方程，灰色模型从微分方程中逐渐分离出来，建立 GM（1，1）的

白化方程。

灰色预测模型 GM （1，1） 的建模步骤如下。

（1）对给定的原始序列式 （11.1） 作一次累加生成，得到式 （11.2）：

$$X^{(0)} = \{ x^{(0)}(1),\ x^{(0)}(2),\ \cdots,\ x^{(0)}(n) \} \qquad 式（11.1）$$

$$X^{(1)} = \{ x^{(1)}(1),\ x^{(1)}(2),\ \cdots,\ x^{(1)}(n) \} \qquad 式（11.2）$$

$$式（11.2）中，x^{(1)}(i) = \sum_{k=1}^{i} x^{(0)}(k) \qquad 式（11.3）$$

将同一数据列的前 i 项元素累加后生成新数据列的第 i 项元素，这就是数据处理。不直接采用原始数据 $X^{(0)}$ 建模，而是将原始的、无规律的数据进行加工处理，使之变得较有规律，然后利用生成后的数列来分析建模，这正是灰色系统理论的特点之一。

（2）构造累加矩阵 B 和常数项向量 YN，即：

$$B = \begin{bmatrix} -\dfrac{1}{2}(x^{(1)}(1) + x^{(1)}(2)) & 1 \\[2mm] -\dfrac{1}{2}(x^{(1)}(2) + x^{(1)}(3)) & 1 \\[2mm] \vdots & \vdots \\[2mm] -\dfrac{1}{2}(x^{(1)}(n-1) + x^{(1)}(n)) & 1 \end{bmatrix} \qquad 式（11.4）$$

$$Y_N = \begin{bmatrix} x^{(0)}(2),\ x^{(0)}(3),\ \cdots,\ x^{(0)}(n) \end{bmatrix}^T \qquad 式（11.5）$$

（3）用最小二乘法解参数 $\hat{a}$：

$$\hat{a} = \begin{bmatrix} a \\ b \end{bmatrix} = (B^T B)^{-1} B^T Y_N \qquad 式（11.6）$$

（4）建立时间响应函数，求微分方程式 （11.7） 的解为式 （11.8）：

$$\frac{dX^{(1)}}{dt} + aX^{(1)} = b \qquad 式（11.7）$$

式 （11.7） 中，a，b 是需要通过建模来求得的参数，$X^{(1)}$ 是原始数据 $X^{(0)}$ 的累加生成值。

$$\hat{x}^{(1)}(t+1) = \left( x^{(0)}(1) - \frac{b}{a} \right) e^{-at} + \frac{b}{a} \qquad 式（11.8）$$

式 （11.8） 就是要建立的灰色预测模型。

（5）对 $\hat{X}^{(1)}$ 求导还原得到：

$$\hat{x}^{(0)}(t+1) = -a\left( x^{(0)}(1) - \frac{b}{a} \right) e^{-at} \text{ 或 } \hat{x}^{(0)}(t+1) = \hat{x}^{(1)}(t+1) - \hat{x}^{(1)}(t) \qquad 式（11.9）$$

（6）计算 $x^{(0)}(t)$ 与 $\hat{x}^{(0)}(t)$ 之差 $\varepsilon^{(0)}(t)$ 以及相对误差 $e(t)$：

$$\varepsilon^{(0)}(t) = x^{(0)}(t) - \hat{x}^{(0)}(t) \qquad\qquad \text{式 (11.10)}$$

$$e(t) = \frac{\varepsilon^{(0)}(t)}{x^{(0)}(t)} \qquad\qquad \text{式 (11.11)}$$

（7）评价模型的可靠性，并利用模型进行预测，比较通用的诊断方法是对模型进行后验差检验，即先观察计算数据离差 $S_1$：

$$S_1^2 = \sum_{t=1}^{m} (x^{(0)}(t) - \bar{x}^{(0)}(t))^2 \qquad\qquad \text{式 (11.12)}$$

和残差的离差 $S_2$：

$$S_2^2 = \frac{1}{m-1} \sum_{t=1}^{m-1} (q^{(0)}(t) - \bar{q}^{(0)}(t))^2 \qquad\qquad \text{式 (11.13)}$$

接着计算后验比：

$$c = \frac{S_2}{S_1} \qquad\qquad \text{式 (11.14)}$$

以及小误差概率：

$$p = \{|q^{(0)}(t) - \bar{q}^{(0)}| < 0.6745 S_1\} \qquad\qquad \text{式 (11.15)}$$

评价模型是否可靠，主要由两个指标决定，即后验比 c 和小误差概率 p，只有当 c 小于 0.35 同时 p 大于 0.95 时，我们才认为建立的模型较好，也就是说，可以利用该模型进行预测。具体的后验差判断标准如表 11.4 所示。当预测精度不高时，可以对残差序列继续建模分析，目的是提高预测精度，修正模型的误差。

**表 11.4　后验差判断标准表**

| 预测精度等级 | p | c | 效果 |
|---|---|---|---|
| 1 级 | > 0.95 | < 0.35 | 好 |
| 2 级 | > 0.80 | < 0.5 | 合格 |
| 3 级 | > 0.7 | < 0.65 | 勉强合格 |
| 4 级 | ≤ 0.7 | ≥ 0.65 | 不合格 |

判断 GM（1，1）模型是否适用，这与发展灰数 a 密切相关，只有当 a 满足一定条件时，利用 GM（1，1）模型进行预测才有意义，具体参数如表 11.5 所示。

**表 11.5　参数表**

| 范围 | 备注 |
|---|---|
| $-a \leq 0.3$ | 中长期预测 |
| $0.3 < -a \leq 0.5$ | 短期预测 |

| 范围 | 备注 |
|------|------|
| 0.5<-a≤0.8 | 慎用短期预测 |
| 0.9<-a≤1 | 进行残差修正模型 |
| -a>1 | 不宜使用 GM 模型 |

11.5.1.2　预测 2014~2020 年呼和浩特市经济、资源、环境各指标值

以 2005~2013 年呼和浩特市资源消费总量这一指标为例说明。将表 11.6 中数据导入 DPS 系统后，按照【其他】菜单→【灰色系统方法】→【GM（1，1）模型】步骤，得到如下预测结果如表 11.7 所示。

表 11.6　2005~2013 年呼和浩特市资源消费总量

| 年份 | 2005 | 2006 | 2007 | 2008 | 2009 | 2010 | 2011 | 2012 | 2013 |
|------|------|------|------|------|------|------|------|------|------|
| 总量 | 1416.7 | 1609.3 | 1810.1 | 2034.1 | 2212.3 | 2373.9 | 2570.6 | 2688.0 | 2770.4 |

资料来源：作者整理。

表 11.7　2006~2013 年呼和浩特市资源消费总量灰色预测结果

| 年份 | 实际值 | 拟合值 | 残差 | 相对误差（%） |
|------|--------|--------|------|----------------|
| 2006 | 1609.2900 | 1721.6874 | −112.3974 | −6.9843 |
| 2007 | 1810.1200 | 1853.2512 | −43.1312 | −2.3828 |
| 2008 | 2034.1300 | 1994.8686 | 39.2614 | 1.9301 |
| 2009 | 2212.3000 | 2147.3078 | 64.9922 | 2.9378 |
| 2010 | 2373.8500 | 2311.3956 | 62.4544 | 2.6309 |
| 2011 | 2570.5600 | 2488.0224 | 82.5376 | 3.2109 |
| 2012 | 2687.9600 | 2678.1462 | 9.8138 | 0.3651 |
| 2013 | 2770.3900 | 2882.7984 | −112.4084 | −4.0575 |

资料来源：作者整理。

2006~2013 年呼和浩特市资源消费总量实际值与拟合值的相对误差很小，基本分布在-6.9843~3.2109。灰色预测的拟合效果如图 11.1 所示，可知拟合效果很好。

经过 DPS 分析，模型参-a = 0.073637≤0.3，由表 11.4 可知，能够利用 GM（1，1）进行中长期预测。模型为 $x(t+1) = 22530.566286e^{0.073637t} - 21113.916286$。

灰色预测 2014~2020 年呼和浩特市资源消费总量的预测值如表 11.8 所示。

通过后验差检验，运用式（11.14）、式（11.15）计算后验比 c 和误差概率 p。C = 0.1625 < 0.35，p = 1.0000 > 0.90，由表 11.5 可知模型拟合效果达到一级精度水平，拟合效果很好。

2005~2013 年呼和浩特市资源、经济、环境指标的原始数据如表 11.9 所示。同理，按照以上步骤得到 2014~2020 年呼和浩特市资源、经济、环境各指标预测值，

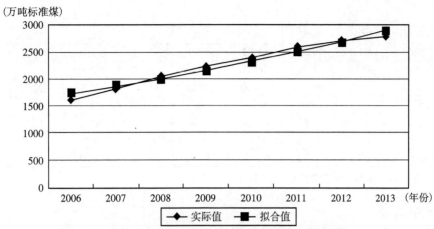

图 11.1　2006~2013 年呼和浩特市资源消费总量拟合

表 11.8　2014~2020 年呼和浩特市资源消费总量灰色预测结果

| 年份 | 2014 | 2015 | 2016 | 2017 | 2018 | 2019 | 2020 |
|---|---|---|---|---|---|---|---|
| 预测值 | 3103.1 | 3340.2 | 3595.5 | 3870.2 | 4166.0 | 4484.3 | 4827.0 |

资料来源：作者整理。

表 11.9　2005~2013 年呼和浩特市资源、经济、环境指标的原始数据

| | 2005 | 2006 | 2007 | 2008 | 2009 | 2010 | 2011 | 2012 | 2013 |
|---|---|---|---|---|---|---|---|---|---|
| $A_{11}$ | 7727600 | 9267900 | 11287300 | 14036700 | 16439926 | 18657140 | 21772669 | 24587441 | 27053924 |
| $A_{12}$ | 5964120 | 7752240 | 9785520 | 9276424 | 13988160 | 11727000 | 17271360 | 16876080 | 14953762 |
| $A_{13}$ | 106455 | 73994 | 93952 | 89657 | 70656 | 150604 | 202456 | 170128 | 159856 |
| $A_{14}$ | 3078430 | 3679937 | 4433505 | 5539024 | 6412127 | 7585546 | 8900478 | 10222452 | 11424000 |
| $A_{21}$ | 54.38 | 54.86 | 51.58 | 45.63 | 48.71 | 47.23 | 47.38 | 52.93 | 55.62 |
| $A_{22}$ | 6.10 | 5.53 | 5.51 | 5.35 | 4.75 | 4.90 | 5.03 | 4.90 | 4.98 |
| $A_{23}$ | 35.94 | 37.79 | 36.81 | 36.08 | 36.09 | 36.39 | 36.28 | 32.63 | 30.56 |
| $A_{24}$ | 57.95 | 56.68 | 57.68 | 58.57 | 59.16 | 58.71 | 58.69 | 62.47 | 64.46 |
| $A_{31}$ | 6.39 | 6.91 | 8.28 | 11.28 | 12.24 | 12.94 | 13.10 | 12.87 | 13.31 |
| $A_{32}$ | 26.26 | 31.73 | 38.43 | 47.21 | 55.04 | 60.05 | 67.94 | 73.28 | 66.91 |
| $A_{33}$ | 12150 | 14055 | 16920 | 20267 | 22397 | 25174 | 28877 | 32646 | 35629 |
| $A_{34}$ | 33.80 | 32.80 | 31.60 | 31.40 | 29.50 | 30.00 | 30.60 | 30.80 | 29.77 |
| $B_{11}$ | 1416.65 | 1609.29 | 1810.12 | 2034.13 | 2212.30 | 2373.85 | 2570.56 | 2687.96 | 2770.39 |
| $B_{12}$ | 14808361 | 18577987 | 21463784 | 24844872 | 20245682 | 23216459 | 26302941 | 26838629 | 28178357 |
| $B_{13}$ | 343846 | 465964 | 524891 | 626198 | 714313 | 888671 | 1055947 | 1043351 | 1051149 |
| $B_{21}$ | 29567 | 41650 | 32530 | 48541 | 55859 | 161992 | 208222 | 189514 | 235600 |
| $B_{22}$ | 1082256 | 984516 | 1074614 | 1096723 | 1344760 | 1378875 | 1400490 | 1206416 | 1513678 |
| $B_{23}$ | 1147884 | 639674 | 583617 | 674031 | 999648 | 959755 | 666604 | 702140 | 991245 |
| $B_{31}$ | 1.90 | 1.83 | 1.75 | 1.65 | 1.55 | 1.47 | 1.24 | 1.17 | 1.02 |
| $B_{32}$ | 2.38 | 2.08 | 1.85 | 2.19 | 1.58 | 2.02 | 1.49 | 1.59 | 1.85 |
| $C_{11}$ | 2114 | 1849 | 1367 | 2977 | 2374 | 2636 | 2476 | 2187 | 2082 |
| $C_{12}$ | 1655 | 1273 | 957 | 1641 | 1928 | 1902 | 3359 | 2328 | 2844 |

| | 2005 | 2006 | 2007 | 2008 | 2009 | 2010 | 2011 | 2012 | 2013 |
|---|---|---|---|---|---|---|---|---|---|
| $C_{13}$ | 107676 | 121131 | 98503 | 81597 | 74041 | 82813 | 107100 | 99375 | 96190 |
| $C_{14}$ | 71591 | 38033 | 18188 | 16411 | 12731 | 16956 | 25329 | 18372 | 21851 |
| $C_{15}$ | 256.80 | 349.00 | 602.00 | 684.00 | 656.00 | 826.00 | 886.00 | 1122.00 | 878.00 |
| $C_{21}$ | 89.09 | 88.22 | 93.69 | 94.12 | 100.00 | 100.00 | 100.00 | 100.00 | 100.00 |
| $C_{22}$ | 36.13 | 44.24 | 32.57 | 90.34 | 67.88 | 38.62 | 40.20 | 35.74 | 46.70 |
| $C_{31}$ | 8.60 | 10.60 | 13.90 | 15.70 | 16.00 | 15.40 | 16.40 | 15.10 | 15.30 |
| $C_{32}$ | 26.10 | 30.10 | 33.80 | 35.10 | 36.00 | 35.70 | 36.00 | 36.06 | 36.50 |

资料来源：2006~2014 年呼和浩特市统计年鉴。

如表 11.10 所示。

表 11.10　2014~2020 年呼和浩特市资源、经济、环境指标的预测值

| | 2014 | 2015 | 2016 | 2017 | 2018 | 2019 | 2020 |
|---|---|---|---|---|---|---|---|
| $A_{11}$ | 32318534.07 | 37264739.47 | 42967939.21 | 49543987.88 | 57126471.03 | 65869418.91 | 75950435.41 |
| $A_{12}$ | 20777479.03 | 23549566.09 | 26682284.55 | 30228116.59 | 34248026.11 | 38812943.95 | 44005527.05 |
| $A_{13}$ | 206049.90 | 236335.74 | 271047.85 | 310693.10 | 355852.80 | 407191.83 | 465469.02 |
| $A_{14}$ | 13729647.44 | 16020167.57 | 18692815.68 | 21811342.27 | 25450133.35 | 29695984.75 | 34650172.48 |
| $A_{21}$ | 45.77 | 45.43 | 45.18 | 45.00 | 44.89 | 44.83 | 44.81 |
| $A_{22}$ | 4.51 | 4.40 | 4.30 | 4.20 | 4.11 | 4.02 | 3.93 |
| $A_{23}$ | 32.68 | 32.73 | 32.99 | 33.50 | 34.30 | 35.45 | 37.03 |
| $A_{24}$ | 63.90 | 64.92 | 65.96 | 67.01 | 68.08 | 69.16 | 70.27 |
| $A_{31}$ | 17.12 | 19.39 | 21.93 | 24.75 | 27.92 | 31.47 | 35.45 |
| $A_{32}$ | 84.19 | 92.95 | 102.62 | 113.29 | 125.07 | 138.08 | 152.45 |
| $A_{33}$ | 41308.44 | 46809.88 | 53044.01 | 60108.40 | 68113.63 | 77184.99 | 87464.47 |
| $A_{34}$ | 28.15 | 27.71 | 27.30 | 26.90 | 26.52 | 26.15 | 25.80 |
| $B_{11}$ | 3103.09 | 3340.21 | 3595.46 | 3870.21 | 4165.95 | 4484.30 | 4826.97 |
| $B_{12}$ | 29683787.72 | 31243922.74 | 32885405.60 | 34612494.99 | 36429672.69 | 38341655.22 | 40353406.14 |
| $B_{13}$ | 1305567.02 | 1467016.28 | 1648430.71 | 1852279.24 | 2081336.12 | 2338718.67 | 2627929.71 |
| $B_{21}$ | 273578.04 | 375719.43 | 509195.59 | 682917.62 | 908447.06 | 1200763.37 | 1579257.37 |
| $B_{22}$ | 1655913.30 | 1783152.68 | 1920272.13 | 2068189.39 | 2227919.28 | 2400584.76 | 2587429.28 |
| $B_{23}$ | 1073037.08 | 1162577.95 | 1258226.87 | 1360452.50 | 1469762.94 | 1586709.29 | 1711889.48 |
| $B_{31}$ | 1.01 | 0.93 | 0.86 | 0.80 | 0.73 | 0.68 | 0.63 |
| $B_{32}$ | 1.56 | 1.50 | 1.45 | 1.41 | 1.36 | 1.32 | 1.28 |
| $C_{11}$ | 3246.62 | 3626.64 | 4054.85 | 4538.33 | 5085.21 | 5704.94 | 6408.40 |
| $C_{12}$ | 3542.97 | 4103.65 | 4747.87 | 5487.22 | 6334.95 | 7306.23 | 8418.38 |
| $C_{13}$ | 61478.05 | 57761.03 | 54520.42 | 51671.31 | 49144.87 | 46885.24 | 44846.99 |
| $C_{14}$ | 7115.98 | 5690.63 | 4449.23 | 3355.20 | 2380.62 | 1504.09 | 709.11 |
| $C_{15}$ | 1313.60 | 1518.64 | 1757.02 | 2035.14 | 2360.79 | 2743.45 | 3194.75 |
| $C_{21}$ | 100.00 | 100.00 | 100.00 | 100.00 | 100.00 | 100.00 | 100.00 |
| $C_{22}$ | 42.92 | 41.60 | 40.31 | 39.07 | 37.86 | 36.69 | 35.56 |
| $C_{31}$ | 18.97 | 20.82 | 22.90 | 25.26 | 27.93 | 30.96 | 34.42 |
| $C_{32}$ | 40.47 | 42.48 | 44.72 | 47.21 | 50.01 | 53.16 | 56.72 |

资料来源：作者整理。

结合表 11.9 和表 11.10 可知，资源消费总量："十二五"期间比"十一五"期间增加 4432.52 万吨标准煤，增长率为 44.15%；预计"十三五"期间将比"十二五"期间增加 6470.68 万吨标准煤，增长率为 44.71%。原煤消费总量："十二五"期间比"十一五"期间增加 33898853 吨，增长率为 31.29%；预计"十三五"期间将比"十二五"期间增加 40374997 吨，增长率为 28.38%。电力消费总量："十二五"期间比"十一五"期间增加 2702993 万千瓦时，增长率为 83.94%；预计"十三五"期间将比"十二五"期间增加 4625664 万千瓦时，增长率为 78.10%。采矿业固定资产投资额："十二五"期间比"十一五"期间增加 942061.47 万元，增长率为 276.61%；预计"十三五"期间将比"十二五"期间增加 3597947.54 万元，增长率为 280.51%。制造业固定资产投资额："十二五"期间比"十一五"期间增加 1680162 万元，增长率为 28.58%；预计"十三五"期间将比"十二五"期间增加 3644744.86 万元，增长率为 48.21%。电力、热力、燃气及水的生产和供应固定资产投资额："十二五"期间比"十一五"期间增加 738879.03 万元，增长率为 19.16%；预计"十三五"期间将比"十二五"期间增加 2791437.05 万元，增长率为 60.74%。万元 GDP 能耗："十二五"期间平均值比"十一五"期间平均值增加 -0.58 吨标准煤/万元，增长率为 -34.91%；预计"十三五"期间平均值将比"十二五"期间平均值增加 -0.33 吨标准煤/万元，增长率为 -31.10%。工业万元产值能耗："十二五"期间平均值比"十一五"期间平均值增加 -0.35 吨标准煤/万元，增长率为 -17.80%；预计"十三五"期间平均值将比"十二五"期间平均值增加 -0.23 吨标准煤/万元，增长率为 -14.64%。

地区生产总值："十二五"期间比"十一五"期间增加 73308342 万元，增长率为 105.19%；预计"十三五"期间将比"十二五"期间增加 148460945 万元，增长率为 103.82%。工业总产值："十二五"期间比"十一五"期间增加 40898903 万元，增长率为 77.86%；预计"十三五"期间将比"十二五"期间增加 80548651 万元，增长率为 86.21%。进出口贸易总额："十二五"期间比"十一五"期间增加 495963 万美元，增长率为 103.57%；预计"十三五"期间将比"十二五"期间增加 835429 万美元，增长率为 85.70%。社会消费品零售总额："十二五"期间比"十一五"期间增加 32646606 万元，增长率为 118.07%；预计"十三五"期间将比"十二五"期间增加 70003704 万元，增长率为 116.10%。全社会固定资产投资额占 GDP 比重："十二五"期间平均值比"十一五"期间平均值增加 -0.18%，增长率为 -0.35%；预计"十三五"期间平均值将比"十二五"期间平均值增加 -4.48%，增长率为 -9.07%。第一产业增加值占 GDP 比重："十二五"期间平均值比"十一五"期间平均值增加 -0.44%，增长率为 -8.53%；预计"十三五"期间平均值将比"十二五"期间平均值增加 -0.65%，增长率为 -13.69%。第二产业增加值占 GDP 比重："十二五"期间平均值比"十一五"期间平均值增加-3.66%，增长率为-9.98%；预计"十三五"期间平均值将比"十二五"期间平均值增加 1.68%，增长率为 5.09%。第三产业增加值占 GDP 比重："十二五"期间平均值比"十一五"期间平均值增加 4.73%，增长率为 8.13%；预计"十三五"期间平均值将比"十二五"期间平均值增加 5.21%，增长率为 8.28%。财政收入占 GDP 比重："十二五"期间平均值比"十一五"期间平均值增加 4.83%，增长率为 46.74%；预计"十三五"期间平均值将比"十二五"期间平均值增加 13.15%，增长率为 86.73%。全社会劳动生产率："十二五"期间平均值比"十一五"期间平均值增加 30.56 万元/人，增长率为 65.74%；预计"十三五"期间平均值将比"十二五"期间平均值增加 49.25 万元/人，增长率为 63.91%。城镇居民人均可支配收入："十二五"期间平均值比"十一五"期间平均值增加 17291 元，增长率为 87.50%；预计"十三五"期间平均值将比"十二五"期间平均值增加 32129 元，增长率为 86.71%。城镇居民恩格尔系数："十二五"期间平均值比"十一五"期间平均值增加-1.65%，增长率为-5.33%；预计"十三五"期间平均值将比"十二五"期间平均值增加-2.87%，增长率为-9.77%。

工业废水排放总量："十二五"期间比"十一五"期间增加 2415 万吨，增长率为 21.56%；预计"十三五"期间将比"十二五"期间增加 12173 万吨，增长率为89.39%。工业废气排放量："十二五"期间比"十一五"期间增加 8477 亿标立方米，增长率为 110.07%；预计"十三五"期间将比"十二五"期间增加 16117 亿标立方米，增长率为 99.63%。工业二氧化硫排放总量："十二五"期间比"十一五"期间增加-36181 吨，增长率为-7.90；预计"十三五"期间将比"十二五"期间增加-174835 吨，增长率为-41.44%。烟尘排放总量："十二五"期间比"十一五"期间增加-23960 吨，增长率为-23.42%；预计"十三五"期间将比"十二五"期间增加-65960吨，增长率为-84.18%。工业固体废物产生量："十二五"期间比"十一五"期间增加2601万吨，增长率为83.45%；预计"十三五"期间将比"十二五"期间增加 6373 万吨，增长率为 111.45%。工业废水排放达标率量："十二五"期间评价值比"十一五"期间评价值增加 4.79%，增长率为 5.04%；预计"十三五"期间平均值等于"十二五"期间平均值。工业固体废物综合利用率："十二五"期间平均值比"十一五"期间平均值增加-13.30%，增长率为-24.30%；预计"十三五"期间平均值将比"十二五"期间平均值增加-3.53%，增长率为-8.53%。人均公园绿地面积："十二五"期间平均值比"十一五"期间平均值增加 3.00 平方米，增长率为 20.94%；预计"十三五"期间平均值将比"十二五"期间平均值增加 10.98 平方米，增长率为 63.38%。建成区绿化覆盖率："十二五"期间平均值比"十一五"期间平均值增加 4.16%，增长率为 12.19%；预计"十三五"期间平均值将比"十二五"期间平均值增加 12.06%，增长率为 31.49%。

11.5.1.3　预测 2014~2020 年包头市资源、经济、环境各指标值

利用 2005~2013 年包头市资源、经济、环境指标的原始数据。同理，按照以上步骤得到 2014~2020 年包头市资源、经济、环境各指标预测值，如表 11.11 所示。

结合表 11.11 分析可知，资源消费总量："十二五"期间比"十一五"期间增加 8075.11 万吨标准煤，增长率为 48.11%；预计"十三五"期间将比"十二五"期间增加 11433.55 万吨标准煤，增长率为 46.00%。原煤消费总量："十二五"期间比"十一五"期间增加 80090184 吨，增长率为 63.43%；预计"十三五"期间将比"十二五"期间增加 133934575 吨，增长率为 64.90%。电力消费总量："十二五"期间比"十一五"期间增加 6975719 万千瓦时，增长率为 51.26%；预计"十三五"期间将比"十二五"期间增加 10400457 万千瓦时，增长率为 50.53%。采矿业固定资产投资额："十二五"期间比"十一五"期间增加 7663246 万元，增长率为 126.39%；预计"十三五"期间将比"十二五"期间增加 19520314 万元，增长率为 142.21%。制造业固定资产投资额："十二五"期间比"十一五"期间增加 37584690 万元，增长率为 206.77%；预计"十三五"期间将比"十二五"期间增加 113615149 万元，增长率为 203.75%。电力、热力、燃气及水的生产和供应固定资产投资额："十二五"期间比"十一五"期间增加 6694196 万元，增长率为 133.61%；预计"十三五"期间将比"十二五"期间增加 16215326 万元，增长率为 138.54%。万元 GDP 能耗："十二五"期间平均值比"十一五"期间平均值增加-0.94 吨标准煤/万元，增长率为-40.67%；预计"十三五"期间平均值将比"十二五"期间平均值增加-0.5 吨标准煤/万元，增长率为-36.39%。工业万元产值能耗："十二五"期间平均值比"十一五"期间平均值增加-0.61 吨标准煤/万元，增长率为-36.59%；预计"十三五"期间平均值将比"十二五"期间平均值增加-0.43 吨标准煤/万元，增长率为-41.14%。

表 11.11　2014~2020 年包头市资源、经济、环境指标的预测值

| | 2014 | 2015 | 2016 | 2017 | 2018 | 2019 | 2020 |
|---|---|---|---|---|---|---|---|
| $A_{11}$ | 44525117.66 | 51902657.96 | 60502611.67 | 70527525.24 | 82213505.80 | 95835782.04 | 111715186.33 |
| $A_{12}$ | 52463477.69 | 60843420.75 | 70561884.40 | 81832669.31 | 94903726.33 | 110062611.28 | 127642810.98 |
| $A_{13}$ | 273808.13 | 300660.32 | 330109.94 | 362469.49 | 398094.86 | 437391.75 | 480823.22 |
| $A_{14}$ | 13052798.61 | 15191327.56 | 17680226.28 | 20576898.24 | 23948151.71 | 27871740.61 | 32438157.82 |
| $A_{21}$ | 86.86 | 91.64 | 96.67 | 100.00 | 100.00 | 100.00 | 100.00 |
| $A_{22}$ | 2.15 | 2.04 | 1.94 | 1.85 | 1.75 | 1.67 | 1.59 |
| $A_{23}$ | 56.49 | 57.52 | 58.68 | 59.99 | 61.48 | 63.17 | 65.10 |
| $A_{24}$ | 43.25 | 43.56 | 43.89 | 44.25 | 44.62 | 45.01 | 45.41 |
| $A_{31}$ | 10.86 | 10.75 | 10.64 | 10.54 | 10.46 | 10.37 | 10.29 |

续表

|  | 2014 | 2015 | 2016 | 2017 | 2018 | 2019 | 2020 |
|---|---|---|---|---|---|---|---|
| $A_{32}$ | 28.13 | 31.92 | 36.23 | 41.11 | 46.65 | 52.95 | 60.08 |
| $A_{33}$ | 42019.52 | 47432.78 | 53543.42 | 60441.28 | 68227.77 | 77017.37 | 86939.32 |
| $A_{34}$ | 31.46 | 31.52 | 31.61 | 31.75 | 31.94 | 32.19 | 32.51 |
| $B_{11}$ | 5315.16 | 5737.37 | 6193.12 | 6685.07 | 7216.09 | 7789.30 | 8408.05 |
| $B_{12}$ | 45269354.84 | 50003868.64 | 55233543.48 | 61010165.98 | 67390938.89 | 74439047.51 | 82224285.42 |
| $B_{13}$ | 4436128.41 | 4814670.60 | 5225514.42 | 5671416.22 | 6155367.57 | 6680615.28 | 7250683.25 |
| $B_{21}$ | 3352899.15 | 3951366.72 | 4657049.90 | 5489397.95 | 6471422.96 | 7630355.35 | 8998420.14 |
| $B_{22}$ | 13284171.14 | 16583787.33 | 20702985.49 | 25845339.16 | 32264986.93 | 40279192.13 | 50284022.19 |
| $B_{23}$ | 2653052.02 | 3192707.63 | 3824930.06 | 4565712.26 | 5433825.87 | 6451306.01 | 7644021.10 |
| $B_{31}$ | 1.27 | 1.15 | 1.05 | 0.95 | 0.87 | 0.79 | 0.71 |
| $B_{32}$ | 0.91 | 0.83 | 0.75 | 0.68 | 0.61 | 0.55 | 0.50 |
| $C_{11}$ | 4169.77 | 4112.80 | 4064.84 | 4025.41 | 3994.21 | 3971.03 | 3955.77 |
| $C_{12}$ | 7909.68 | 8570.30 | 9286.09 | 10061.67 | 10902.02 | 11812.55 | 12799.13 |
| $C_{13}$ | 186819.22 | 191519.56 | 196926.84 | 202990.21 | 209667.91 | 216926.01 | 224737.38 |
| $C_{14}$ | 73324.41 | 70111.31 | 67188.78 | 64504.69 | 62017.83 | 59695.55 | 57511.89 |
| $C_{15}$ | 1929.68 | 1756.06 | 1594.79 | 1444.63 | 1304.48 | 1173.40 | 1050.52 |
| $C_{21}$ | 100.00 | 100.00 | 100.00 | 100.00 | 100.00 | 100.00 | 100.00 |
| $C_{22}$ | 62.70 | 61.51 | 60.34 | 59.20 | 58.07 | 56.97 | 55.89 |
| $C_{31}$ | 18.26 | 19.09 | 19.97 | 20.88 | 21.84 | 22.84 | 23.89 |
| $C_{22}$ | 42.58 | 44.48 | 46.71 | 49.36 | 52.53 | 56.36 | 61.00 |

资料来源：作者整理。

地区生产总值："十二五"期间比"十一五"期间增加 107090347 万元，增长率为 120.98%；预计"十三五"期间将比"十二五"期间增加 225187250 万元，增长率为 115.12%。工业总产值："十二五"期间比"十一五"期间增加 124076276 万元，增长率为 115.60%；预计"十三五"期间将比"十二五"期间增加 253595633 万元，增长率为 109.59%。进出口贸易总额："十二五"期间比"十一五"期间增加 408894 万美元，增长率为 47.38%；预计"十三五"期间将比"十二五"期间增加 737016 万元，增长率为 57.95%。社会消费品零售总额："十二五"期间比"十一五"期间增加 30775060 万元，增长率为 115.47%；预计"十三五"期间将比"十二五"期间增加 65087372 万元，增长率为 113.34%。全社会固定资产投资额占 GDP 比重："十二五"期间平均值比"十一五"期间平均值增加 18.23%，增长率为 28.59%；预计"十三五"期间平均值将比"十二五"期间平均值增加 17.31%，增长率为 21.11%。第一产业增加值占 GDP 比重："十二五"期间平均值比"十一五"期间平均值增加 -0.5%，增长率为 -16.85%；预计"十三五"期间平均值将比"十二五"期间平均值增加 -0.71%，增长率为 -28.69%。第二产业增加值占 GDP 比重："十二五"期间平均值比"十一五"期间平均值增加

2.32%，增长率为4.39%；预计"十三五"期间平均值将比"十二五"期间平均值增加6.41%，增长率为11.60%。第三产业增加值占GDP比重："十二五"期间平均值比"十一五"期间平均值增加1.49%，增长率为3.56%；预计"十三五"期间平均值将比"十二五"期间平均值增加1.37%，增长率为3.17%。财政收入占GDP比重："十二五"期间平均值比"十一五"期间平均值增加-0.49%，增长率为-4.17%；预计"十三五"期间平均值将比"十二五"期间平均值增加-0.91%，增长率为-7.97%。全社会劳动生产率："十二五"期间平均值比"十一五"期间平均值增加12万元/人，增长率为90.97%；预计"十三五"期间平均值将比"十二五"期间平均值增加22.2万元/人，增长率为88.11%。城镇居民人均可支配收入："十二五"期间平均值比"十一五"期间平均值增加17266元，增长率为83.97%；预计"十三五"期间平均值将比"十二五"期间平均值增加31406元，增长率为83.02%。城镇居民恩格尔系数："十二五"期间平均值比"十一五"期间平均值增加-1.06%，增长率为-3.31%；预计"十三五"期间平均值将比"十二五"期间平均值增加0.92%，增长率为2.97%。

工业废水排放总量："十二五"期间比"十一五"期间增加-1887万吨，增长率为-3.31%；预计"十三五"期间将比"十二五"期间增加-1453万吨，增长率为-6.77%。工业废气排放量："十二五"期间比"十一五"期间增加12073亿标立方米，增长率为49.05%；预计"十三五"期间将比"十二五"期间增加18175亿标立方米，增长率为49.54%。工业二氧化硫排放总量："十二五"期间比"十一五"期间增加160839吨，增长率为19.26%；预计"十三五"期间将比"十二五"期间增加-55310吨，增长率为5.55%。烟尘排放总量："十二五"期间比"十一五"期间增加-72264吨，增长率为-14.40%；预计"十三五"期间将比"十二五"期间增加-118817吨，增长率为-27.65%。工业固体废物产生量："十二五"期间比"十一五"期间增加-2526万吨，增长率为-16.88%；预计"十三五"期间将比"十二五"期间增加-5873万吨，增长率为-47.21%。工业废水排放达标率量："十二五"期间评价值比"十一五"期间评价值增加6.19%，增长率为6.60%；预计"十三五"期间平均值等于"十二五"期间平均值。工业固体废物综合利用率："十二五"期间平均值比"十一五"期间平均值增加-11.12%，增长率为-15.30%；预计"十三五"期间平均值将比"十二五"期间平均值增加-3.48%，增长率为-5.65%。人均公园绿地面积："十二五"期间平均值比"十一五"期间平均值增加3.53平方米，增长率为25.26%；预计"十三五"期间平均值将比"十二五"期间平均值增加4.38平方米，增长率为25.02%。建成区绿化覆盖率："十二五"期间平均值比"十一五"期间平均值增加4.05%，增长率为10.78%；预计"十三五"期间平均值将比"十二五"期间平均值增加11.52%，增长率为27.64%。

11.5.1.4 预测 2014~2020 年鄂尔多斯市经济、资源、环境各指标值

利用 2005~2013 年鄂尔多斯市经济、资源、环境指标的原始数据。同理，按照以上步骤得到 2014~2020 年鄂尔多斯市经济、资源、环境各指标预测值，如表 11.12 所示。

表 11.12 2014~2020 年鄂尔多斯市经济、资源、环境指标的预测值

|  | 2014 | 2015 | 2016 | 2017 | 2018 | 2019 | 2020 |
|---|---|---|---|---|---|---|---|
| $A_{11}$ | 52387519.48 | 63093196.52 | 75986637.42 | 91514923.70 | 110216500.49 | 132739847.11 | 159865963.19 |
| $A_{12}$ | 54667134.19 | 68651127.71 | 85658777.89 | 106349747.95 | 131527891.28 | 162172781.34 | 199478136.78 |
| $A_{13}$ | 81861.77 | 87178.83 | 92841.24 | 98871.43 | 105293.29 | 112132.27 | 119415.44 |
| $A_{14}$ | 6644354.69 | 7716098.46 | 8960716.01 | 10406092.12 | 12084609.43 | 14033873.95 | 16297557.58 |
| $A_{21}$ | 67.90 | 67.49 | 67.14 | 66.84 | 66.58 | 66.34 | 66.14 |
| $A_{22}$ | 1.76 | 1.56 | 1.38 | 1.22 | 1.07 | 0.95 | 0.84 |
| $A_{23}$ | 62.56 | 63.73 | 64.93 | 66.15 | 67.38 | 68.65 | 69.93 |
| $A_{24}$ | 35.69 | 34.97 | 34.27 | 33.59 | 32.92 | 32.27 | 31.64 |
| $A_{31}$ | 22.47 | 23.51 | 24.65 | 25.89 | 27.23 | 28.67 | 30.21 |
| $A_{32}$ | 48.89 | 57.58 | 67.81 | 79.86 | 94.05 | 110.77 | 130.45 |
| $A_{33}$ | 43859.38 | 50502.74 | 58152.37 | 66960.69 | 77103.19 | 88781.97 | 102229.74 |
| $A_{34}$ | 26.74 | 26.82 | 26.90 | 26.98 | 27.06 | 27.15 | 27.24 |
| $B_{11}$ | 9685.86 | 11625.44 | 13953.42 | 16747.58 | 20101.27 | 24126.52 | 28957.83 |
| $B_{12}$ | 118267835.80 | 145820214.98 | 179791360.45 | 221676626.24 | 273319732.92 | 336993925.21 | 415502036.44 |
| $B_{13}$ | 3737077.83 | 3419928.78 | 3129694.76 | 2864091.60 | 2621028.98 | 2398594.00 | 2195036.08 |
| $B_{21}$ | 6199275.33 | 7247229.46 | 8434884.68 | 9781945.25 | 11311042.09 | 13048187.31 | 15023301.83 |
| $B_{22}$ | 18719689.84 | 26617376.77 | 37847034.44 | 53814394.57 | 76518255.81 | 108800693.92 | 154702833.63 |
| $B_{23}$ | 1977111.80 | 2137274.65 | 2310412.04 | 2497575.04 | 2699899.83 | 2918614.64 | 3155047.22 |
| $B_{31}$ | 0.84 | 0.74 | 0.66 | 0.59 | 0.52 | 0.46 | 0.41 |
| $B_{32}$ | 1.06 | 0.96 | 0.87 | 0.79 | 0.71 | 0.64 | 0.57 |
| $C_{11}$ | 1305.00 | 1110.04 | 932.22 | 769.83 | 621.31 | 485.33 | 360.66 |
| $C_{12}$ | 5079.43 | 5541.74 | 6055.26 | 6624.30 | 7253.83 | 7949.53 | 8717.90 |
| $C_{13}$ | 169183.74 | 159117.26 | 149751.07 | 140986.86 | 132749.15 | 124979.09 | 117629.91 |
| $C_{14}$ | 142006.70 | 147796.42 | 153822.20 | 160093.65 | 166620.80 | 173414.06 | 180484.29 |
| $C_{15}$ | 6329.51 | 7596.34 | 9142.41 | 11023.57 | 13308.08 | 16078.99 | 19437.13 |
| $C_{21}$ | 92.20 | 92.24 | 92.28 | 92.32 | 92.36 | 92.40 | 92.44 |
| $C_{22}$ | 75.82 | 83.68 | 94.09 | 100.00 | 100.00 | 100.00 | 100.00 |
| $C_{31}$ | 43.08 | 54.03 | 67.75 | 84.96 | 106.55 | 133.61 | 167.55 |
| $C_{32}$ | 50.20 | 56.41 | 63.39 | 71.23 | 80.04 | 89.94 | 100.00 |

资料来源：作者整理。

结合表 11.12 分析可知，资源消费总量："十二五"期间比"十一五"期间增加 25553 万吨标准煤，增长率为 159.49%；预计"十三五"期间将比"十二五"期间增加 62312 万吨标准煤，增长率为 149.88%。原煤消费总量："十二五"期间比"十一五"

期间增加 339224470 吨，增长率为 211.11%；预计"十三五"期间将比"十二五"期间增加 9273776187 吨，增长率为 185.51%。电力消费总量："十二五"期间比"十一五"期间增加-21584701 万千瓦时，增长率为-58.75%；预计"十三五"期间将比"十二五"期间增加-1948304 万千瓦时，增长率为-12.85%。采矿业固定资产投资额："十二五"期间比"十一五"期间增加 10069595 万元，增长率为 67.27%；预计"十三五"期间将比"十二五"期间增加 32560756 万元，增长率为 130.04%。制造业固定资产投资额："十二五"期间比"十一五"期间增加 64136806 万元，增长率为 521.82%；预计"十三五"期间将比"十二五"期间增加 355255447 万元，增长率为 464.83%。电力、热力、燃气及水的生产和供应固定资产投资额："十二五"期间比"十一五"期间增加 2585749 万元，增长率为 40.06%；预计"十三五"期间将比"十二五"期间增加 4541264 万元，增长率为 50.23%。万元 GDP 能耗："十二五"期间平均值比"十一五"期间平均值增加-0.93 吨标准煤/万元，增长率为-51.16%；预计"十三五"期间平均值将比"十二五"期间平均值增加-0.36 吨标准煤/万元，增长率为-40.54%。工业万元产值能耗："十二五"期间平均值比"十一五"期间平均值增加-0.56 吨标准煤/万元，增长率为-29.38%；预计"十三五"期间平均值将比"十二五"期间平均值增加-0.64 吨标准煤/万元，增长率为-47.20%。

地区生产总值："十二五"期间比"十一五"期间增加 138892122 万元，增长率为 163.59%；预计"十三五"期间将比"十二五"期间增加 346530750 万元，增长率为 154.84%。工业总产值："十二五"期间比"十一五"期间增加 162287561 万元，增长率为 182.82%；预计"十三五"期间将比"十二五"期间增加 434132873 万元，增长率为 172.92%。进出口贸易总额："十二五"期间比"十一五"期间增加 103352 万美元，增长率为 36.51%；预计"十三五"期间将比"十二五"期间增加 142153 万美元，增长率为 36.79%。社会消费品零售总额："十二五"期间比"十一五"期间增加 15587304 万元，增长率为 113.57%；预计"十三五"期间将比"十二五"期间增加 32470395 万元，增长率为 110.77%。全社会固定资产投资额占 GDP 比重："十二五"期间平均值比"十一五"期间平均值增加-1.62%，增长率为-2.25%；预计"十三五"期间平均值将比"十二五"期间平均值增加-3.62%，增长率为-5.15%。第一产业增加值占 GDP 比重："十二五"期间平均值比"十一五"期间平均值增加-1.48%，增长率为-40.55%；预计"十三五"期间平均值将比"十二五"期间平均值增加-1.07%，增长率为-49.54%。第二产业增加值占 GDP 比重："十二五"期间平均值比"十一五"期间平均值增加 5.29%，增长率为 9.44%；预计"十三五"期间平均值将比"十二五"期间平均值增加 6.05%，增长率为 9.86%。第三产业增加值占 GDP 比重："十二五"期间平均值比"十一五"期间平均值增加-3.77%，增长率为-9.35%；预计"十三五"期间平均值将比"十二五"期间平均值增加-3.59%，增长率为-9.83%。财政收入占 GDP 比重："十二五"期间平均值比"十一五"期间平均值增加 5.39%，增长率为 30.69%；预计"十三五"期间平均值将比"十二五"期间平均值增加 4.38%，增长率为 19.06%。全社会劳动生产率："十二五"期间平均值比"十一五"期间平均值增加 24.03 万元/人，增长率为 130.74%；预计"十三五"期间平均值将比"十二五"期间平均值增加 54.17 万元/人，增长率为 127.73%。城镇居民人均可支配收入："十二五"期间平均值比"十一五"期间平均值增加 19720 元，增长率为 102.97%；预计"十三五"期间平均值将比"十二五"期间平均值增加 39776 元，增长率为 102.33%。城镇居民恩格尔系数："十二五"期间平均值比"十一五"期间平均值增加 0.37%，增长率为 1.42%；预计"十三五"期间平均值将比"十二五"期间平均值增加 0.39%，增长率为 1.47%。

工业废水排放总量："十二五"期间比"十一五"期间增加-6292 万吨，增长率为-42.83%；预计"十三五"期间将比"十二五"期间增加-5230 万吨，增长率为-62.27%。工业废气排放量："十二五"期间比"十一五"期间增加 7059 亿标立方米，增长率为 42.97%；预计"十三五"期间将比"十二五"期间增加 13112 亿标立方米，增长率为 55.82%。工业二氧化硫排放总量："十二五"期间比"十一五"期间增加-257537 吨，增长率为-20.61%；预计"十三五"期间将比"十二五"期间增加-326204 吨，增长率为-32.87%。烟尘排放总量："十二五"期间比"十一五"期间增加 284575 吨，增长率为 59.33%；预计"十三五"期间将比"十二五"期间增加 70201 吨，增长率为 9.19%。工业固体废物产生量："十二五"期间比"十一五"期间增加 16687 万吨，增长率为 156.63%；预计"十三五"期间将比"十二五"期间增加 41649 万吨，增长率为 152.33%。工业废水排放达标率："十二五"期间评价值比"十一五"期间评价值增加-1.30%，增长率为-1.41%；预计"十三五"期间平均值比"十二五"期间平均值增加 0.95%，增长率为 1.04%。工业固体废物综合利用率："十二五"期间平均值比"十一五"期间平均值增加-5.97%，增长率为-7.42%；预计"十三五"期间平均值将比"十二五"期间平均值增加 24.37%，增长率为 32.74%。人均公园绿地面积："十二五"期间平均值比"十一五"期间平均值增加 25.92 平方米，增长率为 242.28%；预计"十三五"期间平均值将比"十二五"期间平均值增加 75.46 平方米，增长率为 206.04%。建成区绿化覆盖率："十二五"期间平均值比"十一五"期间平均值增加 19.45%，增长率为 76.56%；预计"十三五"期间平均值将比"十二五"期间平均值增加 36.06%，增长率为 80.39%。

11.5.1.5 预测 2014~2020 年银川市经济、资源、环境各指标值

根据 2005~2013 年银川市资源、经济、环境指标的原始数据。同理，按照以上步骤得到 2014~2020 年银川市经济、资源、环境各指标预测值，如表 11.13 所示。

表 11.13 2014~2020 年银川市经济、资源、环境指标的预测值

| | 2014 | 2015 | 2016 | 2017 | 2018 | 2019 | 2020 |
|---|---|---|---|---|---|---|---|
| $A_{11}$ | 14836607.0 | 17433474.2 | 20484873.8 | 24070363.1 | 28283424.4 | 33233902.3 | 39050867.6 |
| $A_{12}$ | 22673822 | 27895448 | 34319578 | 42223141 | 51946840 | 63909840 | 78627837 |
| $A_{13}$ | 134300 | 140899 | 148088 | 155871 | 164260 | 173266 | 182906 |
| $A_{14}$ | 3989291 | 4628768 | 5370752 | 6231675 | 7230603 | 8389657 | 9734506 |
| $A_{21}$ | 86.54 | 90.01 | 93.64 | 97.46 | 100.00 | 100.00 | 100.00 |
| $A_{22}$ | 4.17 | 3.99 | 3.82 | 3.66 | 3.50 | 3.36 | 3.21 |
| $A_{23}$ | 55.81 | 57.15 | 58.53 | 59.94 | 61.38 | 62.86 | 64.37 |
| $A_{24}$ | 40.50 | 39.63 | 38.78 | 37.95 | 37.14 | 36.35 | 35.57 |
| $A_{31}$ | 20.48 | 23.42 | 26.84 | 30.82 | 35.47 | 40.93 | 47.36 |
| $A_{32}$ | 40.96 | 47.67 | 55.88 | 65.89 | 78.08 | 92.91 | 110.93 |
| $A_{33}$ | 27110 | 30362 | 34004 | 38082 | 42650 | 47766 | 53495 |
| $A_{34}$ | 32.27 | 31.89 | 31.52 | 31.16 | 30.80 | 30.44 | 30.08 |
| $B_{11}$ | 7150.04 | 9954.30 | 13858.40 | 19293.69 | 26860.71 | 37395.53 | 52062.13 |
| $B_{12}$ | 61721401 | 79960024 | 103588145 | 134198356 | 173853860 | 225227531 | 291782080 |
| $B_{13}$ | 2570827 | 3249246 | 4106695 | 5190418 | 6560125 | 8291287 | 10479288 |
| $B_{21}$ | 716986 | 884536 | 1091684 | 1348437 | 1667788 | 2066581 | 2566658 |
| $B_{22}$ | 4631113 | 5995194 | 7761061 | 10047059 | 13006392 | 16837388 | 21796793 |
| $B_{23}$ | 876669.76 | 974316.30 | 1080167.70 | 1194979.59 | 1319580.97 | 1454881.52 | 1601879.66 |
| $B_{31}$ | 4.84 | 5.94 | 7.29 | 8.95 | 10.98 | 13.48 | 16.55 |
| $B_{32}$ | 2.96 | 3.42 | 3.95 | 4.58 | 5.31 | 6.15 | 7.13 |
| $C_{11}$ | 7809 | 8598 | 9463 | 10412 | 11454 | 12599 | 13858 |
| $C_{12}$ | 3278 | 4192 | 5360 | 6855 | 8765 | 11208 | 14332 |
| $C_{13}$ | 127611 | 197289 | 296136 | 435545 | 631520 | 906512 | 1291985 |
| $C_{14}$ | 35285 | 48785 | 66778 | 90665 | 122297 | 164116 | 219344 |
| $C_{15}$ | 912.14 | 1355.14 | 1967.35 | 2809.05 | 3962.83 | 5541.69 | 7700.14 |
| $C_{21}$ | 100.00 | 100.00 | 100.00 | 100.00 | 100.00 | 100.00 | 100.00 |
| $C_{22}$ | 73.81 | 71.41 | 69.11 | 66.89 | 64.76 | 62.71 | 60.74 |
| $C_{31}$ | 18.86 | 21.13 | 23.62 | 26.36 | 29.37 | 32.69 | 36.35 |
| $C_{32}$ | 51.32 | 56.10 | 61.47 | 67.52 | 74.36 | 82.11 | 90.91 |

资料来源：作者整理。

结合表 11.13 分析可知，资源消费总量："十二五"期间比"十一五"期间增加 23510 万吨标准煤，增长率为 504.20%；预计"十三五"期间将比"十二五"期间增加 121297 万吨标准煤，增长率为 430.54%。原煤消费总量："十二五"期间比"十一五"期间增加 191752802 吨，增长率为 303.89%；预计"十三五"期间将比"十二五"期间

增加 673798608 吨，增长率为 264.39%。电力消费总量："十二五"期间比"十一五"期间增加 7682569 万千瓦时，增长率为 242.36%；预计"十三五"期间将比"十二五"期间增加 23775356 万千瓦时，增长率为 219.08%。采矿业固定资产投资额："十二五"期间比"十一五"期间增加 1492160 万元，增长率为 78.11%；预计"十三五"期间将比"十二五"期间增加 5338636 万元，增长率为 156.90%。制造业固定资产投资额："十二五"期间比"十一五"期间增加 14238564 万元，增长率为 278.14%；预计"十三五"期间将比"十二五"期间增加 50090986 万元，增长率为 258.77%。电力、热力、燃气及水的生产和供应固定资产投资额："十二五"期间比"十一五"期间增加 716986 万元，增长率为 25.55%；预计"十三五"期间将比"十二五"期间增加 3128032 万元，增长率为 88.78%。万元 GDP 能耗："十二五"期间平均值比"十一五"期间平均值增加 2.68 吨标准煤/万元，增长率为 180.70%；预计"十三五"期间平均值将比"十二五"期间平均值增加 7.29 吨标准煤/万元，增长率为 175.24%。工业万元产值能耗："十二五"期间平均值比"十一五"期间平均值增加 1.38 吨标准煤/万元，增长率为 104.86%；预计"十三五"期间平均值将比"十二五"期间平均值增加 2.72 吨标准煤/万元，增长率为 100.89%。

地区生产总值："十二五"期间比"十一五"期间增加 37172548 万元，增长率为 132.84%；预计"十三五"期间将比"十二五"期间增加 79967901 万元，增长率为 122.73%。工业总产值："十二五"期间比"十一五"期间增加 63993758 万元，增长率为 193.36%；预计"十三五"期间将比"十二五"期间增加 173937830 万元，增长率为 179.15%。进出口贸易总额："十二五"期间比"十一五"期间增加 177399 万美元，增长率为 36.09%；预计"十三五"期间将比"十二五"期间增加 155392 万元，增长率为 23.23%。社会消费品零售总额："十二五"期间比"十一五"期间增加 9535460 万元，增长率为 117.03%；预计"十三五"期间将比"十二五"期间增加 19273977 万元，增长率为 109%。全社会固定资产投资额占 GDP 比重："十二五"期间平均值比"十一五"期间平均值增加 10.79%，增长率为 15.19%；预计"十三五"期间平均值将比"十二五"期间平均值增加 16.43%，增长率为 20.09%。第一产业增加值占 GDP 比重："十二五"期间平均值比"十一五"期间平均值增加 -1.05%，增长率为 -19.45%；预计"十三五"期间平均值将比"十二五"期间平均值增加 -0.85%，增长率为 -19.46%。第二产业增加值占 GDP 比重："十二五"期间平均值比"十一五"期间平均值增加 6.57%，增长率为 13.63%；预计"十三五"期间平均值将比"十二五"期间平均值增加 6.66%，增长率为 12.17%。第三产业增加值占 GDP 比重："十二五"期间平均值比"十一五"期间平均值增加 -5.25%，增长率为 -11.32%；预计"十三五"期间平均值将比

"十二五"期间平均值增加-3.98%，增长率为-9.68%。财政收入占GDP比重："十二五"期间平均值比"十一五"期间平均值增加6.17%，增长率为48.32%；预计"十三五"期间平均值将比"十二五"期间平均值增加17.34%，增长率为91.53%。全社会劳动生产率："十二五"期间平均值比"十一五"期间平均值增加20.76万元/人，增长率为169.99%；预计"十三五"期间平均值将比"十二五"期间平均值增加47.77万元/人，增长率为144.91%。城镇居民人均可支配收入："十二五"期间平均值比"十一五"期间平均值增加10626元，增长率为76.45%；预计"十三五"期间平均值将比"十二五"期间平均值增加18673元，增长率为76.14%。城镇居民恩格尔系数："十二五"期间平均值比"十一五"期间平均值增加-1.22%，增长率为-3.55%；预计"十三五"期间平均值将比"十二五"期间平均值增加-2.22%，增长率为-6.71%。

工业废水排放总量："十二五"期间比"十一五"期间增加10878万吨，增长率为45.78%；预计"十三五"期间将比"十二五"期间增加23144万吨，增长率为66.81%。工业废气排放量："十二五"期间比"十一五"期间增加9947亿标立方米，增长率为283.71%；预计"十三五"期间将比"十二五"期间增加33067亿标立方米，增长率为245.80%。工业二氧化硫排放总量："十二五"期间比"十一五"期间增加515462吨，增长率为621.75%；预计"十三五"期间将比"十二五"期间增加2963331吨，增长率为495.24%。烟尘排放总量："十二五"期间比"十一五"期间增加130396吨，增长率为388%；预计"十三五"期间将比"十二五"期间增加499197吨，增长率为304.38%。工业固体废物产生量："十二五"期间比"十一五"期间增加3624万吨，增长率为525.50%；预计"十三五"期间将比"十二五"期间增加17668万吨，增长率为409.59%。工业废水排放达标率："十二五"期间评价值比"十一五"期间评价值增加2.32%，增长率为2.38%；预计"十三五"期间平均值比"十二五"期间平均值增加0.3%，增长率为0.30%。工业固体废物综合利用率："十二五"期间平均值比"十一五"期间平均值增加-10.87%，增长率为-12.19%；预计"十三五"期间平均值将比"十二五"期间平均值增加-13.46%，增长率为-17.19%。人均公园绿地面积："十二五"期间平均值比"十一五"期间平均值增加4.96平方米，增长率为44.40%；预计"十三五"期间平均值将比"十二五"期间平均值增加13.54平方米，增长率为83.90%。建成区绿化覆盖率："十二五"期间平均值比"十一五"期间平均值增加7.63%，增长率为19.53%；预计"十三五"期间平均值将比"十二五"期间平均值增加28.59%，增长率为61.24%。

11.5.1.6 预测2014~2020年榆林市经济、资源、环境各指标值

2005~2013年榆林市资源、经济、环境指标的原始数据。同理，按照以上步骤得到

2014~2020 年榆林市经济、资源、环境各指标预测值，如表 11.14 所示。

表 11.14　2014~2020 年榆林市经济、资源、环境指标的预测值

| | 2014 | 2015 | 2016 | 2017 | 2018 | 2019 | 2020 |
|---|---|---|---|---|---|---|---|
| $A_{11}$ | 40482460 | 50158188 | 62146515 | 77000178 | 95404020 | 118206571 | 146459169 |
| $A_{12}$ | 45720816 | 56659455 | 70215148 | 87014021 | 107832000 | 133630650 | 165601590 |
| $A_{13}$ | 8181 | 10284 | 12820 | 15867 | 19514 | 23871 | 29065 |
| $A_{14}$ | 3987290 | 4729016 | 5608720 | 6652069 | 7889505 | 9357132 | 11097771 |
| $A_{21}$ | 74.42 | 78.37 | 82.57 | 87.03 | 91.79 | 96.86 | 102.28 |
| $A_{22}$ | 3.50 | 3.18 | 2.88 | 2.61 | 2.37 | 2.15 | 1.95 |
| $A_{23}$ | 70.03 | 70.18 | 70.36 | 70.56 | 70.79 | 71.04 | 71.30 |
| $A_{24}$ | 30.39 | 32.27 | 34.35 | 36.68 | 39.28 | 42.19 | 45.46 |
| $A_{31}$ | 21.36 | 21.39 | 21.44 | 21.51 | 21.60 | 21.70 | 21.80 |
| $A_{32}$ | 23.92 | 30.42 | 38.70 | 49.23 | 62.61 | 79.64 | 101.31 |
| $A_{33}$ | 36542 | 44235 | 53547 | 64820 | 78465 | 94983 | 114978 |
| $A_{34}$ | 30.80 | 31.34 | 31.94 | 32.59 | 33.31 | 34.10 | 34.97 |
| $B_{11}$ | 10167.23 | 13032.40 | 16704.98 | 21412.51 | 27446.65 | 35181.23 | 45095.45 |
| $B_{12}$ | 130873589 | 169371499 | 219193994 | 283672325 | 367117669 | 475109381 | 614868047 |
| $B_{13}$ | 2274276 | 2657298 | 3104827 | 3627727 | 4238690 | 4952549 | 5786633 |
| $B_{21}$ | 5791537 | 8366314 | 11909848 | 16768537 | 23415931 | 32498780 | 44899862 |
| $B_{22}$ | 7040970 | 9367429 | 12462589 | 16580443 | 22058908 | 29347551 | 39044489 |
| $B_{23}$ | 1196201 | 1305925 | 1429429 | 1567805 | 1722281 | 1894240 | 2085226 |
| $B_{31}$ | 1.58 | 1.48 | 1.39 | 1.31 | 1.24 | 1.17 | 1.11 |
| $B_{32}$ | 1.58 | 1.52 | 1.46 | 1.41 | 1.36 | 1.32 | 1.28 |
| $C_{11}$ | 8293 | 10349 | 12814 | 15769 | 19315 | 23570 | 28676 |
| $C_{12}$ | 6315 | 8085 | 10351 | 13253 | 16968 | 21724 | 27813 |
| $C_{13}$ | 171546 | 188925 | 208110 | 229261 | 252557 | 278201 | 306417 |
| $C_{14}$ | 44248 | 52361 | 62842 | 76061 | 92493 | 112735 | 137532 |
| $C_{15}$ | 2282.67 | 2584.03 | 2925.19 | 3311.38 | 3748.56 | 4243.45 | 4803.69 |
| $C_{21}$ | 85.57 | 85.58 | 85.64 | 85.74 | 85.88 | 86.05 | 86.24 |
| $C_{22}$ | 79.93 | 79.93 | 79.93 | 79.93 | 79.93 | 79.93 | 79.93 |
| $C_{31}$ | 28.80 | 37.81 | 49.64 | 65.18 | 85.58 | 112.37 | 147.54 |
| $C_{32}$ | 42.69 | 44.89 | 47.21 | 49.64 | 52.20 | 54.90 | 57.73 |

资料来源：作者整理。

结合表 11.14 分析可知，资源消费总量："十二五"期间比"十一五"期间增加 30875 万吨标准煤，增长率为 257.81%；预计"十三五"期间将比"十二五"期间增加 102989 万吨标准煤，增长率为 240.34%。原煤消费总量："十二五"期间比"十一五"期间增加 404756938 吨，增长率为 283.47%；预计"十三五"期间将比"十二五"期间增加 1412416496 吨，增长率为 257.95%。电力消费总量："十二五"期间比"十一五"期间增加 5490363 万千瓦时，增长率为 120.42%；预计"十三五"期间将比"十二五"

期间增加 11660715 万千瓦时，增长率为 116.03%。采矿业固定资产投资额："十二五"期间比"十一五"期间增加 21219656 万元，增长率为 450.77%；预计"十三五"期间将比"十二五"期间增加 103565826 万元，增长率为 399.45%。制造业固定资产投资额："十二五"期间比"十一五"期间增加 22115973 万元，增长率为 370.87%；预计"十三五"期间将比"十二五"期间增加 91414764 万元，增长率为 325.56%。电力、热力、燃气及水的生产和供应固定资产投资额："十二五"期间比"十一五"期间增加 1770851 万元，增长率为 48.33%；预计"十三五"期间将比"十二五"期间增加 3264370 万元，增长率为 60.07%。万元 GDP 能耗："十二五"期间平均值比"十一五"期间平均值增加 -0.29 吨标准煤/万元，增长率为 -11.84%；预计"十三五"期间平均值将比"十二五"期间平均值增加 -0.92 吨标准煤/万元，增长率为 -42.41%。工业万元产值能耗："十二五"期间平均值比"十一五"期间平均值增加 -0.18 吨标准煤/万元，增长率为 -8.49%；预计"十三五"期间平均值将比"十二五"期间平均值增加 -0.55 吨标准煤/万元，增长率为 -28.78%。

　　地区生产总值："十二五"期间比"十一五"期间增加 116268228 万元，增长率为 217.51%；预计"十三五"期间将比"十二五"期间增加 329493605 万元，增长率为 194.14%。工业总产值："十二五"期间比"十一五"期间增加 132150047 万元，增长率为 218.49%；预计"十三五"期间将比"十二五"期间增加 371659184 万元，增长率为 192.94%。进出口贸易总额："十二五"期间比"十一五"期间增加 18056 万美元，增长率为 83.88%；预计"十三五"期间将比"十二五"期间增加 61555 万元，增长率为 155.51%。社会消费品零售总额："十二五"期间比"十一五"期间增加 9898906 万元，增长率为 134.11%；预计"十三五"期间将比"十二五"期间增加 23325291 万元，增长率为 134.99%。全社会固定资产投资额占 GDP 比重："十二五"期间平均值比"十一五"期间平均值增加 12.16%，增长率为 21.20%；预计"十三五"期间平均值将比"十二五"期间平均值增加 22.59%，增长率为 32.49%。第一产业增加值占 GDP 比重："十二五"期间平均值比"十一五"期间平均值增加 -2.28%，增长率为 -36.30%；预计"十三五"期间平均值将比"十二五"期间平均值增加 -1.60%，增长率为 -40.11%。第二产业增加值占 GDP 比重："十二五"期间平均值比"十一五"期间平均值增加 1.83%，增长率为 2.66%；预计"十三五"期间平均值将比"十二五"期间平均值增加 -0.08%，增长率为 -0.11%。第三产业增加值占 GDP 比重："十二五"期间平均值比"十一五"期间平均值增加 2.85%，增长率为 11.54%；预计"十三五"期间平均值将比"十二五"期间平均值增加 12.07%，增长率为 43.85%。财政收入占 GDP 比重："十二五"期间平均值比"十一五"期间平均值增加 -0.03%，增长率为 -0.15%；预计"十三五"期间平均值将比"十二五"期间平均值增加–1.09%，增长率为–4.82%。全社会劳动生产率："十二五"期间平均值比"十一五"期间平均值增加13.99万元/人，增长率为237.57%；预计"十三五"期间平均值将比"十二五"期间平均值增加46.42万元/人，增长率为233.56%。城镇居民人均可支配收入："十二五"期间平均值比"十一五"期间平均值增加19137元，增长率为159.11%；预计"十三五"期间平均值将比"十二五"期间平均值增加50193元，增长率为161.06%。城镇居民恩格尔系数："十二五"期间平均值比"十一五"期间平均值增加1.31%，增长率为4.55%；预计"十三五"期间平均值将比"十二五"期间平均值增加3.26%，增长率为10.81%。

工业废水排放总量："十二五"期间比"十一五"期间增加20672万吨，增长率为146%；预计"十三五"期间将比"十二五"期间增加65313万吨，增长率为187.51%。工业废气排放量："十二五"期间比"十一五"期间增加18596亿标立方米，增长率为244.75%；预计"十三五"期间将比"十二五"期间增加63915亿标立方米，增长率为244.01%。工业二氧化硫排放总量："十二五"期间比"十一五"期间增加292018吨，增长率为59.01%；预计"十三五"期间将比"十二五"期间增加487625吨，增长率为61.97%。烟尘排放总量："十二五"期间比"十一五"期间增加17937吨，增长率为9.82%；预计"十三五"期间将比"十二五"期间增加281043吨，增长率为140.09%。工业固体废物产生量："十二五"期间比"十一五"期间增加4682万吨，增长率为84.27%；预计"十三五"期间将比"十二五"期间增加8794万吨，增长率为85.90%。工业废水排放达标率量："十二五"期间评价值比"十一五"期间评价值增加–4.43%，增长率为–4.91%；预计"十三五"期间平均值比"十二五"期间平均值增加0.16%，增长率为0.19%。工业固体废物综合利用率："十二五"期间平均值比"十一五"期间平均值增加26.93%，增长率为50.82%；预计"十三五"期间平均值将等于"十二五"期间平均值。人均公园绿地面积："十二五"期间平均值比"十一五"期间平均值增加17.51平方米，增长率为288.15%；预计"十三五"期间平均值将比"十二五"期间平均值增加68.47平方米，增长率为290.23%。建成区绿化覆盖率："十二五"期间平均值比"十一五"期间平均值增加8.79%，增长率为27.57%；预计"十三五"期间平均值将比"十二五"期间平均值增加11.64%，增长率为28.60%。

## 11.5.2 经济、资源、环境各子系统协调度分析

### 11.5.2.1 熵值法理论介绍

熵（Entropy）是德国物理学家克劳修斯创造的一个术语，它用来表示一种能量在空间中分布的均匀程度。熵值法是一种客观的赋权方法，根据各项指标观测值所提供

的信息的大小来确定指标权重。在信息论中，熵是对不确定性的一种度量。熵越大说明系统越混乱，携带的信息越少；熵越小说明系统越有序，携带的信息越多。熵值也可以通过指标的离散程度来判断影响的大小，当指标的离散程度越小时，对综合评价的影响也就越小。因此，可以用熵值法来判断指标的权重，从而使指标权重的确定更加客观，使研究结果更符合实际。

若对 m 年的发展状况进行评价，评价指标体系包括 n 项指标，形成原始指标数据矩阵 $X = (x_{ij})_{m \times n}$，即：

$$X = \begin{bmatrix} x_{11} & \cdots & x_{1n} \\ \vdots & & \vdots \\ x_{m1} & \cdots & x_{mn} \end{bmatrix} \qquad \text{式 (11.16)}$$

式（11.16）中，$x_{ij}$ 表示第 i 年第 j 项指标的数值，假设第 j 项评价指标的理想值为 $x_j^*$。对于正向指标，$x_j^*$ 越大越好；对于负向指标，$x_j^*$ 越小越好。设 $d_{ij}$ 为 $x_{ij}$ 对于理想值 $x_j^*$ 的接近度。对于某项指标 $x_j$，如果指标值 $x_{ij}$ 与其差距越大，说明该指标在评价中的作用越大；如果某项指标 $x_j$ 的指标值 $x_{ij}$ 全部相等，则该指标在综合评价中不起任何作用。利用熵值法对各指标进行分析，找出影响经济—资源—环境系统协调发展的有利和不利因素，进而提出针对性的对策建议以期促进其协调发展。

正向指标接近度：

$$d_{ij} = \frac{x_{ij}}{\max(x_{i1}, \ x_{i2}, \ \cdots, \ x_{in})} \qquad \text{式 (11.17)}$$

负向指标接近度：

$$d_{ij} = \frac{\min(x_{i1}, \ x_{i2}, \ \cdots, \ x_{in})}{x_{ij}} \qquad \text{式 (11.18)}$$

计算标准化值：

$$y_{ij} = \frac{d_{ij}}{\sum_{i=1}^{m} d_{ij}} \qquad \text{式 (11.19)}$$

计算数据的评价矩阵：$Y = \begin{bmatrix} y_{11} & \cdots & y_{1n} \\ \vdots & & \vdots \\ y_{m1} & \cdots & y_{mn} \end{bmatrix}$（i = 1, 2, $\cdots$, m; j = 1, 2, $\cdots$, n）。

计算矩阵中第 j 项指标的信息熵值：

$$E_j = -K \sum_{i=1}^{m} y_{ij} \ln y_{ij} \qquad \text{式 (11.20)}$$

式（11.20）中，$y_{ij} = \dfrac{d_{ij}}{\sum\limits_{1}^{m} d_{ij}}$，$E_j \geqslant 0$，$k \geqslant 0$ 常数 k 与样本数 m 有关，$K = \dfrac{1}{\ln m}$，

$0 \leqslant E \leqslant 1$。

某项指标的信息效用价值取决于该指标的信息熵与 1 的差值 $\sigma_j$，即：

$$\sigma_j = 1 - E_j \qquad\qquad 式（11.21）$$

某项指标的效用价值越高，其在综合评价中的重要性越大，因此第 j 项指标的权重为：

$$\omega_j = \frac{\sigma_j}{\sum\limits_{j=1}^{n} \sigma_j} \qquad\qquad 式（11.22）$$

利用第 j 项指标的权重 $\omega_j$ 与标准化矩阵中第 i 个样本的第 j 项评价指标的接近度 $d_{ij}$ 的乘积作为 $x_{ij}$ 的评价值 $f_{ij}$，即：

$$f_{ij} = \omega_j \times d_{ij} \qquad\qquad 式（11.23）$$

第 i 个样本的评价值：

$$f_i = \sum_{j=1}^{n} f_{ij} \qquad\qquad 式（11.24）$$

### 11.5.2.2　呼包银榆经济区经济、资源、环境各子系统协调度分析

研究选取 2006~2013 年呼包银榆经济区经济、资源、环境各指标原始数据和 2014~2020 年各指标预测值，如前文所示。

根据式（11.17）、式（11.18）计算得出呼包银榆经济区经济、资源和环境各个指标的接近度 $d_{ij}$，结果如表 11.15 所示。

表 11.15　指标接近度 $d_{ij}$ 的各项取值

| 年份 | $A_{11}$ | … | $A_{34}$ | $B_{11}$ | … | $B_{32}$ | $C_{11}$ | … | $C_{32}$ |
|---|---|---|---|---|---|---|---|---|---|
| 2006 | 0.122 | … | 0.787 | 0.333 | … | 0.617 | 0.739 | … | 0.531 |
| 2007 | 0.149 | … | 0.816 | 0.375 | … | 0.694 | 1.000 | … | 0.596 |
| 2008 | 0.185 | … | 0.822 | 0.421 | … | 0.586 | 0.459 | … | 0.619 |
| 2009 | 0.216 | … | 0.874 | 0.458 | … | 0.812 | 0.576 | … | 0.635 |
| 2010 | 0.246 | … | 0.860 | 0.492 | … | 0.635 | 0.519 | … | 0.629 |
| 2011 | 0.287 | … | 0.843 | 0.533 | … | 0.861 | 0.552 | … | 0.635 |
| 2012 | 0.324 | … | 0.838 | 0.557 | … | 0.807 | 0.625 | … | 0.636 |
| 2013 | 0.356 | … | 0.867 | 0.574 | … | 0.694 | 0.657 | … | 0.644 |
| 2014 | 0.426 | … | 0.916 | 0.643 | … | 0.825 | 0.421 | … | 0.714 |
| 2015 | 0.491 | … | 0.931 | 0.692 | … | 0.853 | 0.377 | … | 0.749 |
| 2016 | 0.566 | … | 0.945 | 0.745 | … | 0.882 | 0.337 | … | 0.788 |

| 年份 | A₁₁ | ⋯ | A₃₄ | B₁₁ | ⋯ | B₃₂ | C₁₁ | ⋯ | C₃₂ |
|------|------|-----|------|------|-----|------|------|-----|------|
| 2017 | 0.652 | ⋯ | 0.959 | 0.802 | ⋯ | 0.911 | 0.301 | ⋯ | 0.832 |
| 2018 | 0.752 | ⋯ | 0.973 | 0.863 | ⋯ | 0.941 | 0.269 | ⋯ | 0.882 |
| 2019 | 0.867 | ⋯ | 0.986 | 0.929 | ⋯ | 0.970 | 0.240 | ⋯ | 0.937 |
| 2020 | 1.000 | ⋯ | 1.000 | 1.000 | ⋯ | 1.000 | 0.213 | ⋯ | 1.000 |

资料来源：作者整理。

根据式（11.19）将数据标准化，标准化后的数据如表 11.16 所示。

**表 11.16 标准化值 $y_{ij}$ 的各项取值**

| 年份 | A₁₁ | ⋯ | A₃₄ | B₁₁ | ⋯ | B₃₂ | C₁₁ | ⋯ | C₃₂ |
|------|------|-----|------|------|-----|------|------|-----|------|
| 2006 | 0.018 | ⋯ | 0.059 | 0.035 | ⋯ | 0.051 | 0.101 | ⋯ | 0.049 |
| 2007 | 0.022 | ⋯ | 0.061 | 0.040 | ⋯ | 0.057 | 0.137 | ⋯ | 0.055 |
| 2008 | 0.028 | ⋯ | 0.061 | 0.045 | ⋯ | 0.048 | 0.063 | ⋯ | 0.057 |
| 2009 | 0.033 | ⋯ | 0.065 | 0.049 | ⋯ | 0.067 | 0.079 | ⋯ | 0.059 |
| 2010 | 0.037 | ⋯ | 0.064 | 0.052 | ⋯ | 0.053 | 0.071 | ⋯ | 0.058 |
| 2011 | 0.043 | ⋯ | 0.063 | 0.057 | ⋯ | 0.071 | 0.076 | ⋯ | 0.059 |
| 2012 | 0.049 | ⋯ | 0.062 | 0.059 | ⋯ | 0.067 | 0.086 | ⋯ | 0.059 |
| 2013 | 0.054 | ⋯ | 0.065 | 0.061 | ⋯ | 0.057 | 0.090 | ⋯ | 0.059 |
| 2014 | 0.064 | ⋯ | 0.068 | 0.068 | ⋯ | 0.068 | 0.058 | ⋯ | 0.066 |
| 2015 | 0.074 | ⋯ | 0.069 | 0.073 | ⋯ | 0.071 | 0.052 | ⋯ | 0.069 |
| 2016 | 0.085 | ⋯ | 0.070 | 0.079 | ⋯ | 0.073 | 0.046 | ⋯ | 0.073 |
| 2017 | 0.098 | ⋯ | 0.071 | 0.085 | ⋯ | 0.075 | 0.041 | ⋯ | 0.077 |
| 2018 | 0.113 | ⋯ | 0.073 | 0.092 | ⋯ | 0.078 | 0.037 | ⋯ | 0.081 |
| 2019 | 0.131 | ⋯ | 0.074 | 0.099 | ⋯ | 0.080 | 0.033 | ⋯ | 0.087 |
| 2020 | 0.151 | ⋯ | 0.075 | 0.106 | ⋯ | 0.083 | 0.029 | ⋯ | 0.092 |

资料来源：作者整理。

根据式（11.20）、式（11.21）、式（11.22）分别计算得出经济、资源、环境各个指标的信息熵、效用值和权重，结果如表 11.17 所示。

**表 11.17 各个指标的信息熵、效用值和权重**

| 指标 | 信息熵 | 效用值 | 权重（%） | 指标 | 信息熵 | 效用值 | 权重（%） |
|------|--------|--------|----------|------|--------|--------|----------|
| B₁₁ | 0.98 | 0.02 | 5.87 | A₂₄ | 1.00 | 0.00 | 0.24 |
| B₁₂ | 0.99 | 0.01 | 2.98 | A₃₁ | 0.96 | 0.04 | 10.48 |
| B₁₃ | 0.96 | 0.04 | 14.34 | A₃₂ | 0.97 | 0.03 | 9.13 |
| B₂₁ | 0.82 | 0.18 | 56.91 | A₃₃ | 0.95 | 0.05 | 13.63 |
| B₂₂ | 0.98 | 0.02 | 5.10 | A₃₄ | 1.00 | 0.00 | 0.28 |
| B₂₃ | 0.98 | 0.02 | 6.58 | C₁₁ | 0.97 | 0.03 | 6.74 |
| B₃₁ | 0.98 | 0.02 | 6.70 | C₁₂ | 0.93 | 0.07 | 14.77 |

续表

| 指标 | 信息熵 | 效用值 | 权重（%） | 指标 | 信息熵 | 效用值 | 权重（%） |
|---|---|---|---|---|---|---|---|
| $B_{32}$ | 1.00 | 0.00 | 1.51 | $C_{13}$ | 0.98 | 0.02 | 3.81 |
| $A_{11}$ | 0.94 | 0.06 | 17.37 | $C_{14}$ | 0.75 | 0.25 | 52.20 |
| $A_{12}$ | 0.95 | 0.05 | 12.83 | $C_{15}$ | 0.93 | 0.07 | 13.67 |
| $A_{13}$ | 0.95 | 0.05 | 14.98 | $C_{21}$ | 1.00 | 0.00 | 0.05 |
| $A_{14}$ | 0.93 | 0.07 | 19.97 | $C_{22}$ | 0.98 | 0.02 | 3.40 |
| $A_{21}$ | 1.00 | 0.00 | 0.30 | $C_{31}$ | 0.98 | 0.02 | 4.08 |
| $A_{22}$ | 1.00 | 0.00 | 0.60 | $C_{32}$ | 0.99 | 0.01 | 1.27 |
| $A_{23}$ | 1.00 | 0.00 | 0.18 | | | | |

资料来源：作者整理。

从表 11.17 可以看出，在经济子系统中，社会消费品零售总额（$A_{14}$）、地区生产总值（$A_{11}$）、进出口贸易总额（$A_{13}$）、城镇居民人均可支配收入（$A_{33}$）这四项指标的权重分别是 19.97%、17.37%、14.98%、13.63%，相对较大，说明这四项指标是影响经济子系统协调评价的主要因素，应该重点关注。工业总产值（$A_{12}$）、财政收入占 GDP 比重（$A_{31}$）、全社会劳动生产率（$A_{32}$）这三项指标所占权重分别为 12.83%、10.48%、9.13%，说明它们对该经济子系统协调评价影响次之，可以适当关注。第一产业增加值占 GDP 比重（$A_{22}$）、全社会固定资产投资总额占 GDP 比重（$A_{21}$）、城镇居民恩格尔系数（$A_{34}$）、第三产业增加值占 GDP 比重（$A_{24}$）、第二产业增加值占 GDP 比重（$A_{23}$）这五项指标所占权重分别为 0.60%、0.30%、0.28%、0.24%、0.18%，说明这些指标相对重要性较弱，对该经济子系统协调评价的影响较小。

呼包银榆经济区经济—资源—环境系统协调发展评价的 29 个指标所占权重各不相同。在资源子系统中，采矿业固定资产投资额（$B_{21}$）、电力消费总量（$B_{13}$）、万元 GDP能耗（$B_{31}$）这三个指标的权重分别是 56.91%、14.34%、6.70%，相对较大，说明这三项指标是影响资源子系统的主要因素，应该重点关注。次之是电力、热力、燃气及水的生产和供应固定资产投资额（$B_{23}$）、资源消费总量（$B_{11}$）、制造业固定资产投资额（$B_{22}$）、原煤消费总量（$B_{12}$）、工业万元产值能耗（$B_{32}$），这些指标权重依次为 6.58%、5.87%、5.10%、2.98%、1.51%，说明这几个指标的相对重要性较弱，对资源子系统协调评价影响不大。

在环境子系统中，烟尘排放总量（$C_{14}$）、工业废气排放量（$C_{12}$）、工业固体废物产生量（$C_{15}$）这三项指标所占权重分别为 52.20%、14.77%、13.67%，相对较大，说明这些指标对环境子系统的协调评价影响较大，应该重点关注。工业废水排放总量（$C_{11}$）、人均公园绿地面积（$C_{31}$）、工业二氧化硫排放总量（$C_{13}$）、工业固体废物综合利用率（$C_{22}$）这四个指标所占权重分别为 6.74%、4.08%、3.81%、3.40%，相对较小，说明这些指标对该环境子系统的协调评价影响一般，可以适当关注。建成区绿化覆盖率（$C_{32}$）、工业废水排放达标率（$C_{21}$）这两个指标所占权重分别为 1.27%、0.05%，相对最小，说明它们对环境子系统的协调评价影响最小。

根据式（11.23）、式（11.24）计算得出呼包银榆经济区资源、经济、环境各子系统的综合评价值，如表 11.18、图 11.2 所示。

表 11.18　呼包银榆经济区资源、经济、环境子系统分析值

| 年份 | A | B | C |
|---|---|---|---|
| 2006 | 0.163 | 0.150 | 0.358 |
| 2007 | 0.197 | 0.156 | 0.369 |
| 2008 | 0.226 | 0.177 | 0.291 |
| 2009 | 0.256 | 0.205 | 0.290 |
| 2010 | 0.296 | 0.255 | 0.251 |
| 2011 | 0.354 | 0.284 | 0.207 |
| 2012 | 0.366 | 0.277 | 0.223 |
| 2013 | 0.372 | 0.316 | 0.227 |
| 2014 | 0.460 | 0.358 | 0.233 |
| 2015 | 0.523 | 0.417 | 0.236 |
| 2016 | 0.595 | 0.490 | 0.247 |
| 2017 | 0.677 | 0.580 | 0.269 |
| 2018 | 0.770 | 0.690 | 0.310 |
| 2019 | 0.877 | 0.828 | 0.398 |
| 2020 | 0.999 | 1.000 | 0.674 |

资料来源：作者整理。

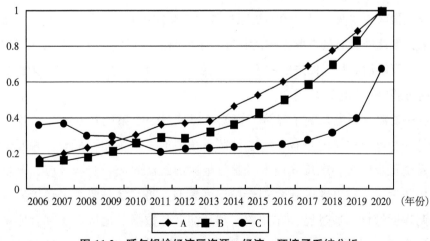

图 11.2　呼包银榆经济区资源、经济、环境子系统分析

经济、资源、环境子系统的评价值取值范围0~1，值越接近1说明发展状况越好。其取值在0.7~1.0为优秀水平，0.4~0.7为中等水平，0~0.4为较差水平。分析表4.15、图4.2可以看出2006~2020年呼包银榆经济区资源、经济、环境子系统的协调发展水平如下：

（1）资源子系统协调发展水平：2006~2020年资源子系统评价值呈现直线上升趋势，2013年以后速度明显加快。其中，2006年起点较低，仅为0.150。2012年出现略微下降，由2011年的0.284降为0.277。2006~2014年，评价值小于0.4，处于较差水平，2015~2018年为中等水平，2019~2020年将达到优秀水平，2020年评价值为1.000。

（2）经济子系统协调发展水平：2006~2020年经济子系统评价值也呈现直线上升趋势，2013年以后速度明显加快，且经济评价值始终高于资源评价值。其中，2006年起点也很低，仅为0.163。2006~2013年评价值小于0.4，为较差水平，预测2014~2017年将达到中等水平，2018~2020年达到优秀水平，2020年评价值为0.999。

（3）环境子系统协调发展水平：2006~2020年环境子系统评价值出现波动变化，表现为先下降，后保持平稳，再加速上升趋势。2006年起点为0.358，高于资源和经济子系统评价值。2008~2011年呈现下降趋势，由2007年的0.369降为2011年的0.207。2012~2018年保持缓慢上升，2018年环境评价值为0.310，2019年、2020年出现爆发式增长，2020年环境评价值达到0.674。2006~2019年环境子系统均处于较差水平，直到2020年才会进入中等水平。

### 11.5.3　两系统及三系统协调度分析

#### 11.5.3.1　耦合协调度评价模型理论介绍

耦合是指两个或两个以上的系统通过各种相互作用而彼此影响的现象。耦合协调度描述的是系统或者要素彼此影响的程度，主要是为了说明系统之间或者元素之间相互作用、相互制约、相互促进的程度，协调度显示了系统的演化过程，内部如何从不协调走向协调的一个趋势。

经济—资源—环境系统中经济、资源、环境三个子系统相互合作、相互制约的过程就是一个耦合协调的过程。一个地区系统中的子系统相互配合、相互促进，使得整个系统逐步前进，螺旋式向上，整体地区的经济效应、资源效应、环境效应实现最大化的发展。本书通过建立耦合协调度模型，将经济、资源、环境三者之间的耦合协调程度量化，通过已存在的数据和预测后的数据对地区系统耦合协调度进行分析，发现两者或者三者之间的变化趋势，利用耦合协调度来测度三者相互影响、相互作用的程度。

鉴于经济、资源与环境之间相互依赖、相互影响的关系，不能通过各个子系统的加权平均来求解经济—资源—环境系统的协调度，因此需要引入耦合协调度模型来计算经济—资源—环境系统的协调度，建立三个系统的耦合协调度模型。

设变量 $u_i(i=1, 2, \cdots, m)$、$u_j=(j=1, 2, \cdots, n)$ 分别表示系统 $u_i$ 和 $u_j$，则多个系统相互作用的耦合度模型可以表示为：

$$C = \left\{ \frac{u_1 u_2 \cdots u_n}{\prod(u_i + u_j)} \right\}^{\frac{1}{n}} \qquad\qquad 式（11.25）$$

可以定义资源（$E_n$）、经济（$E_c$）、环境（$E_v$）系统的耦合度 C：

$$C = \sqrt[3]{\frac{E_n \times E_c \times E_v}{(E_n + E_c)^2 \times (E_n + E_v)^2 \times (E_c + E_v)^2}} \qquad\qquad 式（11.26）$$

式（11.25）、式（11.26）中 C 为经济—资源—环境系统耦合度，取值为 0~1，越靠近 1 说明系统协调性越好，越靠近 0 说明系统协调性越差。

耦合度 C 作为反映经济—资源—环境耦合作用的强度具有非常重要的意义。但是，耦合度在有些情况下却很难反映出资源、经济与环境的整体功效和协同效应，单纯依靠耦合度判断有可能产生误导，出现系统耦合度虚高的现象。因此，引入耦合协调度模型：

$$T = \alpha E_n + \beta E_v + \gamma E_c \qquad\qquad 式（11.27）$$

$$D = \sqrt{C \times T} \qquad\qquad 式（11.28）$$

式（11.27）、式（11.28）中，D 表示耦合协调度，C 表示耦合度，T 表示经济—资源—环境系统综合评价指数，反映经济—资源—环境系统的整体效益，$\alpha$、$\beta$、$\gamma$ 表示待定参数，因为资源子系统、经济子系统、环境子系统同等重要，因此，设定 $\alpha$、$\beta$、$\gamma$ 都取 1/3。耦合协调度 D 的取值为 0~1。

**表 11.19　耦合协调度标准划分**

| 协调度 | 1.0~0.9 | 0.9~0.8 | 0.8~0.7 | 0.7~0.6 | 0.6~0.5 | 0.5~0.4 | 0.4~0 |
|---|---|---|---|---|---|---|---|
| 协调等级 | 优级协调 | 良好协调 | 中级协调 | 初级协调 | 勉强协调 | 濒临协调 | 失调 |

评价系统协调度不能简单地划为"是"或"不是"，因为系统的协调总是介于"协调"和"不协调"之间。并且具有动态变化的特性。该研究领域相关学者通常将评价等级划分为七个等级，即优级协调、良好协调、中级协调、初级协调、勉强协调、濒临协调和失调。如果宽泛地将协调度划分为"是"或"不是"，是无法准确观察到协调度的变化情况的，系统协调度的动态变化过程是政府制定政策措施的根据之一，如果忽略这个过程，单纯地设定为"是"或"不是"，那么模型的研究就会出现失真的情

况，为了更加真实地反映实际情况，我们以前人的研究为基础，更加具体地划分了协调度的等级。

表 11.19、表 11.20 分别给出了经济—资源—环境系统协调度评价的标准取值及各个协调等级的特征分析。

**表 11.20　七种协调等级评价标准的特点**

| 协调等级 | 主要特点 |
|---|---|
| 优级协调 | 能源、经济、环境三者之间可以协调发展，能源供应可以满足经济的发展，处于平衡状态，经济发展迅速且稳定，环境水平持续改善，人民生活处于高水平 |
| 良好协调 | 能源、经济、环境可以较好地发展，但是协调程度低于优先级，发展中存在一定的不协调因素，人民生活处于较高水平 |
| 中级协调 | 各个子系统之间基本可以协调发展，整个系统协调水平处于中等水平，子系统的协调发展对整体系统依然具有促进作用，但需要改善的地方较多 |
| 初级协调 | 整个系统和各个子系统的发展处于较低水平，系统之间存在着诸多矛盾，整个发展水平有很大的改进空间 |
| 勉强协调 | 系统的协调度处于低水平，各个子系统之间存在着很大的矛盾，经济发展方式对能源和环境造成了破坏，经济发展受到制约，环境受到很大污染、能源大量浪费，人民生活水平不高 |
| 濒临协调 | 系统整体处于失调的边缘，能源供需不平衡，经济发展后劲不足，环境污染严重，很长一段时间牺牲性能源子系统和环境子系统来促进经济子系统的发展，导致能源和环境系统受到破坏，经济发展带来的红利，被能源的浪费、环境的污染所抵消，人民生活水平处于低水平 |
| 失调 | 整个系统无论是大系统还是子系统的协调水平都处于失调的状态，经济、能源、环境三者之间存在诸多矛盾，经济发展对环境造成了巨大的污染，对能源的使用效率很低，这两方面又进一步制约了经济的发展。能源供求的改善、环境的治理迫在眉睫，人民生活水平较低，对社会发展的稳定性构成威胁 |

**11.5.3.2　呼包银榆经济区经济—资源—环境系统协调度分析**

根据式（11.24）~式（11.27），计算得出 2006~2020 年呼包银榆经济区资源—经济、资源—环境、经济—环境、资源—经济—环境系统的耦合协调度，并结合前文得出各个系统所处的协调等级，结果如表 11.21、图 11.3 所示。

**表 11.21　呼包银榆经济区资源、经济、环境系统耦合协调度 D**

| 年份 | D (B, A) | | D (B, C) | | D (A, C) | | D (B, A, C) | |
|---|---|---|---|---|---|---|---|---|
| 2006 | 0.280 | 失调 | 0.340 | 失调 | 0.347 | 失调 | 0.203 | 失调 |
| 2007 | 0.296 | 失调 | 0.347 | 失调 | 0.367 | 失调 | 0.220 | 失调 |
| 2008 | 0.316 | 失调 | 0.337 | 失调 | 0.358 | 失调 | 0.193 | 失调 |
| 2009 | 0.339 | 失调 | 0.349 | 失调 | 0.369 | 失调 | 0.209 | 失调 |
| 2010 | 0.371 | 失调 | 0.356 | 失调 | 0.369 | 失调 | 0.212 | 失调 |
| 2011 | 0.398 | 失调 | 0.348 | 失调 | 0.368 | 失调 | 0.210 | 失调 |
| 2012 | 0.399 | 失调 | 0.352 | 失调 | 0.378 | 失调 | 0.220 | 失调 |
| 2013 | 0.414 | 濒临协调 | 0.366 | 失调 | 0.381 | 失调 | 0.236 | 失调 |
| 2014 | 0.450 | 濒临协调 | 0.380 | 失调 | 0.404 | 濒临协调 | 0.273 | 失调 |
| 2015 | 0.483 | 濒临协调 | 0.396 | 失调 | 0.419 | 濒临协调 | 0.309 | 失调 |

续表

| 年份 | D（B，A） | | D（B，C） | | D（A，C） | | D（B，A，C） | |
|------|---------|---|---------|---|---------|---|-----------|---|
| 2016 | 0.519 | 勉强协调 | 0.417 | 濒临协调 | 0.438 | 濒临协调 | 0.357 | 失调 |
| 2017 | 0.560 | 勉强协调 | 0.444 | 濒临协调 | 0.462 | 濒临协调 | 0.422 | 濒临协调 |
| 2018 | 0.604 | 初级协调 | 0.481 | 濒临协调 | 0.494 | 濒临协调 | 0.515 | 勉强协调 |
| 2019 | 0.653 | 初级协调 | 0.536 | 勉强协调 | 0.544 | 勉强协调 | 0.662 | 初级协调 |
| 2020 | 0.707 | 中级协调 | 0.641 | 初级协调 | 0.640 | 初级协调 | 0.989 | 优级协调 |

资料来源：作者整理。

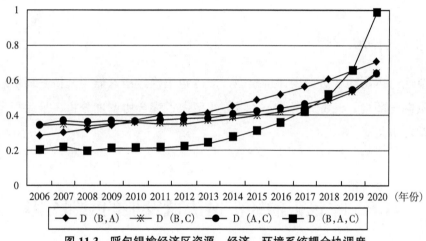

**图 11.3　呼包银榆经济区资源、经济、环境系统耦合协调度**

分析表 11.21、图 11.3 可以看出，2006~2020 年呼包银榆经济区资源—经济、资源—环境、经济—环境、经济—资源—环境各系统的协调发展水平如下：

（1）资源—经济系统协调发展水平：2006~2020 年资源—经济系统的耦合协调度直线上升。2006~2010 年耦合协调度小于 0.4，资源—经济系统处于失调等级；2011~2012 年处于失调等级；2013~2015 年处于濒临协调等级；2016~2017 年为勉强协调等级；2018~2019 年为初级协调等级；2020 年将达到中级协调等级。

（2）资源—环境系统协调发展水平：2006~2020 年资源—环境系统的耦合协调度直线上升。2006~2009 年耦合协调度高于资源—经济系统，2010~2020 年则低于资源—经济系统。2006~2010 年资源—环境系统耦合协调度始终小于 0.4，处于失调等级；2011~2015 年仍然处于失调等级；2016~2018 年进入濒临协调等级；2019 年耦合协调度达到 0.536 属于勉强协调等级；2020 年将达到 0.641，进入初级协调等级。

（3）经济—环境系统协调发展水平：2006~2020 年经济—环境系统的耦合协调度直线上升，与资源—环境系统变化基本保持一致。2006~2010 年耦合协调度小于 0.4，处于失调等级；2011~2013 年仍然处于失调等级；2014~2015 处于濒临协调等级；2016~

2018 年处于濒临协调等级；2019 年耦合协调度为 0.544，属于勉强协调等级；2020 年达到 0.640，进入初级协调等级。

（4）经济—资源—环境系统协调发展水平：2006~2020 年经济—资源—环境系统的耦合协调度直线上升，尤其是 2015 年以后速度加快。2006~2010 年经济—资源—环境系统耦合协调度小于 0.4，处于失调等级；2011~2015 年仍然处于失调等级；2016 年处于失调等级；2017 年达到 0.422，处于濒临协调等级；2018 年达到 0.515，处于勉强协调等级；2019 年达到 0.662，进入初级协调等级；2020 年将达到 0.989 并进入优级协调等级。

### 11.5.4　小结

本节通过运用耦合协调度评价模型，对呼包银榆经济区做了经济—环境、经济—资源、资源—环境、经济—资源—环境等角度做了耦合协调度分析，最后得出各个系统间的耦合协调度。

# 11.6　呼包银榆经济区协调发展的对策建议

应用上述分析结果，结合呼包银榆经济区《呼包银榆经济区发展规划（2012~2020年）》所提出的推动资源地区经济主动转型、建设节水型社会、打造国家综合资源基地、发展特色优势产业、加强基础设施建设、搞好生态建设和环境保护、保障和改善民生、扩大对外开放与区域合作八项重点任务，对呼包银榆经济区经济—资源—环境系统协调发展提出以下意见。

### 11.6.1　经济对策

（1）以发展的观念，适应新常态。呼包银榆经济区近些年经济飞速增长，对自然环境和资源造成了很大的危害，一味追求经济发展而忽略了环境系统和资源系统的健康发展，长此以往，环境污染和资源消耗终将会阻碍经济的发展。我们要改变这种落后的唯 GDP 论的旧的发展理念，如习总书记所说，"我们既要金山银山，也要绿水青山"；我们要改变发展理念，不是发展得越快就越好，一定要经济、资源、环境协调发展、同步增长。我们要树立科学的发展观，科学发展观是以围绕人的全面发展为中心，以人的基本生存需求和生存空间的不断被满足为前提，对经济与生态环境关系的新认识。

科学发展观强调的是不以牺牲资源环境为前提的可持续发展，不提倡为了发展经济不顾环境污染和资源浪费，也不提倡为了保护环境和资源而不发展经济。从科学发展的角度看，经济发展和环境保护、资源高效利用是可以同时实现的，要求我们一切从实际出发，结合实际情况，因地制宜。只注重经济高速发展的这种模式被实践证明是错误的，经济发展带来的利益最终要被治理环境、保护资源抵消掉，我们要适应经济发展速度的改变，这将是我国未来很长一段时间的一个新常态。

（2）促进产业结构调整，大力发展新型工业化。由于区位条件、资源条件、历史情况等因素，呼包银榆经济区的产业结构存在"一煤独大"的情况，高耗能、高污染的产业占了很高的比例，经济发展对资源的依赖非常大，这一结构弊端从近年来资源价格下降、经济发展速度断崖式下降显现了出来。经济结构中服务型产业、高科技产业的占比较低，从而使经济区在全国转型升级的浪潮中发展缓慢。经济的高速发展过多依赖于粗放型的发展，多数企业"三废"排放不达标，对环境和资源造成了巨大的破坏，严重影响了经济、资源、环境的协调可持续发展。我们要从根源上杜绝类似的情况，要大力发展高新技术产业，深挖产业链的潜能，加大对资源深入开发的资金投入，以促进产业升级为目标，加强产业结构转变的投入，利用国务院倡导的供给侧改革的有利时机，淘汰高耗能、高污染的产业，提升第三产业在经济结构中所占的比例，加大高新技术在资源开发中的利用，以产业结构调整的方式促进经济、资源、环境的协调发展。

（3）克服劣势，转变经济发展方式。克服呼包银榆经济区地理位置和生态环境上的劣势，转变经济增长方式，提升产业结构，建立资源共享、生态共建、产业互补、各具特色、协调发展的城市体系是未来可持续发展和建设的方向。促进经济区可持续发展应从整体着眼，从全局出发，在合作中发挥竞争优势，形成合力，促进城市整体发展，使不同城市的集聚效应、扩散效应、辐射效应和联动效应达到最大化。经济区应抓住打造国家综合能源基地的机遇，大力提升竞争能力。

## 11.6.2　资源环境对策

（1）合理利用水资源。强化对经济区内的环境质量监测，有效监管工业"三废"的无处理排放。经济区内自然因素和地理位置导致水资源短缺，水利设施不完善，因此，在高耗水量行业和能源的开发利用中，必须加强节水技术的发展。经济区可运用行政命令方式，对积极处理废水的企业进行物质嘉奖，提高企业的治污积极性。大力宣传废水治理的理念，扭转企业唯利益论的观念，加强企业的社会责任感，对优秀企业提供财政上的支持。

（2）提高能源利用率，开发新能源。呼包银榆经济区蕴藏着丰富的能源资源，这也是打造国家能源基地的必备条件，但是地区能源使用效率较低，对于能源的浪费情况较为严重。提高能源使用效率，降低能源开采中对环境的破坏是经济区面临的主要问题。加强能源开采管理，引入新技术，是经济区未来发展的方向。

（3）经济区定位于国家综合能源基地，今后应依旧加强能源产业的发展，但要着力于产业结构升级和降低工业能耗，深耕细作、延伸产业链条、大力发展具有高附加值的能源产业。同时，促进非资源型产业的发展，整合银川市、石嘴山市、乌海市、巴彦淖尔市等地的旅游资源，利用紧靠黄河优势，开发沙漠与湿地旅游项目。以省会城市呼和浩特及交通便利为依托，大力宣传呼包鄂地区的蒙元文化，尤其是鄂尔多斯的草原文化。将银川市和呼和浩特市作为整个经济区建设的核心。以银川市为核心，石嘴山市、吴忠市、乌海市为重要支点，大力促进银川市核心城市的建设，在打造宁东能源基地的基础上促进银川市以及周边城市的产业升级。以呼和浩特市为核心，大力发挥呼和浩特市政治中心、金融中心、高科技产业中心的辐射效应，利用呼和浩特市的人才和科技优势，带动包头市、鄂尔多斯市的产业升级。以京包—包兰线为横轴，包昆线为纵轴，大力发展呼包银榆经济区高速铁路的建设，加快张呼（张家口—呼和浩特）高速铁路的建设进度，提升经济区的外运能力，尤其是对京津冀地区的联系能力，为承接产业转移做好基础工作。京包—包兰线几乎贯穿整个经济区，高速铁路的建成对于城市间的联系具有重要意义。加强包昆铁路沿线城市的沟通力度，合力促成铁路的开工建设。整个轴线高速铁路的建设可以起到东接京津冀经济区、西接关中—天水经济区的作用，同时可以提升整个经济区的活力。继续发挥呼包鄂"金三角"地区的增长极作用，进一步延伸扩大为乌兰察布—呼和浩特—榆林"大三角"地区，成长为三角形发展板块，形成网络式、多板块的新模式。

（4）加快经济与生态环境协调发展的制度建设。生态环境是经济发展的基础，没有良好的生态环境，经济发展的持续性得不到保证，高额的生态治理费用，决定了必须采取"政府搭台、企业唱戏"的模式。政府在经济与生态环境协调中扮演着牵线搭桥的角色，呼包银榆经济区协调发展目前仍处于初级阶段，因区内各省（市）资源禀赋相近，又主要依托资源发展本地区经济，因此各省（市）产业结构相似。为此，区内各省、自治区政府应统筹协调发展，避免能源产业的重复建设，促进产业集群发展，完善能源产业链条，确保经济区能源安全。经济区两次市长联席会议讨论的进展缓慢，无法提出具体发展措施。应通过中央的行政命令手段组建经济区的专门领导机构，为统筹区域经济发展做出统一规划，并建立相应的监督机构，防止地方保护性壁垒阻碍经济区的整体发展。

# 11.7　本章小结

在国家大力提倡可持续发展的时代，呼包银榆经济区经济—资源—环境系统协调发展虽然取得了一定的成绩，但是问题依然很多。对资源型产业过度依赖、资源浪费严重、环境污染加剧、产业结构不协调、经济发展后劲不足等问题困扰着整个经济区的发展。

为了促进呼包银榆经济区经济—资源—环境系统协调发展，本章结合前人研究设立了指标体系，运用熵值法、灰色系统预测模型、耦合协调度评价模型对呼包银榆经济区的经济—资源—环境系统协调性进行了分析，研究发现：资源—经济系统协调发展水平 2006~2010 年耦合协调度小于 0.4，资源—经济系统处于失调等级；2011~2012年处于失调等级；2013~2015 年处于濒临协调等级；2016~2017 年为勉强协调等级；2018~2019 年为初级协调等级；2020 年将达到中级协调等级。资源—环境系统协调发展水平 2006~2009 年耦合协调度高于资源—经济系统；2010~2020 年则低于资源—经济系统。2006~2010 年资源—环境系统耦合协调度始终小于 0.4，处于失调等级；2011~2015 年仍然处于失调等级；2016~2018 年进入濒临协调等级；2019 年耦合协调度达到0.536，属于勉强协调等级；2020 年将达到 0.641，进入初级协调等级。经济—环境系统协调发展水平 2006~2010 年耦合协调度小于 0.4，处于失调等级；2011~2013 年仍然处于失调等级；2014~2015 处于濒临协调等级；2016~2018 年处于濒临协调等级；2019年耦合协调度为 0.544，属于勉强协调等级；2020 年达到 0.640，进入初级协调等级。经济—资源—环境系统协调发展水平 2006~2010 年经济—资源—环境系统耦合协调度小于 0.4，处于失调等级；2011~2015 年仍然处于失调等级；2016 年处于失调等级；2017 年达到 0.422，处于濒临协调等级；2018 年达到 0.515，处于勉强协调等级；2019年达到 0.662，进入初级协调等级；2020 年将达到 0.989 并进入优级协调等级。

为了促进呼包银榆经济区经济—资源—环境系统协调发展，实现地区的可持续发展，本章结合研究结果从经济和资源环境两个方面提出了相关对策建议：

（1）以发展的观念，适应新常态。

（2）促进产业结构调整，大力发展新型工业化。利用国务院倡导的供给侧改革的有利时机，淘汰高耗能、高污染的产业，提升第三产业在经济结构中所占比例，加大高新技术在资源开发中的利用，以产业结构调整的方式促进经济、资源、环境的协调发展。

（3）提高居民收入水平，鼓励居民消费。在经济子系统中，社会消费品零售总额、城镇居民可支配收入占有较大权重。在大力发展经济的同时，要让利于民，增加居民可支配收入，鼓励居民进行消费。

（4）提高创新能力水平，加大科技投入。加大科技投入对地区的发展有着重要的意义。

（5）合理利用水资源。强化对经济区内的环境质量监测，有效监管工业"三废"的无处理排放。

（6）提高能源利用率，降低万元 GDP 能耗。

（7）加快经济与生态环境协调发展的制度建设。

（8）经济区定位于国家综合能源基地，今后应依旧加强能源产业的发展，但要着力于产业结构升级和降低工业能耗，深耕细作、延伸产业链条，大力发展具有高附加值的能源产业。

本章在研究过程中尚存在许多不足，对于指标选取只是借鉴了前人的研究成果，缺乏一定的创新，在对策建议的提出中，没有深入结合供给侧改革中市场的作用进行展开说明。

# 参考文献

［1］Grossman G., Krueger A. Environmental Impacts of a North American Free Trade Agreement ［Z］. NBER, Working Paper, No.3914, 1991.

［2］Mishan E. J., The Costs of Economic Growth ［M］. London: Staples Press, 1967.

［3］Georgescu-Roegen N. The Entropy Law and the Economic Process ［J］. Cambridge: Havard University Press, 1971.

［4］Daly H. E. Steady-state Economics: The Economics of Biophysical Equilibrium and Moral Growth ［M］. San Fran-Cisco: Freeman, 1977.

［5］Beckerman W. Economic Growth and the Environment: Whose Growth? Whose Environment? ［J］. World Development, 1992, 20 (4).

［6］Carla Oliveira, Carlos Henggeler Antunes. A Multiple Objective Model to Deal with Economy-Energy-Environment Interactions ［J］. European Journal of Operational Research, 2004, 153 (2).

［7］Lazzaretto A. Toffolo. Energy, Economy and Environment as Objectives in Multi-criterion Optimization of Thermal Systems Design ［J］. Energy, 2004, 29 (8).

［8］Nick D. Hanley, Peter G. McGregor, J. Kim Swales, Karen Turner. The Impact of a Stimulusto Energy Efficiency on the Economy and the Environment: A Regional Computable General Equilibrium Analysis ［J］. Renewable Energy, 2006 (2).

［9］John Byrne, Young-Doo Wang, Hoesung Lee, Jong-dall Kim. An Equity and Sustainability Based Policy Response to Global Climate Change ［J］. Energy Policy, 1998, 26 (4).

［10］Dan Ciuriak. The Impact of Expanding Population and Economic Growth on Food, Energy and the Environment (FEEEP): A Progress Report ［J］. SSRN Working Paper Series, 2010.

［11］Morgan Bazilian, Smita Nakhooda, Thijs Van de Graaf. Energy Governance and Poverty ［Z］. Energy Research & Social Science, 2014.

[12] Qingsong Wang, Xueliang Yuan, Xingxing Cheng, Ruimin Mu, Jian Zuo. Co-ordinated Development of Energy, Economy and Environment Subsystems—A Case Study [Z]. Ecological Indicators, 2014.

[13] Carter A. P. Energy Environment, and Economic Growth [J]. The Bell Journal of Economics and Management Science, 1974, 5 (2).

[14] David J. Rosen. Public Attitudes on Environment, Energy and the Economy- Implications for Policy [J]. The Environmentalist, 1981 (1).

[15] David Hawdon, Peter Pearson. Input-output Simulations of Energy, Environment, Economy Interactions in the UK [J]. Energy Economics, 1995 (17).

[16] Yong-Seok Moon. Model Productive Energy Consumption and Economic Growth: An Endogenous Growth Model and Its Empirical Application [J]. Resource and Energy Economics, 1996 (18).

[17] Tiefel Sdorf M. Modeling Spatial Process: The Identification and Analysis of Spa tial Relationships in Regression Residuals by Means of Moran's I [M]. Berlin: Springer, 2000.

[18] Johan Albrechtam, Delphine Fran-coisa, Koen Schoors, A Shapley Decomposition of Carbon Emissions without Residuals [J]. Energy Policy, 2002 (30).

[19] Lenzen M., Dey C. J. Economic, Energy and Greenhouse Emissions Impacts of some Consumer Choice, Technology and Government Outlay Options [J]. Energy Economics, 2002, 24 (4).

[20] Lazzaretto A., Toffolo A., Zanon F. Parameter Setting for a Tubular SOFC Simulation Model [J]. Journal of Energy Resources Technology, 2004, 126 (1).

[21] Joseph A. Clarke, Cameron M. Johnstone, Nicolas J. Kelly, Paul A. Strachan, Paul Tuohy. The Role of Built Environment Energy Efficiency in a Sustainable UK Energy Economy [J]. Energy Policy, 2008 (36).

[22] Masanori Tashimo, Kazuaki Matsuib. Role of Nuclear Energy in Environment, Economy, and Energy Issues of the 21st Century-Growing Energy Demand in Asia and Role of Nuclear [J]. Progress in Nuclear Energy, 2008 (15).

[23] Mustafa Tiris, Gurbuz Atagunduz, Ibrahim Dincer [J]. Energy and Buildings. 2011 (5).

[24] Arshad Mahmood, Charles O. P. Marpaung. Carbon Pricing and Energy Efficiency Improvement—Why to Miss the Interaction for Developing Economies? An Illustrative CGE

Based Application to the Pakistan Case ［Z］. Energy Policy, 2014.

［25］Yang Ding, Bauke de Vries, Qi Han. Measuring Regional Sustainability by a Coordinated Development Model of Economy, Society, and Environment: A Case Study of Hubei Province ［Z］. Science Direct, 2014.

［26］Mechanical Engineering Department, Covenant University, Ota, Nigeria. Towards Achieving Energy for Sustainable Development in Nigeria ［Z］. Renewable and Sustainable Energy Reviews, 2014.

［27］Yvonne Rydin, Simon Guy, Chris Goodier, Ksenia Chmutina, Patrick Devine-Wright, Bouke Wiersma. The Financial Entanglements of Local Energy Projects ［Z］. Geoforum, 2015.

［28］Christian, Groth., Poul. Schou. Can Non-renewable Resources Alleviate the Knife-edge Character of Endogenous Growth ［J］. Oxford Economic Papers, 2002 (54).

［29］Hawdona D., Pearsonb P. Input-Output Simulations of Energy, Environment, Economy Interactions in the UK ［J］. Energy Economics, 1995, 17 (1).

［30］Cocklin C. R. Methodological Problems in Evaluating Sustainability ［J］. Environmental Conservation, 1989, 16 (4).

［31］冯玉广, 王华东. 区域人口—资源—环境—经济系统可持续发展定时研究 ［J］. 中国环境科学, 1997 (5).

［32］涂新军, 孙贤国. 从化市 PREE 协调发展的初步研究 ［J］. 热带地理, 1998, 18 (4).

［33］白化, 韩文秀. 区域经济—资源—环境 (Ec-R-Ev) 复合系统结构及其协调分析 ［J］. 系统工程, 1999, 92 (2).

［34］王红瑞, 王华东. 论环境与经济发展的协调度 ［J］. 重庆环境科学, 1993, 15 (1).

［35］宋耀辉, 马慧兰. 塔吉克斯坦经济与资源环境协调发展评价研究 ［J］. 资源与产业, 2013, 15 (3).

［36］苏素, 韦泓. 省级地区能源—经济—环境协调发展分析与研究 ［J］. 特区经济, 2014 (7).

［37］崔和瑞, 王娣. 基于 VAR 模型的我国能源—经济—环境 (3E) 系统研究 ［J］. 北京理工大学学报, 2010, 12 (1).

［38］王辉, 郭玲玲. 辽宁省 14 市经济与环境协调度的时空演变研究 ［J］. 干旱区资源与环境, 2011, 5 (25).

[39] 谢志中，黄初升. 福建省社会、经济、人口与环境资源发展的协调度分析 [J]. 经济与管理评论，2012（1）.

[40] 伍音茜. 区域经济与生态环境发展协调度研究 [J]. 广西民族大学学报，2014，36（5）.

[41] 胡志强，段德忠. 武汉城市圈经济—社会—资源环境系统脆弱性研究 [J]. 湖北大学学报，2014，36（6）.

[42] 赵文亮，丁志伟. 中原经济区经济—社会—资源环境耦合协调研究 [J]. 河南大学学报，2014，44（6）.

[43] 黄贤风. 江苏省经济—资源—环境协调发展系统动态仿真研究 [D]. 江苏大学硕士学位论文，2005.

[44] 薛乃川，贡璐. 新疆能源、经济与环境复合系统协调度综合评价 [J]. 干旱区资源与环境，2009，23（5）.

[45] 于渤，黎永亮，迟春洁. 考虑能源耗竭、污染治理的经济持续增长内生模型 [J]. 管理科学学报，2006（4）.

[46] 陈文颖，高鹏飞，何建坤. 用 MARKAL–MACRO 模型研究碳减排对中国能源系统的影响 [J]. 清华大学学报（自然科学版），2004（3）.

[47] 魏涛远，格罗姆斯洛德. 征收碳税对中国经济与温室气体排放的影响 [J]. 世界经济与政治，2002（8）.

[48] 张璞，高鹏，吕跃聪. 基于主成分分析的呼包银榆经济区城市竞争力评价 [J]. 开发研究，2015（6）.

[49] 宋宇辰，闫昱洁，王贺. 呼包鄂能源—经济—环境系统协调发展评价 [J]. 国土资源科技管理，2015（6）.

# 后　记

　　内蒙古科技大学区域经济发展研究团队对区域经济发展问题的研究始于 2007 年成立的区域经济学研究所，首任所长为内蒙古科技大学郝戊教授。2013 年 5 月，内蒙古科技大学成立呼包鄂区域发展研究中心，首任主任为内蒙古科技大学杨建林副校长。2014 年 4 月，伴随着呼包银榆经济区的确立，经内蒙古自治区宣传部批准设立了内蒙古自治区哲学社会科学重点研究基地——呼包银榆经济区研究中心，中心依托单位为内蒙古科技大学。随之，内蒙古科技大学呼包鄂区域发展研究中心更名为呼包银榆经济区研究中心，中心首任主任为内蒙古科技大学杨建林常务副校长，中心首席专家为内蒙古科技大学张璞教授，中心执行主任与政策研究室主任为郝戊教授。本书就是近年来呼包银榆经济区研究中心上述研究人员关于呼包银榆经济区一体化发展不同方向和内容的系统总结。

　　本书也是作者主持的内蒙古自治区哲学社会科学基金重点项目"呼包银榆区域经济一体化合作发展问题研究"（批准号为 2013A004）的最终研究成果。

　　参与研究、写作的课题组成员，除张璞教授、杨建林副教授外，都是呼包银榆经济区研究中心的研究生。

　　各章初稿撰写分工依次为：上篇：第 1~7 章由郝戊、田喆撰写；第 8 章由郝戊、缑玉蛟撰写；第 9 章由张璞、王欢撰写；第 10 章由杨建林、徐君撰写；第 11 章由张璞、高鹏撰写。由郝戊提出选题、拟定写作提纲并修订全书。

　　感谢经济管理出版社对本书出版给予的大力支持，感谢丁慧敏女士为本书的出版付出的辛勤劳动。

郝戊

2016 年 11 月 23 日

于内蒙古科技大学腾飞楼